国家出版基金项目
NATIONAL PUBLICATION FOUNDATION

《诗经》真精神

国学经典真精神·五经系列丛书◇丛书主编　廖名春

姚小鸥◎审定　高中华◎著

广东高等教育出版社
Guangdong Higher Education Press
·广州·

图书在版编目（CIP）数据

《诗经》真精神/高中华著．—广州：广东高等教育出版社，2019.12

（国学经典真精神/廖名春主编．五经系列丛书）

ISBN 978－7－5361－6647－9

Ⅰ．①诗…　Ⅱ．①高…　Ⅲ．①《诗经》－诗歌研究　Ⅳ．①I207.222

中国版本图书馆 CIP 数据核字（2019）第 294321 号

《诗经》真精神

SHIJING ZHENJINGSHEN

出版发行	广东高等教育出版社 社址：广州市天河区林和西横路 邮编：510500　营销电话：（020）87553335 http://www.gdgjs.com.cn
印　　刷	佛山市浩文彩色印刷有限公司
开　　本	787 毫米×1 092 毫米　1/16
印　　张	18.5
字　　数	246 千
版　　次	2019 年 12 月第 1 版
印　　次	2019 年 12 月第 1 次印刷
定　　价	52.00 元

总 序

廖名春

中华民族的伟大复兴，文化复兴不可或缺。而文化复兴的核心内容，就是要传承和发展中华优秀传统文化。这样，重新释读、重新认识、重新评估以“五经”“四书”为代表的经学基本典籍，以及作为其重要辅翼与补充的诸子著作，也就是我们所谓的“国学经典”，恰逢其时，十分必要。

比如《周易》究竟是卜筮之书还是义理之书？《尚书》的性质是什么？《诗经》究竟是民间歌谣还是别有内涵？《春秋》是否断烂朝报？《周礼》是否后世伪作？《论语》有无宣扬愚民之说？“仁”字究竟何意？凡此种种，皆关乎经典价值甚重，而迄今迷雾重重。这不能不影响到对于传统文化内涵的准确把握，不能不影响到对于优秀文化的传承与发扬。

本丛书以“国学经典真精神”为主题，系统阐释“五经”“四书”

及诸子著作的精神与内涵。针对当前多数国学类普及读物中常识性错误过多，而专业论著或者一味琐碎考据，或者流于空谈的情况，通过实证研究，破除旧有误说，以期还原经典本来面貌，揭举经典真正内涵，发挥其在当下文化建设中的应有作用。这对于传承中华民族的优秀传统文化，保持中华民族的精神内聚力，有着重要的价值和意义。

当然，把握并讲清楚国学经典的真精神并不容易，有很多问题尚需继续讨论。本丛书作者所言也仅仅是百家争鸣中的一家之言。但真理越辩越明，希望通过我们的工作，激发大家对探讨国学经典真精神的兴趣，使我们对中华传统文化，对我们的国学经典的认识更加科学，更加理性。这样，我们中华民族的优秀传统文化在新时代里，不但能立足中国，也必能放之四海。

目录

绪言：本书撰写的若干原则

1. 本书的基本宗旨是，从《诗经》文本解读入手，分析诗篇义旨，最大限度揭示诗篇的内在精神。如所周知，文本是阅读和理解的基石。然而，由于种种原因，《诗经》的义理与阐释世界，充满着误读与遮蔽。本书试图揭除其中若干。

2. 本书所使用的方法，是王国维先生倡导的“二重证据法”，即以传世文献与出土文献互证对读，以求得新知。百年来的学术机遇与实践表明，二重证据法乃是传统学术研究的重要方法，对于经典文献的研究具有不可替代的作用。《诗经》研究同样如此。

3. 本书所使用的出土文献，既包括甲骨、青铜器及战国竹简上的文字材料，也包括考古工作收获的文化遗存。它们或者为了解汉字源流提供新的线索，或者为语词释读提供全新参照，或者还原了古代社会的若干真相，为考索古老经典的义理世界指明新路。这是时代的馈赠。既充分继承古代学者的研究成果，又广泛利用新出文献及考古成果，是本书的基本特色。

4.《诗》本入乐。史载《诗》三百五篇，孔子皆弦歌之。子曰：“《关雎》之乱，洋洋乎盈耳哉。”弦歌盈耳之声虽湮没无闻，诗的文本则历数千载流传至今，成为中华民族的伟大经典。所谓“现存先秦古籍，真赝杂糅。……

其精金美玉，字字可信可宝者，《诗经》其首也。”（梁启超《要籍解题及其读法》）本书研读《诗经》文本，力图进入诗人的精神世界及古代社会的真实场景，并从中体味对于当今时代的启示。

5.《诗经》305 篇，分风、雅、颂三部分。本书选取其中十二篇，分上中下三编作专题论述，其中上编风诗四篇，中编小雅、大雅各二篇，下编颂诗四篇。各部分写法与风格不尽一律，唯以解释《诗经》文本，揭明诗篇义旨为衷心所愿。

6. 每章结尾附诗篇简注，供读者参考。

上编： 风

一、不止是恋歌——《周南·关雎》篇旨论说

关关雎鸠，在河之洲。窈窕淑女，君子好逑。
参差荇菜，左右流之。窈窕淑女，寤寐求之。
求之不得，寤寐思服。悠哉悠哉，辗转反侧。
参差荇菜，左右采之。窈窕淑女，琴瑟友之。
参差荇菜，左右芼之。窈窕淑女，钟鼓乐之。
——《周南·关雎》

（一）问题的提出

《关雎》是《诗经》的第一篇。它在《诗经》学史乃至整个中国文化史上，有着特殊重要的地位。《韩诗外传》载孔子与子夏论及此篇，有如下对话：

子夏问曰：“《关雎》何以为《国风》始也?”孔子曰：“《关雎》至矣乎！夫《关雎》之人，仰则天，俯则地，幽幽冥冥，德之所藏，纷纷沸沸，道之所行，虽神龙化，斐斐文章。大哉！《关雎》之道也，万

物之所系，群生之所悬命也。河洛出《书》《图》，麟凤翔乎郊。不由《关雎》之道，则《关雎》之事将奚由至矣哉？夫六经之策，皆归于汲汲，盖取之乎《关雎》。《关雎》之事大矣哉！冯冯翊翊，自东自西，自南自北，无思不服。子其勉强之，思服之。天地之间，生民之属，王道之原，不外此矣。”子夏喟然叹曰：“大哉《关雎》，乃天地之基也。”①

孔子说《关雎》乃“王道之原”，子夏以之为“天地之基”，推崇可谓无以复加。

类似的说法又见于汉代学者匡衡。《汉书》载匡衡上疏劝谏元帝，说：

臣又闻之师曰：“妃匹之际，生民之始，万福之原。”婚姻之礼正，然后品物遂而天命全。孔子论《诗》以《关雎》为始，言太上者民之父母，后夫人之行不侔乎天地，则无以奉神灵之统而理万物之宜。……此纲纪之首，王教之端也，自上世以来，三代兴废，未有不由此者也。②

对此，宋代大儒朱熹评论道：“可谓善说诗矣。”③

这一情况近代以来发生了改变。1925 年，胡适在武昌大学发表了一场讲演，讲演稿收录在 1931 年出版的《古史辨》第三册下编，名为《谈谈〈诗经〉》。文章对《关雎》的性质给出一个全新界定。文章说：

《关雎》完全是一首求爱诗，他求之不得，便寤寐思服，辗转反侧，这是描写他的相思苦情；他用了种种勾引女子的手段，友以琴瑟，乐以钟鼓，这完全是初民时代的社会风俗，并没有什么希奇。意大利西班牙

① 韩婴撰，许维遹校释：《韩诗外传集释》，北京：中华书局，1980，第 164－165 页。
② 班固：《汉书》，北京：中华书局，1962，标点本第 3342 页。
③ 朱熹：《诗集传》，北京：中华书局，1958，第 2 页。

有几个地方，至今男子在女子的窗下弹琴唱歌，取欢于女子。至今中国的苗民还保存这种风俗。[①]

该文章认为《关雎》“完全是一首求爱诗”。闻一多《风诗类钞》则认为：

（诗篇写）女子采荇于河滨，君子见而悦之。[②]

《风诗类钞》于闻一多先生逝后整理刊布，其具体写作年代未详。[③] 闻氏逝世于1946年，则《风诗类钞》的创作时间大略可知。所说“女子采荇于河滨，君子见而悦之”，与胡适先生“求爱诗”在论说思路上一脉相承，可见当时的说解风潮。

余冠英《诗经选》：

这诗写男恋女之情。大意是：河边一个采荇菜的姑娘引起一个男子的思慕。那“左右采之”的窈窕形象使他寤寐不忘，而“琴瑟友之”、“钟鼓乐之”便成为他寤寐求其实现的愿望。[④]

余冠英先生是著名的中国古典文学研究专家，他的《诗经选》完成于20世纪50年代，“至今读者已逾百万”[⑤]。同时，余氏《诗经选》也是“教育部全国高等学校中文学科教学指导委员会指定书目”[⑥]。在高校的通识教育中，该《诗经选》是《诗经》类读本的主要推荐书目[⑦]，足见影响之大。

---

① 胡适：《谈谈〈诗经〉》，载《古史辨》第三册，上海：上海古籍出版社，1982，第585页。
② 闻一多：《风诗类钞》，载《诗选与校笺》，收入《闻一多全集》选刊之四，北京：古籍出版社，1956，第47页。
③ 朱金发：《闻一多的诗经研究》，硕士学位论文，河南大学，2001，第14页。
④ 余冠英：《诗经选》，北京：人民文学出版社，1979，第3页。
⑤ 见中华书局2012年版《诗经选》卷首简介。
⑥ 见人民文学出版社2002年版《诗经选》的封面。
⑦ 见清华大学新雅书院通识课程参考书架（位于清华大学李文正馆一层大厅），网络信息 http://www.tsinghua.edu.cn/publish/xinya/10925/index.html。

无论胡适先生的“求爱诗”、闻一多先生的“见而悦之”，还是余氏的“男恋女”之说，皆将《关雎》篇旨引向“恋歌”一隅，诗篇男女主人公的恋情成为众人关注的唯一重要议题。当下诸多文化类节目对于《关雎》诗篇的阐释，形式尽管各异，其核心意旨亦莫不如是。①

诗篇的确描述了恋爱。尤其“求之不得，寤寐思服。悠哉悠哉，辗转反侧”等句，描述“君子”求女不得的苦闷情状，传神入理，即是明证。然而，要指出的是，诗篇述及恋爱，然并未止步于恋爱，其所欲传达者更远远大于恋爱本身。下文的论证将表明，前引孔子师徒以至汉宋学者对于《关雎》篇的推崇绝非不经之谈。

（二）“芼”字训释与《关雎》篇内容的初步分析

持恋歌说者，对于《关雎》篇的关键字句存在错误理解，这集中体现在对诗篇“左右芼之”句的“芼”字的训释上。余冠英先生《诗经选》对《关雎》篇做了详细注释以及译文，可以作为讨论的基础。《诗经选》注释说：

> “芼”，“覒”的借字，就是择。“芼之”也就是“流之”、“采之”的意思，因为分章换韵所以变换文字。②

余氏认为“芼”是“覒”的假借字，“覒”是“择”的意思，“择之”就是“流之”“采之”。依照余注，全篇第二、四、五三章的“左右流之”“左右

---

① 如2018年4月6日中央电视台制作播出的大型文化类节目《经典咏流传》第一季第九期《关雎》部分，http://tv.cctv.com/2018/04/06/VIDE3BOFjFHyVBmcbnICz4jo180406.shtml。

② 余冠英：《诗经选》，北京：人民文学出版社，1979，第4页。

采之”“左右芼之”内容相似，都是写采摘荇菜。余氏译文正是这样处理的。他说：

水荇菜长短不齐，采荇菜左右东西。（第二章“参差荇菜，左右流之”）
长和短水边荇菜，采荇人左采右采。（第四章“参差荇菜，左右采之”）
水荇菜长长短短，采荇人左拣右拣。（第五章“参差荇菜，左右芼之”）①

说“择之”与“流之”同意，是出于对古注的误解，这里暂不讨论。说“择之”就是“采之”，则是基于对“芼”字的错误训释。余氏谓“芼”是“覒”的假借字，是承自清代学者的意见。清代说《诗》之家如陈启源、陈乔枞、陈奂、王先谦等都有类似看法。陈启源《毛诗稽古编》：

《诗》“芼”字当作“覒”。《说文》云“覒，择也”，《玉篇》亦训“择”，因引《诗》“左右覒之”。《诗》字多借用，芼乃覒之借耳。②

陈氏首次援据《玉篇》谓《关雎》之“芼”乃“覒”字假借。这一论证思路为后来学者承继。至于“覒”的具体含义，陈氏未予说明。在他之后，陈乔枞与陈奂分别就此进行了讨论。陈寿祺、陈乔枞《韩诗遗说考》：

《玉篇·见部》：“《诗》曰‘左右覒之’，覒，择也。”乔枞谨案：《玉篇》又云：“覒，本亦作芼。”覒字从见者，谓视而择之也。覒为今文正字，《玉篇》引《诗》是据韩家之文。作芼者，毛氏古文，以芼为覒之假借也。③

① 余冠英：《诗经选》，北京：人民文学出版社，1979，第4页。

② 陈启源：《毛诗稽古编》卷一，文渊阁《四库全书》本，上海：上海古籍出版社，第八五册第339页。

③ 陈寿祺、陈乔枞：《三家诗遗说考》，载《清经解续编》卷一一五〇，上海：上海书店出版社，2004，缩印本，第11册第1344页。

陈乔枞同样引据《玉篇》，认为“芼”乃“覒”之假借，训“择”，其意乃“视而择之”。王先谦说同。陈奂《诗毛氏传疏》则认为：

> 芼者，覒之假借字。《玉篇》引《诗》作“左右覒之”。《说文》云：“覒，择也。读若苗。”《礼记·少仪篇》“为君子择葱薤则绝其本末”，《吕览·慎人》篇“颜回择菜于外”……择者，去其根茎也。①

陈奂同样依据《玉篇》将“芼”解为“覒”的假借字，训“择”。“择”的具体含义，陈氏认为是“去其根茎”（犹如今天所说“择（zhai）菜”的“择”），闻一多先生即采用这一说法。②

综合来看，诸家虽皆以“芼”为“覒”字之借，并将之训为“择”，然而对于“择”字的意义说解各不相同。陈奂的“去其根茎”，与陈乔枞、王先谦的“视而择之”，意义上有相当差距。余冠英先生以之为“采择”，又别为一说，不与前同。异说纷纭，暗示着读“芼”为“覒”，解释路径上存在困难。

此外，还有解作“拔”的，如高亨先生《诗经今注》。③ 然所谓“拔”，依常情，必使用相当气力，这与荇菜浮萍水草的采取情况不甚相合。故以高亨先生的学术成就，“拔之”说亦未取得主流地位。

总之，以“芼”为“覒”字假借的说法，看似有据，其实是靠不住的。《关雎》篇“芼之”究竟何意，需要另外考虑。对此，清代学者从文字学的角度，并且结合礼书做了较为合理的解释。陈寿祺、陈乔枞《三家诗遗说考》：

---

① 陈奂：《诗毛氏传疏》上，北京：中国书店，1984，第一册第6－7页，据漱芳斋1851年版影印。

② 闻一多：《风诗类钞》，载《诗选与校笺》，收入《闻一多全集》选刊之四，北京：古籍出版社，1956，第48页。

③ 高亨：《诗经今注》，上海：上海古籍出版社，1980，第2页。

《说文》："芼，艸（引者按：即草字）覆蔓也。《诗》曰'左右芼之'。"《礼记·昏义》言"妇人将嫁，教于宗室，教成祭之，牲用鱼，芼之以蘋藻"，即"覆"之义也。①

王先谦《诗三家义集疏》依据陈氏的说法，进一步解释道：

以荇菜覆蔓于牲上以为祭品，许说正本《昏义》。②

陈、王二氏准确地抓住了"芼"字的"覆蔓"之义，并以之与礼书及诗篇文义相结合，做出了上述解说。要特别指出的是，他们所揭出的"覆"之一义，与许慎《说文》所载"芼"字字义契合。可以说，被陈、王二氏视为三家之义，即与毛诗别义的"芼"字的说解，是对《关雎》篇"芼"字的迄今为止最为合理的解释。然而，他们的意见长期以来没有得到重视，这固然一方面缘于清人的门户之见（如陈寿祺、陈乔枞父子以"芼"为"覒"字之借乃韩诗遗说，覆蔓则鲁诗说），究其根本，则与《毛传》对于"芼"字的训释相关。

《关雎》"左右芼之"，《毛传》说：

芼，择也。

《毛传》是现存最早的系统注释《诗经》的文献，也是毛诗学派的奠基作，在近代学术兴起之前的整个古代学术系统中享有崇高地位。由于《毛传》的这一地位，"芼"字"择也"说一直占据主流，前述清代以来将"芼"视为"覒"字假借的说法，一定程度上亦根源于此。然而，如何理解《毛传》的"择"字，并非易事。

① 陈寿祺、陈乔枞：《三家诗遗说考》，《续修四库全书》本，上海：上海古籍出版社，1996，第七六册第61页。

② 王先谦：《诗三家义集疏》，北京：中华书局，1987，第14页。

研究表明，《毛传》“芼，择也”的“择”，并非今人所说的“采择”字，也非清代学者所说的“去其根茎”，或“视而择之”，而应当读为“释”，即“释奠”“放下”之意。首先正确指出这一点的，是姚小鸥教授。姚小鸥先生在2001年发表的《〈诗经·关雎〉篇与〈关雎序〉》一文中说：

> 《毛传》“择也”之“择”，应读为“释”。择、释同声通用。李斯《谏逐客书》“江海不择细流”一语中的“择”字读为“释”，即其例。[①]

“择”“释”古音同属铎部[②]，故可通借。（按：“择”“释”通用是典籍中的常见现象，在此可以举出更多例证。）传世文献，据高亨先生《古字通假会典》，可以举出如下两条：

> 《韩非子·五蠹》：“布帛寻常，庸人不释。”《论衡·非韩》引作“择”。
>
> 《吕氏春秋·察今》：“故择先王之成法。”旧校云：“择一作释。”[③]

出土简帛文献例证更多，据白于蓝《战国秦汉简帛古书通假字汇纂》，试举如下数条：

> 张家山汉简《奏谳书》：不敢择（释）纵罪人，毋它解。
>
> 马王堆帛书《战国纵横家书四》：王若欲剸舍臣而专任所善，臣请归择（释）事。
>
> 同上《战国纵横家书一二》：择（释）齐兵于荧阳、成皋，数月不从，而攻宋再。

---

① 姚小鸥：《〈诗经·关雎〉篇与〈关雎序〉》，《文艺研究》2001年第6期。
② 唐作藩：《上古音手册》（增订本），北京：中华书局，2013，第199、143页。
③ 高亨纂著，董治安整理：《古字通假会典》，济南：齐鲁书社，1989，第892页。

马王堆帛书《天下至道》：得之而勿择（释），成死有薄。[1]

最近数十年，简帛文献大量出现，简帛研究已成为当前古代文史研究的新的增长点。[2] 简帛文献以战国到秦汉时代为大宗，上引白于蓝所列各条皆属汉简，其写定或早至汉初，与《毛传》年代相当，足以表明《毛传》的用字环境，这对于我们正确认识上述“择”字的通假现象是有帮助的。

此外，姚教授的文章还指出，《尔雅·释言》“芼”字下邢昺《疏》引孙炎注作“皆释菜也”，而非《毛诗正义》孔颖达疏所引的“皆择菜也”。孙炎是三国时代的学者，著有《尔雅音义》。《尔雅音义》今已不存，唯见引于陆德明《经典释文》、《初学记》、《文选》（李善注）、《太平御览》等书，清代马国翰有辑本，收在《玉函山房辑佚书》中。《尔雅》邢疏所引孙炎注“释菜也”，而《毛诗正义》孔疏引为“择菜也”。如姚小鸥先生所指出：“两书所引孙炎语虽然只有‘择’、‘释’的一字之差，但此一字之差却有本质不同。”[3] 历代学者多据《毛诗正义》疏语立论，而有意或无意忽视《尔雅注疏》的异文，即专门研治《尔雅》之学者亦不能例外，[4] 是扭于习见，还是震于《毛传》传本的威权呢？

对于《诗经》诸篇《毛传》的综合考察，也可以帮助我们正确认识《毛传》“芼，择也”这一解说。《诗经》“芼”字虽仅出现一次，但《毛传》多次使用了它。如下：

---

① 白于蓝：《战国秦汉简帛古书通假字汇纂》，福州：福建人民出版社，2012，第451页。

② 李学勤、刘国忠：《简帛学：古代文史研究的新增长点》，《光明日报》2016年6月29日第9版。

③ 姚小鸥：《〈诗经·关雎〉篇与〈关雎序〉》，《文艺研究》2001年第6期。

④ 如郝懿行《尔雅义疏》在讨论该条注释时，不用邢疏反而采用《毛诗正义》所引孙炎语，即为明证。见郝懿行《尔雅义疏》，上海：上海古籍出版社，1983，影上海图书馆藏同治四年郝氏家刻本，第521－522页。

《小雅·采菽》："采菽采菽，筐之筥之。君子来朝，何锡予之？"《毛传》："兴也。菽所以芼大牢而待君子也。羊则苦，豕则薇。"

《召南·采蘋》："于以奠之，宗室牖下。谁其尸之，有齐季女。"《毛传》："古之将嫁女者，必先礼之于宗室，牲用鱼，芼之以蘋藻。"

无论据今人解"芼，择也"为"采择"字，或如古人解为"视而择之""绝其本末"，则《毛传》中"芼大牢""芼之以蘋藻"都将无可解释。事实上，上引两条《毛传》对于"芼"字的使用与礼书文献密切相关，这是《毛传》对"芼"字进行训释的文献基础，也一定程度上有助于我们理解《关雎》篇的"芼"字，这一点下一节还要具体分析，这里就不展开了。

这里应当提到关于《关雎》篇"芼"字训释的另外两种说法。它们曾有着长期而且广泛的影响。这就是依据《尔雅》的"拔而择之"说，以及宋代学者提出的"熟而荐之"说。

《尔雅·释言》："芼，搴也。"孔颖达《毛诗正义》引用该条训解说：

《释言》云："搴也。"孙炎曰："皆择菜也。"某氏曰："搴犹拔也。"郭璞曰："拔取菜也。"以搴是拔之义。《史记》云"斩将搴旗"，谓拔取敌人之旗也。芼训为拔而此云"芼之"，故知拔菜而择之也。[①]

所谓"拔菜而择之"，显然是弥缝《尔雅》之搴拔与《毛传》"择也"的调和之举。前引高亨先生的"拔也"说亦基于此。但，"搴"之与"择"，语意有别，强通为一，终有不妥。清代学者陈启源对此明确表示批评。他在《毛诗稽古编》中说："'拔'与'择'原各一事，合之终属武断，非确解也。"[②] 郝懿行《尔雅义疏》则以为《仪礼·内则》注"芼，菜也"与《说

---

① 《毛诗正义》卷一，载阮元刻《十三经注疏》，北京：中华书局，1980，第271页。

② 陈启源：《毛诗稽古编》卷一，文渊阁《四库全书》本，上海：上海古籍出版社，第八五册第339页。

文》“芼，艸覆蔓”，“非《尔雅》之义”，[①] 明确指出两种训释系统之间的不同，采取了阙疑的态度。清代以来学者多将“芼”假借为“覒”，一定程度上是为了避开上述困难。

宋代以来有“熟而荐之”说。该说始于董逌，见引于吕祖谦《吕氏家塾读诗记》。

> 吕祖谦《吕氏家塾读诗记》：“董氏曰：芼则以熟而荐也。传曰：芼以姜桂。”[②]

朱熹《诗集传》不记名采用了这一说法：

> 朱熹《诗集传》：“芼，熟而荐之也。”[③]

由于朱熹与吕氏二人在《诗》学史乃至经学史上的地位，“熟而荐之”说有着广泛影响。宋元以来迄有清一代，乃至当代学人，皆不乏遵用者。如方玉润《诗经原始》[④]、糜文开、裴普贤《诗经欣赏与研究》[⑤] 等。

“熟而荐之”，是《论语》中的成语，《论语·乡党》“君赐腥，必熟而荐之”，何晏《集解》引孔安国注：“荐，荐其先祖。”[⑥] 该说注意到“芼”字作为祭祀仪典的性质，且吸收了礼书文献的相关记载。就解释思路而言，较汉晋以来的“拔而择之”说是一种进步。由于“熟而荐之”与礼书尤其“铏芼”之义不完全契合（详下），“芼以姜桂”说又不十分谨严，[⑦] 故南宋

---

① 郝懿行：《尔雅义疏》，上海：上海古籍出版社，1983，第 522 页，影上海图书馆藏同治四年郝氏家刻本。

② 吕祖谦：《吕氏家塾读诗记》卷二，四部丛刊续编景宋本。

③ 朱熹：《诗集传》，上海：上海古籍出版社，1980，第 2 页。

④ 方玉润：《诗经原始》，李先耕点校，北京：中华书局，1986，第 75 页。

⑤ 裴普贤、糜文开：《诗经欣赏与研究》，台北：三民书局，1985，第 5 页。

⑥ 《论语注疏》卷十，载阮元刻《十三经注疏》，北京：中华书局，1980，第 2495 页。

⑦ 《史记·滑稽传》：“以垅灶为椁，铜历为棺，赍以姜枣，荐以木兰，祭以粮稻。”（《史记》，中华书局，1982，标点本，第 3200 页）“赍以姜枣”，《艺文类聚》引作“齐以姜桂”。吕氏所引“传曰：芼以姜桂”者，或与此有关。这与礼学文献所记“芼”字用法不甚契合。

严粲又有“芼之谓为羹”（《诗缉》）、明人郝敬“菜和羹”（《毛诗原解》）等若干修正的说法。[1] 诸说基本上是依据礼书记载尤其“铏芼”一语而来的。在彰显“芼”字的文化意义这一点上，已近乎确解。然而该说对字书尤其《说文》所载“芼”字字义采取了回避态度，在论证的谨严性上存在不足，故清代多数学者并未取用“熟而荐之”说，而是通过文字假借的方式回到“择也”说。直到今天，以“芼”为“覒”字假借从而训“择”且以之为采择字的说法，在《诗经》的各类注本中，占据了绝对主流地位。这一点，在本节的开头已经展示了。

（三）“芼之”释礼与《关雎》篇的礼乐内涵

上面我们用了大量篇幅讨论了“芼”字的各种说法，指出清代学者陈寿祺、王先谦等结合文字学角度提出的“以荇菜覆蔓于牲上以为祭品”说的合理，《毛传》“芼，择也”的“择”应从姚小鸥教授读为“释”，“芼之”即行“释菜”礼。下面我们结合礼书文献对这一礼典做进一步说明。

“释菜”礼广泛运用于各类礼典活动之中。用于学校落成之际的“立学”之礼：

> 《礼记·文王世子》：“始立学者，即兴器用币，然后释菜。”郑玄注：“兴，当为衅字之误。”

谓学校落成，以牲血衅器，且用币礼祭，然后行“释菜”礼。又用于“入学”之礼：

---

① 鲁洪生：《诗经集校集注集评》卷一，北京：现代出版社，2015，第32－33页。

《周礼·大胥》："春入学，舍采合舞。"郑玄注："采，读为菜。始入学，必释菜礼先师。"

《礼记·月令》："仲春之月，……上丁，命乐正习舞，释菜。天子乃帅三公、九卿、诸侯、大夫，亲往视之。"

用于"丧礼"：

《礼记·丧大记》："大夫之丧，将大敛……君至，主人迎，先入门右，巫止于门外，君释菜，祝先入升堂，君即位于序端。……大夫士既殡……君释菜于门内，祝先升自阼阶，负墉南面，君即位于阼。"

"释菜"又称"奠菜"，或"祭菜"。

《仪礼·士昏礼》："若舅姑既没，则妇入三月乃奠菜。"郑玄注："奠菜者，以篚祭菜也。"

《礼记·学记》："大学始教，皮弁祭菜，示敬道也。"郑玄注："祭菜，礼先圣先师。菜谓芹藻之属。"

《诗经》相关篇目述及"释菜"礼典，可补礼书之不足。《召南》的《采蘋》：

于以采蘋？南涧之滨。于以采藻？于彼行潦。
于以盛之？维筐及筥。于以湘之？维锜及釜。
于以奠之？宗室牖下。谁其尸之？有齐季女。

《毛传》：

古之将嫁女者，必先礼之于宗室，牲用鱼，芼之以蘋藻。[①]

---

① 《礼记正义》卷六十一，载阮元刻《十三经注疏》，北京：中华书局，1980，第1681页。

据此，女子出嫁之前亦行该礼。又《小雅·采菽》：

> 采菽采菽，筐之筥之。君子来朝，何锡予之？

《毛传》：

> 兴也。菽所以芼大牢而待君子也。羊则苦，豕则薇。①

则系天子飨诸侯之礼。

关于上引文献所记“释菜”礼的具体仪节下面要谈到。这里需要指出的是，清代学者所提出的“以荇菜覆蔓于牲上以为祭品”之说，“菜”与“牲”是配合使用的，其直接文献依据是《礼记》的《昏义》篇。《昏义》说：

> 古者妇人先嫁三月，祖庙未毁，教于公宫。祖庙既毁，教于宗室。教以妇德、妇言、妇容、妇功；教成祭之，牲用鱼，芼之以蘋藻，所以成妇顺也。

所谓“牲用鱼，芼之以蘋藻”，依其说，当释为“以蘋藻之菜覆蔓于鱼牲之上以为祭品”。从上引礼书如《礼记·文王世子》等所载“立学”“入学”“丧礼”及《诗经·召南·采蘋》《小雅·采菽》诸篇来看，则不能明确是否有“牲”体的使用。《毛传》于《采蘋》说“牲用鱼，芼之以蘋藻”，于《采菽》说“菽所以芼大牢而待君子也。羊则苦，豕则薇”，明确其配合牲体，是根据礼书文献中的“铏芼”而来的。

按礼书所载“铏芼”见于《仪礼·公食大夫礼》，以及《士虞礼》《特牲馈食礼》《少牢馈食礼》及其记文：

---

① 《毛诗正义》卷十五之一，载阮元刻《十三经注疏》，北京：中华书局，1980，第489页。

《仪礼·公食大夫礼·记》：铏芼，牛藿、羊苦、豕薇。①

《仪礼·士虞礼·记》：铏芼，用苦，若薇，有滑。夏用葵，冬用荁。②

《仪礼·特牲馈食礼》：铏芼，用苦，若薇，皆有滑，夏葵，冬荁。③

《仪礼·特牲馈食礼·记》：主妇设两敦黍稷于俎南，西上，及两铏芼设于豆南，南陈。④

《仪礼·少牢馈食礼》：下佐食又取一豕铏于房中以从，上佐食受，坐设于羊铏之南，皆芼，皆有柶。⑤

"铏芼"的"芼"，郑玄注《特牲馈食礼》说"芼，菜也"。《少牢馈食礼》注同。据郑玄的解释，"芼"是一种特殊的"菜"，烹于肉羹之中，故又称为"羹菜"(《礼记·昏义》注、《召南·采蘋》篇《郑笺》)。因其盛放于"铏"之中，故又称之"铏羹"(《小雅·采菽》篇《郑笺》)。从上引《仪礼》等的记载还可以知道，不同种类的肉羹（汁）必配以不同的菜，据《公食大夫礼》所记，为"牛藿、羊苦、豕薇"，即牛肉汁配以藿（豆叶），羊肉汁则配以苦菜（又称荼），猪肉汁则配以"薇"(《诗经》有《采薇》篇)。"铏芼"的烹制过程，据孔颖达在《小雅·采菽》篇"正义"的描述，是这样的：

王飨宾客则有牛俎，谓以鼎煮牛，取其骨体置之于俎，其汁则芼之以藿，调以咸酸，乃盛之于铏，谓之铏羹，故言乃用铏羹也，即《公食记》"铏芼"是也。以草菜地之毛，故谓之"芼"。⑥

---

① 《仪礼注疏》，载阮元刻《十三经注疏》，北京：中华书局，1980，第1086页。
② 《仪礼注疏》，载阮元刻《十三经注疏》，北京：中华书局，1980，第1171页。
③ 《仪礼注疏》，载阮元刻《十三经注疏》，北京：中华书局，1980，第1192页。
④ 《仪礼注疏》，载阮元刻《十三经注疏》，北京：中华书局，1980，第1183页。
⑤ 《仪礼注疏》，载阮元刻《十三经注疏》，北京：中华书局，1980，第1201页。
⑥ 《毛诗正义》卷十五之一，载阮元刻《十三经注疏》，北京：中华书局，1980，第489页。

迄今为止，考古活动中尚未发现明确为“铏”的礼器。① 陆德明《经典释文》引“郑云三足两耳，有盖”②。黄以周（1828—1899）《礼书通故》引旧礼图：“口径六寸，有足，高一寸，有两耳，盖。”聂崇义《新定三礼图》谓铏即陪鼎，黄以周则以为铏、鼎异物。二人皆绘有图（见图1、图2）。

图1　黄以周《礼书通故》所绘“铏”图③

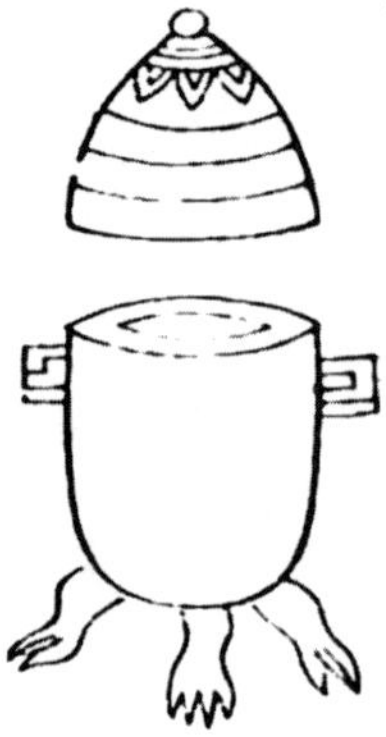

图2　聂崇义《新定三礼图》所绘“铏”图④

事实上，关于礼书文献中的“释菜”乃至“铏芼”的具体含义，汉代以来的学者即不能十分明确。前引《周礼·大胥》“春入学，舍采合舞”，郑玄正确指出“舍采”即“释菜”。同时，郑注又列举了汉代流行的其他解说：

> 郑司农云：舍采，谓舞者皆持芬香之采。或曰，古者士见于君，以雉为挚。见于师，以菜为挚。菜直谓疏食菜羹之菜。或曰，学者皆人君

① 《仪礼》中《公食大夫》《士虞》《特牲馈食》《少牢馈食》所记之“芼”皆盛于“铏”之中。《礼记·昏义》“牲用鱼，芼之以蘋藻”则未明言“芼”的具体盛放器皿，郑玄、孔颖达以为“亨蘋藻者于鱼湆之中，是铏之芼”（见《召南·采蘋》篇郑笺、孔疏），是据《仪礼》推求而来。

② 见《诗经·召南·采蘋》篇。陆德明：《经典释文》，北京：中华书局，1983，第56页。

③ 黄以周：《礼书通故》卷四十九，载《黄以周全集》第六册，詹亚园点校，上海：上海古籍出版社，2014，第2117页。

④ 聂崇义：《新定三礼图》，杭州：浙江人民美术出版社，2015，第176页。聂氏认为铏即陪鼎，故设“三足”。然形颇怪异。

> 卿大夫之子，衣服采饰，舍采者，减损解释盛服，以下其师也。

这或者是因为汉代已经不再实行入学的“释菜”礼，又或者汉代所行之礼与先代在具体节目上有重要差别的缘故。

对于“铏芼”的解释汉代以降日渐分歧。前引郑玄注礼笺诗，于“芼”或言“羹菜”，清代学者又或谓之“菜酿”（段玉裁《说文解字》“芼”下注）。戴震则提出“芼”是“菜之烹于肉湆者”，“芼与羹相从实诸铏”云云。据段、戴之说，与“芼”字覆蔓之义已相距甚远。与前引以野菜布放为祭者，亦大不同。推考其故，当出于礼典在不同历史阶段乃至不同礼典环境中的运用方式发生改变的缘故。《仪礼·士昏礼》与《礼记·昏义》的相关记载对此有所证明。这两条材料前面已经引及，为便论述，再次引用如下：

> 《仪礼·士昏礼》：“若舅姑既没，则妇入三月乃奠菜。”郑玄注：“没，终也。奠菜者，以篚祭菜也。”
>
> 《礼记·昏义》：“牲用鱼，芼之以蘋藻。”郑玄注：“鱼为俎实，蘋藻为羹菜。”

李炳海教授对上述两种礼典的具体执行细节的差异做了详细分析，值得引用在这里。李炳海教授说：

> 《士昏礼》的奠菜之礼，是“妇执笲菜”（高案：据《士昏礼》本文），即手执盛有野菜的竹器进行庙内，然后“奠菜于几东席上”，即把野菜从竹器里取出来，摆放在席子上进行祭祀。显然，其祭品是较为完整、湿度不大的野菜。否则，它不可能放在竹子编织的器具中，也不能直接摆放在席子上。①

① 李炳海：《释菜、奠菜漫议》，《文史知识》1994 年第 9 期。

李炳海教授还指出这一礼典中所使用的盛放野菜的器具“笲”与《诗经·召南·采蘋》所说的“筐”和“筥”相类。接着，李文指出：

> 《礼记·昏义》的菜祭之礼则不同。待嫁女子祭祖时，“牲用鱼，芼之以蘋藻”，供奉的物品不仅有野菜，而且还有鱼，和《士昏礼》的新妇只奠野菜是不同的。另外，待嫁女子是用野菜羹充当祭品，而不是用完整的野菜。菜羹是无法用筐筥一类竹器盛放的，而要装在豆里。《夏小正》有“采蘩”条目，传曰：“皆豆实也。”《召南》有《采蘩》一诗，郑玄笺：“执蘩菜者，以豆荐蘩菹。”这些材料都说明是把采集的蘩菜加工成碎末，制成菜羹，然后装在豆里进行祭祀。同是菜祭，一个是把完整、湿度不大的野菜盛在竹器里，摆放在席子上；一个则是用野菜碎末调制菜羹，装在可以盛汤的豆里。

对于两者的差异，李文分析道：

> 《礼记·昏义》和《仪礼·士昏礼》所展示的两种不同的菜祭方式，可能和主祭女性的待婚与已婚有关，也可能因为这两种礼仪出自不同的部族。《仪礼》记载的是先秦时期保留的古礼，产生的年代已经非常久远；《礼记》则是春秋以后陆续写成的，其中许多地方是解释《仪礼》的。因此，《仪礼·士昏礼》的奠菜仪式更为古老，而《礼记·昏义》的菜祭方式的出现则要晚些。

上述分析从主祭者身份的变化以及礼典的产生年代入手进行讨论，是有道理的。这也可以部分解释前引“菜”与“牲”的配合使用与否的问题。

虽然存在上述分歧，但结合礼书文献、古文字学以及语义学的分析，仍然可以试着推求“芼之”的具体仪节。以《采菽》篇为例，“芼之以藿”，即将“藿（豆叶）”“覆”于牛肉汁之上。故就其所芼之物来说，是“菜”

（菜是地之毛，故芼字从艸、毛）；就芼的动作来说，是“覆”或“释”（菜布放于牲体之上，亦如地之有毛）。

根据上引《特牲馈食礼》等可以知道，礼典中“铏芼”的设定这一职事正是由“主妇”承担的。这或许是《关雎》篇对“窈窕淑女”的最终期许。《毛传》“后妃有关雎之德，乃能共荇菜，备庶物，以事宗庙也”，则是对这一期许的明确表述。

顺便指出，一直以来都有学者主张将《关雎》与礼制相联系，出现了诸如“教成之祭”说、“三月成妇祭祀”说以及“婚礼仪式”说等。这三种说法各有其问题，近年已有学者做了相关梳理，可以参看。[①]

综合上面的讨论，《关雎》篇的基本内容可以描述如下：诗篇以荇菜的采摘与君子淑女情感的进展两条线索结构全篇。就荇菜而言，是“流之”“采之”，以至“芼之”，始则浮流水中[②]，后为淑女摘得，终乃用为祭品，三者层层递进，构成完整的行动链。与之相应，君子之于淑女，始则“寤寐求之”；既求得之，则“琴瑟友之”，夫妇和谐；末章“钟鼓乐之”，表明女子主持祭祀，承重宗庙，宜室宜家，长发其祥。[③] 君子与淑女的匹配至此达至完美结局，臻于人世幸福的高潮。孔子说“《关雎》之乱，洋洋乎盈耳哉!”（《论语·泰伯》），虽系从乐理出发，然就文辞的角度而言，不也是全然相应的吗?

---

① 刘立志：《〈诗经·关雎〉牵涉礼制说发覆》，《历史文献研究》2019 年第 1 期。其中“婚礼仪式”说及与之相关的“贺婚歌”说主张者最多。该说将“钟鼓乐之”句理解为婚礼之用乐。对此著名礼学研究者如陈戍国先生等有明确的批驳。参见陈戍国：《说〈关雎〉》，载《诗经刍议》，长沙：岳麓书社，1997；江林：《〈诗经〉与宗周礼乐文明》第四章，上海：上海古籍出版社，2010。

② “流”，《毛传》训为“求”，是缘辞立训，探下为说。其意若曰，因其流移而求取之也。

③ 姚小鸥：《〈诗经·关雎〉篇与〈关雎序〉》，《文艺研究》2001 年第 6 期。

（四）“恋歌”说的新证据？

近代以来的《关雎》阐释史，从五四运动之后的“恋歌”说，到近年林林总总的礼制说，[1] 是总的脉络。值得指出的是，简帛材料讲到《关雎》篇的“好色”与“思色”，有学者据之以为“恋歌”说的新证据，我们认为是不能成立的。

相关简帛文献主要是如下两种。一是2001年入藏上海博物馆的战国竹书《孔子诗论》。这篇竹书的第10简、第12简和第14简反复提到《关雎》篇，对它的篇旨做了论说：

> 《关雎》之改……童而皆贤于其初者也。《关雎》以色喻于礼……（简10）两矣，其四章则喻矣。以琴瑟之悦拟好色之愿，以钟鼓之乐（简14）……反内（纳/入）于礼，不亦能改乎？（简12）[2]

二是在此之前1973年长沙马王堆三号汉墓出土的帛书《五行》篇。篇中说：

> 谕而[知]之，谓之进[之]。弗谕也，谕则知之[矣]，知之则进耳。谕之也者，自所小好谕乎所大好。“窈窕[淑女，寤]寐求之”，思色也。“求之弗得，寤寐思服”，言其急也。“悠哉悠哉，辗转反侧”，言其甚□□。□如此其甚也，交诸父母之侧，为诸？则有死弗为之矣。交诸兄弟之侧，亦弗为也。交[诸]邦人之侧，亦弗为也。[畏]父

① 刘立志：《〈诗经·关雎〉牵涉礼制说发覆》，《历史文献研究》2019年第1期。
② 李学勤先生释文，见李学勤：《〈诗论〉简的编联与复原》，《中国哲学史》2002年第1期。

兄，其杀畏人，礼也。由色谕于礼，进耳。[①]

上述两种材料，都讲到《关雎》篇的“好色”或者“思色”。这一点，在传世文献中也有体现。《荀子·大略》：“《国风》之好色也。《传》曰：盈其欲不愆其止”。鉴于《关雎》是国风的第一篇，可以理解《荀子》所说是包含《关雎》在内的。这一点下面还要谈到。

应当承认，“好色”是人性之常，《关雎》篇对此有充分描述。最明显的证据是下面八句：

参差荇菜，左右流之。窈窕淑女，寤寐求之。

求之不得，寤寐思服。悠哉悠哉，辗转反侧。

这八句尤其后四句摹写男子思色之状，可谓活现。王实甫《西厢记》说张生急莺莺，“睡不着如翻掌，少可有一万声长吁短叹，五千遍倒枕槌床”[②]，未必不是取法于此。“辗转反侧”，朱熹《诗集传》注释说：“辗者，转之半；转者，辗之周。反者，辗之过；侧者，转之留。”[③] 曲尽描摹，亦注家典范。古代学者于此深有所会。贺氏《诗触》说：“‘求之不得，寤寐思服，悠哉悠哉，辗转反侧’，此四句乃诗中波澜。无此四句，则不独全诗平叠直叙无复曲折，抑且音节短促，急弦紧调，何以被诸管弦乎？忽于窈窕淑女前后四叠之间插此四句，遂觉满篇悠衍生动矣。此即后人所谓诗中活句也。”[④] 贺氏是纯粹从文章角度加以论述的。从内容来说，这一部分对于“思色”的描写

① 裘锡圭：《长沙马王堆汉墓简帛集成》肆，北京：中华书局，2014，第 92－93 页。为方便排印，释文采用通行字。

② 王实甫著，张燕瑾校注：《西厢记》，北京：人民文学出版社，1998，第 31 页。

③ 朱熹：《诗集传》，北京：中华书局，1958，第 2 页。

④ 贺贻孙：《诗触》卷一《周南》页二，清咸丰敕书楼刻本。

有其独特地位。如前引帛书《五行》所说：

> “窈窕［淑女，寤］寐求之”，思色也。“求之弗得，寤寐思服”，言其急也。“悠哉悠哉，辗转反侧”，言其甚□□。□如此其甚也……

缺文部分，“言其甚□□。□如此其甚也”，可以补为“言其甚也。思色如此其甚也”。在《五行》篇的作者看来，《关雎》篇的男子不独“思色”，而且“甚急”。这一点应当是合乎诗篇本文的。《孔子诗论》认为“窈窕淑女，琴瑟友之”句“拟好色之愿”，也指出诗篇“好色”的一面。

然而，《关雎》所述绝不止于“好色”与“思色”。帛书《五行》篇及《孔子诗论》的作者亦并未将《关雎》篇“原意”止于“好色”与“思色”。《诗论》说“以色喻于礼”，“反内于礼”，《五行》说“由色谕于礼”，都表明了这一点。

“谕”，帛书原作“俞”，整理者括注为“喻”。（按：《说文》谓“谕，告也”。）段玉裁注：“凡晓谕人者，皆举其所易明也。《周礼·掌交》注曰‘谕，告晓也。’晓之曰谕，其人因言而晓亦曰谕。谕或作喻。”池田知久说：“自所小好谕乎所大好”与“由色谕于礼”同意，“所小好”相当于“色”，“所大好”相当于“礼”。[①] 换言之，即由男女的情爱而晓示以“婚姻室家之礼”，这就是“由色谕于礼”。《孔子诗论》的“以色喻于礼”，与《五行》篇的说诗思路，是一致的。[②]

上述解释思路的关键点之一是，无论《孔子诗论》抑或帛书《五行》，都没有将诗篇所述止于“色”字之上。在《诗论》作者看来，所谓“色”

---

① 池田知久著，王启发译：《马王堆汉墓帛书五行研究》，北京：线装书局，2005，第465页。

② 饶宗颐先生最早指出这一点。见饶宗颐：《竹书〈诗论〉小笺》，载《上博馆藏战国楚竹书研究》，上海：上海书店出版社，2002，第228－230页。

与“礼”，是同时存在于诗篇之中的，“礼”是诗篇的重要内容之一，它并不在诗篇之外。因此说“其四章则喻矣”，又说“反内于礼”。①

帛书《五行》重点讲述了“色”的部分，关于“礼”，如上所引述，是这样展开的：“□如此其甚也，交诸父母之侧，为诸？则有死弗为之矣。交诸兄弟之侧，亦弗为也。交［诸］邦人之侧，亦弗为也。［畏］父兄，其杀畏人，礼也。”这一段话基于《诗经·郑风·将仲子》篇：“将仲子兮，无踰我里，无折我树杞。岂敢爱之？畏我父母。仲可怀也，父母之言，亦可畏也。/将仲子兮，无踰我墙，无折我树桑。岂敢爱之？畏我诸兄。仲可怀也，诸兄之言，亦可畏也。/将仲子兮，无踰我园，无折我树檀。岂敢爱之？畏人之多言。仲可怀也，人之多言，亦可畏也。”诗篇的这位女子对她的情郎说：“你不要翻我家的墙，折我家的桑。我难道是为心疼那桑树枝吗？是担心父母兄弟说闲话呀！我虽然心里念着你，可是人言太可畏啊。”诗篇的后半部分分别写到“父母”“诸兄”和“人之多言”，与帛书“父母”“兄弟”和“邦人”显然是对应的。帛书作者将之归结为“礼也”，正反映当时人们对于男女交往的一般伦理期待，即爱情的交往必须合乎礼法的要求。《五行》篇的作者对《将仲子》诗的运用，反映出他对“礼”在《诗经》诸篇之中地位的深刻认识。由上述论说是难以得出《五行》与《孔子诗论》“皆以为《关雎》原意为‘好色’‘思色’”的结论的。

所谓“《关雎》以色谕于礼”，即通过“色”或曰“情”而晓示人以“礼”。从诗篇内容上说，君子思慕淑女的部分（求之不得，辗转反侧诸

① 《关雎》的分章自汉以来存在争议。阮刻本《毛诗正义》于《关雎》篇尾说：“《关雎》五章，章四句。故言三章，一章章四句，二章章八句。”陆德明《经典释文》：“五章是郑（玄）所分，‘故言’以下是毛公本意。”从《孔子诗论》的表述来看，其分章与毛、郑当不同。清代学者俞樾认为分四章，“首章章四句，次章章八句，三章、四章章四句”（《达斋诗说》卷一）。该说富于启示性。由于篇幅关系，这里不做进一步展开。

句），是“色”；而婚姻的责任（共荇菜，备庶物，事宗庙），则是“礼”。

应当说，“以色喻于礼”代表了古代思想世界推行“诗教”的一般进路，也合理解释了何以婚恋之诗占据了国风的绝大多数。承认“好色”是人之常情，并在此基础上加以引导，与孔子对于人性的认识是相契合的。孔子对于人性的深刻认识见于《论语·阳货》：“子曰：‘性相近也，习相远也。’”金景芳先生对此阐释说：

> 孔子所说的“性”是专指人性而言。“相近”包括两层意思。第一，从人之性对犬之性牛之性来看，人与人为同类，所以说“相近”。“相近”表明人有共性。第二，从人类自身来看，人与人虽属同类，但智愚壮羸万有不同，所以应当说“相近”，不应当说相同。这表明人又有个性。总之，二者都是指人的自然性而言。“习”则不然。“习”是指人的社会性。①

因此，无论人的本性如何，关键在于后天的教化与引导。郭店简《性自命出》说“凡人虽有性，心亡定志，待物而后作，待悦而后行，待习而后定”，同样强调后天“习”的重要。无论《孟子》的“性善论”还是荀子的“性恶论”，其逻辑的终点皆在强调教化的作用。②

《关雎》是国风的第一篇，古人对于国风“好色”的特点多有认识，并见诸载籍。如前已引及的《荀子·大略》：

> 《国风》之好色也，传曰：“盈其欲而不愆其止，其诚可比于金石，其声可内于宗庙。”

① 金景芳：《孔子的天道观与人性论》，《百科知识》1990 年第 12 期。
② 廖名春：《上博简〈关雎〉七篇诗论研究》，《中州学刊》2002 年第 1 期。

《史记·屈原列传》也讲到国风“好色”的问题。《关雎》作为风诗之首，自然包含这方面的内容。姚小鸥先生指出：

《关雎》为《国风》之始，“《国风》之好色也”与“《关雎》之好色也”略同；……“内于宗庙”也正是《诗论》中的“内于礼”，“其诚可比于金石”当然“能改”。这里的“传”应该是和《诗论》类似的解《诗》文字。荀子之以“好色”说《国风》与《诗论》以“好色”说《关雎》，都是承认“好色”为人性之常而借以喻说礼义的教化作用，可以视为一脉相承。①

按《礼记·礼运》：

饮食男女，人之大欲存焉；死亡贫苦，人之大恶存焉。故欲恶者，心之大端也。人藏其心，不可测度也；美恶皆在其心，不见其色也，欲一以穷之，舍礼何以哉？

《汉书·礼乐志》下面的说法，也是同样的意思：

人性有男女之情，妒忌之别，为制婚姻之礼。

又《礼记·礼运》：“礼者，因人之情而为之节文，以为民坊者也。”《管子·心术上》：“礼者，因人之情，缘义之理，而为之节文者也。”《毛诗序》：“发乎情，止乎礼。”上述论说代表了古人对于情礼关系的基本看法。

所谓“以色喻于礼”，基本相当于“以男女之情，为制婚姻之礼”。前者是从艺术的角度阐释，后者则是从伦理教化的角度入手，故一用“喻”，

---

① 姚小鸥、任黎明：《关于〈孔子诗论〉与〈毛诗序〉关系研究的若干问题》，《中州学刊》2005年第3期。

一用“制”。伦理上，偏重“止乎礼”，强调“以礼节之”；而艺术呈现，则更关注“发乎情”。结合我们在前面对于“芼”字的分析，可以知道，所谓“喻于礼”，指男女结为夫妇之后所奉持的礼的仪式与精神，亦即《毛传》所说：“共荇菜，备庶物，以事宗庙也。”

“诗”是古代的综合艺术，作为其文辞部分的《诗经》，虽因乐的不存而若有所缺，然其艺术特质仍较其他经典如《书》《易》《礼》等为明显，故对于人的情性在文字描述上更为充分。《关雎》篇中的君子求淑女而不得，以至于“悠哉悠哉，辗转反侧”，正是尽力抒写人性之常。就艺术哲学的角度来说，“情感是文学作品最为重要的美学特征。对文学作品中以个性化的方式所表达的人类普遍情感的理解程度，是艺术哲学发达的重要标尺。”①《孔子诗论》所呈现出的对于诗篇情感的深切感悟，当然与诗篇本身对于人情与人性的曲尽描述息息相关。

本章的最后，让我们试着总结：《关雎》篇“芼”字的意义及其所蕴礼意，显示《关雎》篇绝非简单意义的“男女恋歌”。它是“以色谕于礼”的典范之作。由于特殊的历史境遇，近代以来的“恋歌说”，片面发展了其中“情”或曰“色”的部分。这对于汉代以后尤其郑玄以来过分重“礼”的学说自然可说是一种反动。然“情”“礼”相因相成，本不可偏废，关键在因时而利导之。对此，古人有深刻认识。清儒崔述《读风偶识》：“情之所发，五伦为最，五伦始于夫妇，故《十五国风》中男女夫妇之言尤多。……魏文侯曰：‘家贫则思良妻，国乱则思良相。’上承宗庙，下启子孙，如之何其可以苟，如之何其可不慎重以求之也！”“所谓‘阴阳和则万物生，夫妇和则

① 姚小鸥：《〈孔子诗论〉与先秦诗学》，《文艺研究》2002年第2期。

家道成’者也。”① 郭店楚简《成之闻之》简31—33说：“天降大常，以理人伦。制为君臣之义，著为父子之亲，分为夫妇之辨。是故小人乱天常以逆大道，君子治人伦以顺天德。”② 古人对《关雎》一篇如此重视，其动机正在于将《诗》作为经验材料来推行王者的道德精神。③ 如本文最开头所引《韩诗外传》所载，孔门师徒将《关雎》一篇推到“天地之基”的高度，由此也就可以理解了。

附：《关雎》全文及其注释④

关关雎鸠[1]，在河之洲[2]。窈窕淑女[3]，君子好逑[4]。

参差荇菜[5]，左右流之。窈窕淑女，寤寐求之[6]。

求之不得，寤寐思服[7]。悠哉悠哉，辗转反侧。

参差荇菜，左右采之。窈窕淑女，琴瑟友之。

参差荇菜，左右芼之[8]。窈窕淑女，钟鼓乐之。

【注释】

[1] 关关：象声词，和鸣之声。雎（jū）鸠：朱熹《诗集传》说又名王雎。从“关关”的叫声来看，它应当是一种扁嘴的大型水鸟。古人说它“挚

① 崔述：《读风偶识》，顾颉刚编订本《崔东壁遗书》，上海：上海古籍出版社，2013，第532页。

② 荆门市博物馆编：《郭店楚墓竹简》，北京：文物出版社，1998，第168页。为方便排版，释文使用了通行字。

③ 姚小鸥、任黎明：《关于〈孔子诗论〉与〈毛诗序〉关系研究的若干问题》，《中州学刊》2005年第3期。

④ 本书注释主要参考了如下版本：
阮元刻《十三经注疏》本《毛诗正义》，北京：中华书局，1980。
朱熹：《诗集传》，上海：上海古籍出版社，1980。
高亨：《诗经今注》，上海：上海古籍出版社，1980。
姚小鸥：《诗经译注》，北京：当代世界出版社，2009。

而有别”，即有固定的配偶。从动物学上看，天鹅、大雁皆具有上述特征。

［2］河：指黄河。洲：河中的沙滩。

［3］窈窕：身材颀长的样子。淑：善。“窈窕淑女”，是说女子在外貌和德性上都很好。

［4］逑：配偶。这一意义的“逑”，《诗经》中又写作“仇”。《周南·兔罝》“赳赳武夫，公侯好仇”，郑玄说“怨耦曰仇”，是不对的。

［5］参差：长短不齐的样子。荇（xìng）菜：一种水草，古人用它做祭品。

［6］寤：醒着。寐：睡着。“寤寐”连言，是日夜的意思。

［7］思：语助词，无实义。服：这里是思念的意思。

［8］芼（mào）：祭祀的时候把菜布放到祭品上。这种仪式又叫“释菜”或“奠菜”。

二、麟的传说与信兽故事——关于《麟之趾》的主题与演义

麟之趾，振振公子。于嗟麟兮！
麟之定，振振公姓。于嗟麟兮！
麟之角，振振公族。于嗟麟兮！
——《周南·麟之趾》

（一）问题的提出

“麟”何以用于起兴，是个久悬未决的问题。古人的种种论说，有难于理解之处，今人多不予采信。然而所谓的难于了解，正显示着特定的学术史意义。深入古人论说的内部，乃是进一步了解诗篇的必要步骤。

《毛诗序》：

> 《麟之趾》，《关雎》之应也。《关雎》之化行，则天下无犯非礼，虽衰世之公子，皆信厚如麟趾之时也。

依据《毛诗序》说，则“麟趾之时”乃“信厚”之时，以“麟”起兴，宣明“信厚”的可期。然而“麟”何以特别有“信厚”的性质，以至于可期，《毛诗

序》本身并未明白说出。检《毛传》在开篇首句“麟之趾，振振公子”下说：

兴也。趾，足也。麟信而应礼，以足至者也。振振，信厚也。

言“麟信而应礼”，似乎是既定的命题，因此可以作为凡所推导的前提。然而，这一说法本身的疑虑与作为推导前提的《毛诗序》正相同，也因此需要进一步追问，“信而应礼”究竟为何是“麟”的特别性质？翻检注疏，可以得到某种程度的答案。

（二）汉人的演义——“信而应礼”与“修母致子”

答案的初步呈现，是在孔颖达的疏文之中。孔颖达疏解《毛传》“麟信而应礼”句，说：

《传》解四灵多矣，独以麟为兴，意以麟于五常属信，为瑞则应礼，故以喻公子信厚而与礼相应也。

孔氏推《毛传》之意，以为《毛传》“意以麟于五常属信，为瑞则应礼”，故有“信厚”之语云。《毛传》之所以有“麟于五常属信”之意，孔颖达做了解说：

言“信而应礼”，则与《左氏》说同，以为“修母致子”也。哀十四年《左传》服虔注云：“视明礼修而麟至，思睿信立白虎扰，言从乂[①]成则神龟在沼，听聪知正而名山出龙，貌恭体仁则凤皇来仪。”《驺虞》传云：“有至信之德则应之”，是与《左传》说同也。

---

① 阮元《校勘记》指出“乂当作义”。见阮元刻《十三经注疏》（附校勘记），北京：中华书局，1980，第285页。

《孔疏》所引服虔注《左传》“修母致子”之说及其解说体系，在《左传·昭公二十九年》的疏文有更明确的表述：

> 汉氏先儒说《左氏》者，皆以为五灵配五方，龙属木，凤属火，麟为土，白虎属金，神龟属水。其五行之次，木生火，火生土，土生金，金生水，水生木。王者修其母则致其子，水官修则龙至，木官修则凤至，火官修则麟至，土官修则白虎至，金官修则神龟至。故为其说云：“视明礼修而麟至，思睿信立而白虎扰，言从文[①]成而神龟在沼，听聪知正而名川出龙，貌共体仁则凤皇来仪。”皆修其母而致其子也。[②]

上引五方五行五事五常五灵的配对及其相互关系，可如表1所示。

表1　五方五行五事五常五灵对应图

分类	相互关系					
五方	东	南	中	西	北	东
五行	木	火	土	金	水	木
五事	貌恭	视明	思睿	言从	听聪	貌恭
五常	仁	礼	信	义	知	仁
五灵	龙	凤	麟	虎	龟	龙

所谓“修母致子”的“母”与“子”，其推导前提是五行相生中的生者与所生者。“木生火”，则木为母，火为子；“金生水”，则金为母，水为子。余者类推。（按：“修母”可以“致子”，依据的是人类社会的一般现象。）至于“麟”为“土”居中央，乃是汉代学者的一种建构。服虔注《左传·哀公十四年》“获麟”云：

> 麟，中央土兽，土为信。信，礼之子，修其母，致其子，视明礼修而麟至。

① “文”，据《毛诗正义》疏引，当作“义”。

② 《春秋左传正义》卷五十三，阮元刻《十三经注疏》，北京：中华书局，1980，第2123页。

服虔的这一注释保存在《礼记·礼运》篇孔颖达的疏文之中。同篇疏文还引到汉代其他学者的不同说法。根据《孔疏》，汉世《公羊》家说“麟是木精”，如此则与东方相配；陈钦则认为“麟是西方毛虫”。许慎《五经异义》遍引诸家异义，主张麟属“中央”。郑玄又有不同意见。从“麟信而应礼”的表述来看，《毛传》持论显与服虔诸人注《左传》相同。这一点孔颖达已经指出了：

> 言“信而应礼”，则与《左氏》说同，以为“修母致子”也。

应当指出，上表除“五方”“五行”“五灵”外，“五事”“貌言视听思”及与之相应的“恭从明聪睿”的理论体系基于《尚书·洪范》篇。《洪范》篇讲说天赐大禹洪范九畴，箕子传之，论为政九大之法，“一曰五行，二曰五事”，所说“五事”全文如下：

> 一曰貌，二曰言，三曰视，四曰听，五曰思。
> 貌曰恭，言曰从，视曰明，听曰聪，思曰睿。
> 恭作肃，从作乂，明作哲，聪作谋，睿作圣。

从上引服虔等人的注释来看，“貌恭体仁”“视明礼修”“思睿信立”“言从义成”“听聪知正”正是基于上引《洪范》的这一处文字加以建构的，只是对五事的具体次序做了调整。《洪范》篇在汉代思想世界中占据重要位置，是汉代学者的重要知识来源之一。对于“麟”瑞的阐释是明确的一则例子。

前引孔颖达的疏文还指出《召南·驺虞》篇持说亦同于此。这一点是重要的。按《驺虞》：

> 彼茁者葭，壹发五豝，于嗟乎驺虞！
> 彼茁者蓬，壹发五豵，于嗟乎驺虞！

关于“驺虞”，《毛诗》有一特别的讲法，即以之为“义兽”。《毛传》于“于嗟乎驺虞”句下说：

> 驺虞，义兽也。白虎黑文，不食生物，有至信之德则应之。

将“驺虞”归为“义兽”，且谓“有至信之德则应之”，解说体系与《麟之趾》篇“麟信而应礼”相一致。所谓“白虎黑文”，所谓应“至信之德”，皆与服虔注“思睿信立白虎扰”相当，这一点对照前文五方五行五事五常五灵表即可知。

就诗篇本义来说，“驺虞”当以韩诗说“天子掌鸟兽官”[①] 为合理。《毛诗》主张“义兽”，显系造作为说。后世尤其清代学者坚守《毛传》此说者，努力为之寻找依据，然而并未成功。这里可以清代著名学者陈奂为例予以说明。陈奂是坚决的“毛诗”说的拥护者，为证成《毛传》“驺虞，义兽也，白虎黑文”的说法，他的《诗毛氏传疏》有如下解释：

> 诗之“豝”“豵”皆田豕也。《郊特牲》云：“迎虎，为其食田豕也。”春蒐亟驱豝、豵，其即《礼记》“迎虎”之意与？[②]

按《礼记·郊特牲》：“古之君子，使之必报之。迎猫，为其食田鼠也。迎虎，为其食田豕也。迎而祭之也。”依陈奂说，“豝”“豵”系田豕为害，“驺虞”能食而除害，故迎而祭之，且嗟叹之。陈氏引用《礼记·郊特牲》，试图从文献学和民俗学的角度证明《毛传》“白虎”之说。然而陈氏的这一推论并不能成立。新出楚简材料表明了这一点。陈氏以为“迎虎”“为其食田豕”，是基于诗篇“豝”“豵”立论的。新出楚简显示，诗篇所言田兽尚

① 《新书·礼篇》引用诗篇且解释说：“驺者，天子之囿也；虞者，囿之司兽者也。”参见皮锡瑞：《驳五经异义疏证》卷三。陈寿祺、皮锡瑞《五经异义疏证驳五经异义疏证》合刊本，北京：中华书局，2014，第325－326页。

② 陈奂：《诗毛氏传疏》卷二，滕志贤整理本，南京：凤凰出版社，2018，第81页。

不止于传世本所见的两种“豕”类。安大简《驺虞》较今本多出的第三章说：

彼茁者蓍，一发五麋，于嗟从虖！①

在此，简本引入了第三种动物名目“麋”。姚小鸥教授正确指出，简本“麋”的出现：

推翻了陈奂判断“驺虞”属性时所引“迎虎说”的文献及民俗学依据。《礼记·郊特牲》所言礼俗的生活基础是，祭礼的目的在于驱除田鼠、野猪等祸害庄稼的兽类。“麋”为鹿类动物，其生活空间为林麓。显然与“迎虎”之俗不能直接建立关联。②

上述判断是正确的。

从《毛传》对于“振振”一词的解释也隐约可以窥见《毛传》的相关矛盾之处。《诗经》“振振”一词凡四见：

例 1：《周南·螽斯》：宜尔子孙，振振兮。《毛传》：“振振，仁厚也。”
例 2：《周南·麟之趾》：麟之趾，振振公子。《毛传》：“振振，信厚也。”
例 3：《召南·殷其雷》：振振君子，归哉归哉。《毛传》：“振振，信厚也。”
例 4：《鲁颂·有駜》：振振鹭，鹭于下。《毛传》：“振振，群飞貌。”

第 1 例训为“仁厚”，第 2、第 3 两例均释为“信厚”，其所以区分“仁”之与“信”的原因不明，引发后世学者的争论。③ 由上文的分析来看，或者即与刻意协调“信兽”这一解释体系有关，从而显示出造作的痕迹。其引发学者的怀疑，如闻一多先生指为“怪迂之谈”，看来是必然的。

---

① 黄德宽：《略论新出战国楚简〈诗经〉异文及其价值》，《安徽大学学报》2018 年第 3 期。
② 姚小鸥：《新出楚简与〈诗经·驺虞〉篇的解读》，《光明日报》2018 年 11 月 12 日第 13 版《文学遗产》专栏。
③ 如朱熹《诗集传》于《麟趾》篇“振振”仍从《螽斯》训“仁厚”，不从《传》说。

（三） 纳征乐歌？ ——闻一多先生的反思与再反思

闻一多先生对诗篇的“麟”给出了新的解释，他抛弃了汉人旧义，另立新说。他怀疑的基点在于汉人神话式的演绎，他的结论基于新式的社会学思考，所使用的方法则是传统学术所重视的文字与音韵之学。思路与方法本身皆无可指摘，决定结论成败的，乃是论证的严密与否。仔细分析闻一多先生的论证，可知不无商榷的余地。

闻一多先生在《诗经新义》第十篇“麟”之下，提出《麟之趾》为“纳征之乐歌”的新看法，其主要依据：（1）纳征本用麐（麟）为贽；（2）《毛诗序》“暗示此诗与婚姻有关”，而纳征为婚礼仪节之一。[①] 闻一多先生论证的主要部分，在证明上述两大依据。然而仔细检查，其具体论证过程皆不够严密。以下试逐条论述。

第一，关于“纳征本用麐（麟）为贽”，闻一多先生说：

> 古人婚礼纳征，用鹿皮为贽。《仪礼·士昏礼》“纳征，玄纁束帛俪皮”，注：“皮，鹿皮。”崔骃《婚礼文》：“委禽奠雁，配以鹿皮。”《说文·鹿部》：“麗，……从鹿丽声。礼，丽皮纳聘，盖鹿皮也。”然以《野有死麕》证之，上古盖用全鹿，后世苟简，乃变用皮耳。《说文·鹿部》：“慶，行贺人，从心从夂。吉礼以鹿[②]为贽，故从鹿省。”此据小篆为说，殆不可信。慶，金文秦公簋作慶，其字于卜辞则为麐之初文。是慶与麐古为同字。麐与麟同。鹿类之中，莫尊于麟。故古礼纳征用贽，麐为最贵，因之遂孳乳为庆贺字。知纳征本用麐为贽。而二南复

① 闻一多：《诗经新义》，载《闻一多全集》第二册，北京：三联书店，1982，第79－80页。下引闻一多先生说均据该处，不另出注。

② “鹿”下脱“皮”字，盖误记。

为房中乐，其诗多与婚姻有关。则《麟之趾》篇之麟，或系纳征所用。麐麠同类，《麟之趾》篇之以“麟”为贽，犹《野有死麠》之以麠为贽矣。

上引闻一多先生的论证步骤可以归纳为：第一，利用金文和甲骨的材料，论证“‘慶’与‘麐（麟）’古为同字”；第二，由“麐（麟）”的孳乳为“慶贺”字，反推“纳征本用麐为贽”。论证的关键与重点在前者，即以甲金材料，论证“‘慶’与‘麐（麟）’古为同字”。统观闻一多先生的论证过程，及其所导出的结论，实未能严密，甚至可以说是疏阔的。闻一多先生的论证如下：

（1）秦公簋“慶”字作“𢻱”。——这一点无疑义。按簋铭：“以受屯鲁多釐，眉寿无疆，畯疐在天，高引有𢻱，肇域四方。”①（见图3）如闻一多先生自注所说：“𢻱与疆、方为韵，宋人释慶最碻。”

图3　秦公簋及部分铭文②

① 这里的释文直接用通行字，并参考了最新的释读成果。其中“疐”读“对”，训配；“在”，训于。“畯对在天”，永配天命之意。见李学勤：《论清华简〈周公之琴舞〉“疐天之不易”》，载《初识清华简》，上海：中西书局，2013，第198－201页。

② 据容庚《商周彝器通考》，秦公簋“民国初，出于甘肃秦州”，现藏中国国家博物馆。春秋中期器。盖内及器底铸铭共123字（其中重文3）。著录于《殷周金文集成》4315，《商周青铜器铭文选》920。器形图像据吴镇烽《金文通鉴》5370号。拓片为涉及“𢻱”字者，在器底。

（2）卜辞：闻一多先生所举卜辞著录于《甲骨文合集》36836片（见图4）。该片甲骨先后经罗振玉、郭沫若缀合。闻一多先生释文“□戌卜贞……王……麌驳䮄”，其中“”字，从鹿从文，构形与秦公簋之字全同。闻一多先生认为“字与驳䮄连文，诸家释麐亦不可易”。推其意，以“驳䮄”皆从马作，为畜类，则与之连言的“麌”字亦然。然郭沫若先生释“麌”为“慶”，以之为地名。按该片甲骨著录于郭沫若先生《卜辞通纂》729片（见图5），释文：“庚戌卜，贞王遘于麌，驳䮄。”又同片甲骨另一条卜辞有“于马”之文。郭沫若先生考释说：“马、麌，皆地名。驳䮄者，言驾驳䮄。”[①] 依郭沫若此说，则该片卜辞“麌”字与释“麐”的麒麟之兽无关。不过，卜辞确有释“麐”的“麌”字，见于《甲骨文合集》38481，即著名的小臣墙刻辞。这一点古文字学界已有相关研究。[②]

图4　《甲骨文合集》36836

图5　《卜辞通纂》729

虽然如此，即便秦公簋之“麌”读“慶”，卜辞“麌”为“麐”字初文，由此二点，亦无从确断“慶”与“麐”同字。依据训诂学的方法和原则，某字读为另一字，其途径是多样的，比如出于声音或者别种原因而一时

① 郭沫若：《卜辞通纂》，载《郭沫若全集·考古编》第二卷，北京：科学出版社，2016，第524－525页。

② 刘钊：《“小臣墙刻辞”新释》，《复旦学报（社会科学版）》2009年第1期。

相假借，因而不宜遽将二者直接等同。秦公簋之“廋”读“慶”即属此类。卜辞、金文另有“慶”字多见，与“廋”字同时存在，即为显证。闻一多先生又以麟（麐）、麠（麖）、麢（麖）、獐（麞）四名一物，基本的论证方法是利用声音的通转，如：麠，重文麖，京声，从京之字如凉、谅、倞等上古声母皆来母，古声麖亦归来，故得转为麟云云。辗转牵连，难于确证。[①]在“‘慶’与‘麐（麟）’古为同字”的论证过程中，也存在类似倾向。

总之，在闻一多先生看似详赡绵密的论证过程中，存在着若干难以确断的逻辑链条，使得“‘慶’与‘麐（麟）’古为同字”这一最终结论的得出充满困难。至于由“麐（麟）”的孳乳为“慶贺”字，反推“纳征本用麐为贽”，推想与猜测的成分更多，在此便不细述了。

第二，关于《毛诗序》“暗示此诗与婚姻有关”的论证，闻一多先生说：

> 且《序》曰“天下无犯非礼”，此“礼”字当即指婚礼纳采问名纳吉纳征诸所以防淫佚、禁暴乱之节文。《汉广序》曰：“江汉之域，无思犯礼，求而不可得也。”《野有死麕序》曰：“虽当乱世，犹恶无礼也。”《氓序》曰：“礼义消亡，淫风大行，男女无别，遂相奔诱。”《有狐序》曰：“古者国有凶荒，则杀礼而多昏，会男女之无夫家者，所以育人民也。”《大车序》曰：“礼义陵迟，男女淫奔。”《东门之墠序》曰：“男女有不待礼而相奔者也。”《东方之日序》曰：“君臣失道，男女淫奔，不能以礼化也。”《载驱序》曰：“（齐襄公）无礼义，……与文姜淫。”《猗嗟序》曰：“不能以礼防闲其母。”凡序言“礼”，十九皆为男女大防之礼。《麟之趾序》亦以“礼”为言，是已暗示此诗与婚姻有关。因知所谓“无犯非礼”者，正谓夫家能行纳征之礼，不以强暴相陵，而求急亟之会耳。此《麟趾》以为纳征之乐歌，证诸本序而益明者也。

---

① 季旭昇：《说文新证》，台北：艺文印书馆，2014，第 792 页。

至《序》又谓《麟趾》为《关雎》之应，及《传》所谓“麟信而应礼，以足至者也”，并以麟为瑞兽，则俗师迂怪之谈，无足深论。固知以谶纬说诗，不特齐学为然矣。

《毛诗序》论及“礼”之处甚多，固然多有涉“男女大防之礼”者，然绝无“十九”之多如闻一多先生所说。这一点，翻检《毛诗序》即可得知，如以下所例举：

《邶风·击鼓·序》：“怨州吁也。卫州吁用兵暴乱，……国人恶其勇而无礼。”

《鄘风·相鼠·序》：“刺无礼也。卫文公能正其群臣，而刺在位承先君之化无礼仪也。”

《卫风·淇奥·序》：“美武公之德也。有文章，又能听其规谏，以礼自防，故能入相于周。”

《卫风·芄兰·序》：“刺惠公也。骄而无礼，大夫刺之。”

《郑风·清人·序》：“公子素恶高克进之不以礼，文公退之不以道。……”

《击鼓·序》“国人恶其勇而无礼”，所谓“无礼”，指不合治国为政之礼。《清人·序》“高克进之不以礼”与“文公退之不以道”对举，则所谓“礼”者，系君臣之礼。《相鼠·序》《淇奥·序》《芄兰·序》之“无礼”亦皆与人君行政当国有关，很难说是“男女大防之礼”。此外《齐风·甫田》《齐风·载驱》《魏风·汾沮洳》诸序亦然。退一步说，《麟之趾·序》“无犯非礼”之“礼”即与“男女大防”有关，从逻辑上说，亦未可遽证诗篇“与婚姻有关”，更不宜将诗篇与“纳征”用贽直接关联。

总之，从闻一多先生的论述来看，是难以得出《麟之趾》所述为婚礼“纳征”的确切结论的。

除此之外，闻一多先生为了证成其说，还将“公子”“公姓”“公族”指为“独体名词”，认为《韩诗》“美公族之盛”的讲法是“误以独体名词为集体名词”。这一结论也是错误的。闻一多先生说：

> 《诗》曰“公子”“公姓”“公族”者，谓此纳征者为公之子姓，公之族嗣也。《文选》王融《曲水诗序》张铣注曰：“《麟趾》，美公族之盛也”，则误以独体名词为集体名词，故尔为此臆说。此亦不可不辩。

事实上，诗篇“公子”“公姓”与“公族”如《韩诗》所说确系集体名词，尤其后两者的集体名词性质更为明显。以“公族”为例，《左传》及金文文献多见该称谓，其中绝大多数应属“集体名词”，即指“公族”的全部成员。朱凤瀚先生《商周家族制度》一书对《左传》“公族”一词的用法有较为详细的分析。这里可以举出《左传·文公七年》的一则例子：

> 夏四月，宋成公卒。于是公子成为右师，公孙友为左师，乐豫为司马，鳞矔为司徒，公子荡为司城，华御事为司寇。昭公将去群公子。乐豫曰：“不可。公族，公室之枝叶也。若去之，则本根无所庇荫矣。葛藟犹能庇其本根，故君子以为比，况国君乎！……必不可。君其图之。亲之以德，皆股肱也，谁敢携贰？若之何去之？”不听。穆、襄之族率国人以攻公，杀公孙固、公孙郑于公宫。

乐豫将“公族”比为“公室之枝叶”，以为本根的庇荫所在，则其所指范围不能过小。据《史记·宋世家》，戴公至昭公世系可用图 6 表示如下（灰色背景为宋君，白色方框为诸公族成员，成员关系据《春秋左传正义》注疏、杨伯峻《春秋左传注》[①]）：

---

① 杨伯峻：《春秋左传注》，北京：中华书局，1990，第 556 页。

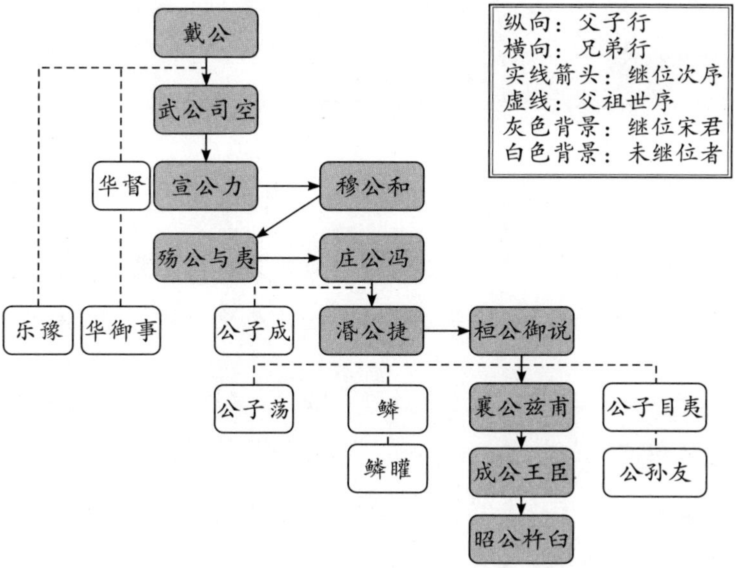

图6　成员关系图

朱凤瀚先生分析指出："昭公欲去之'群公子'，应包括襄公、庄公、桓公未及位的诸公子们，亦即襄族、庄族、桓族成员，他们都在乐豫所言'公族'范围内。"[①] 无论如何，"公族"指"公族"成员，为集体名词无疑。又《左传·昭公三年》载叔向之言：

> 晋之公族尽矣。肸闻之，公室将卑，其宗族枝叶先落，则公室从之。肸之宗十一族，唯羊舌氏在而已。……

所说"公族"与上举相类。如朱著所指出，这两例"公族"，所指"包括历代国君之后裔（也就是历代国君未继位的庶子们的家族）在内的亲属集团"[②]，因而绝非如闻一多先生所说"独体名词"。

"公族"作为"独体名词"见于文献，然系职官名：

①② 朱凤瀚：《商周家族形态研究》（增订本），天津：天津古籍出版社，2004，第435页。

《左传·宣公十二年》：晋魏锜求公族未得。（杜注：锜，魏犨子，欲为公族大夫。）

《左传·昭公二年》：君使公族逆之。①

上引《左传·宣公十二年》“公族”，杜注已指出即文献所称之“公族大夫”：

《左传·宣公二年》：使屏季以其故族为公族大夫。

《左传·成公十八年》：荀家、荀会、栾黡、韩无忌为公族大夫。②

公族大夫职掌，据《左传·宣公二年》孔疏引《国语》孔晁注，为“掌公族及卿大夫子弟之官”。

金文“公族”二字之下或系以私名：

师酉簋（《集成》③ 4288）：公族鸿釐入右师酉，立中廷。

牧簋（《集成》4343）：公族絙入右牧，立中廷。④

其人在册命仪式中充当“右”者，身份尊贵。这里“公族某”之“公族”，亦皆职官之名。⑤ 以上两类“公族”所指为单独个体，然非闻一多先生所说“公族”。

总之，闻一多先生所谓《麟之趾》为“纳征之乐歌”的结论多出推测，难以证实；且以“公子”“公姓”“公族”为独体名词（言下之意，似指行纳征礼的个人），与诗篇文意不相契合，难以信从。虽然如此，闻一多先生以为《毛传》“信而应礼”之说，语涉“谶纬”，则近于事实。这一点，上一节的分析已经表明了。

---

①② 参见杨伯峻：《春秋左传词典》，中华书局1985年，第121页。

③ 《集成》指《殷周金文集成》，中国社会科学院考古研究院编，中华书局，2007年出版。下同，不另出注。

④ “公族”之“族”，字形“”。《铭文选》谓“旧释公族，字形显然不合。”（见马承源等：《商周青铜器铭文选》三，北京：文物出版社，1988，第189－190页）。然据《师酉簋铭》文例推断，原释似不误。（按：师酉簋铭“族”字字形“”。）

⑤ 张亚初、刘雨：《西周金文官制研究》，北京：中华书局，1986，第39－40页。

（四）麟的可能解释

那么，诗篇的以“麟”起兴，究竟应当如何理解呢？在试图回答这一问题之前，需要再次回到闻一多先生怀疑的起点，那便是，闻一多先生从根本上认为，“以麟为瑞兽”，是汉代经师所造的“迂怪之谈”，无足深论。对于这一点，可以指出的是，考古发现一定程度上提供了相反的证据，其中之一便是1988年发掘出土的濮阳西水坡仰韶文化遗址的龙虎蚌图（见图7、图8）。

濮阳西水坡遗址是河南省中原化肥厂在修建引黄供水调节池时发现的，于1987年6月正式发掘。在编号M45的墓葬中，发现了这处由蚌壳摆成的龙虎图。

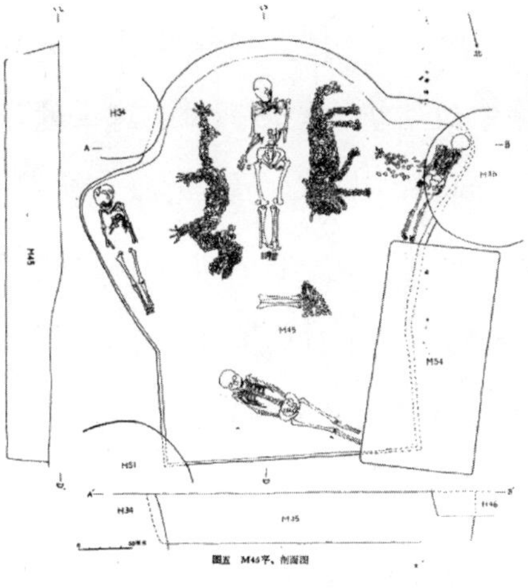

图7　龙虎蚌图平、剖面示意图①

图8　龙虎蚌图局部图版②

① 濮阳市文物管理委员会等：《河南濮阳西水坡遗址发掘简报》，《文物》1988年第3期。

② 河南省文物考古研究所等：《濮阳西水坡（下）》，彩色图版七，郑州：中州古籍出版社，2012。

《文物》杂志1988年第3期刊布的《发掘简报》介绍说：

在墓室中部壮年男性骨架的左右两侧，用蚌壳精心摆塑龙虎图案。蚌壳龙图案摆于人骨架的右侧，头朝北，背朝西，身长1.78、高0.67米。龙昂首，曲颈，弓身，长尾，前爪扒，后爪蹬，状似腾飞。虎图案位于人骨架的左侧，头朝北，背朝东，身长1.39、高0.63米。虎头微低，圜目圆睁，张口露齿，虎尾下垂，四肢交递，如行走状，形似下山之猛虎。①

据介绍，与这一组龙虎蚌图同出的，还有另外两组蚌图，三组蚌图的共同特点是均有龙与虎。唯其具体组合内容与方式有所不同。其中第二组蚌图的动物组合中疑似有“鹿”的存在。②

根据中国社会科学院考古研究所实验室的检测，T215B3蚌壳的碳十四年代数据为BP 5800±100年（公元前3800年）；树轮校正年代为距今6460±135年（公元前4510年）。结合其他单位遗物的检测数据，这一处新石器时代遗存的年代在距今6300~6500年之间。③

濮阳西水坡M45龙虎蚌图的出现，为“四灵”观念的产生渊源提供了最新线索。学者指出：“第一组的龙虎在死者的两侧作对称排列，东侧为龙，西侧为虎，头均向北。这种布局是否可能为以后‘四灵’的先声？或者是其他含义？”④ 有学者则将蚌图与天象相联系，甚至明确将西水坡的三组龙虎蚌

① 濮阳市文物管理委员会等：《河南濮阳西水坡遗址发掘简报》，《文物》1988年第3期。

② 《濮阳西水坡遗址发掘现场会发言摘要》，《华夏考古》1988年第4期。西水坡遗址蚌图“鹿”的形象不是十分明确，发掘者以“鹿”暂名。从“四灵”的发展线索来看，这一暂名有其道理。

③ 河南省文物考古研究所等：《濮阳西水坡（上）》，郑州：中州古籍出版社，2012，第22页。BP为距公元1950年的年代。

④ 匡瑜的发言。见《濮阳西水坡遗址发掘现场会发言摘要》，《华夏考古》1988年第4期。

图作为天宫四象的起源，其中东方苍龙、南方朱雀、西方白虎与后世基本相同，北方则为鹿或者麟，与后世玄武不同。① 无论如何，西水坡的蚌图反映出“四灵”观念起源甚早。如所周知，灵与瑞是关系密切的思想产物，那么，建立在这一基础之上，将“麟”作为优秀人物的象征，乃是合理的思想路线。关于这一点的明确的表述可见于《孟子》等书。

《孟子·公孙丑章句上》记载孟子与其弟子公孙丑的一段对话，对话转述了孔子弟子宰予、子贡与有若对于孔子的一段著名评价。内容是这样的：

宰我曰：“以予观于夫子，贤于尧舜远矣！”

子贡曰：“见其礼而知其政，闻其乐而知其德。由百世之后，等百世之王，莫之能违也。自生民以来，未有夫子也。”

有若曰：“岂惟民哉？麒麟之于走兽，凤凰之于飞鸟，太山之于丘垤，河海之于行潦，类也。圣人之于民，亦类也。出于其类，拔乎其萃，自生民以来，未有盛于孔子也。”

从上述表述来看，《诗经·麟之趾》篇用“麟”起兴，称颂“公子”“公姓”与“公族”，是合乎古人观念的。《诗经·大雅·卷阿》：

凤皇于飞，翙翙其羽，亦集爰止。蔼蔼王多吉士，维君子使，媚于天子。

凤皇于飞，翙翙其羽，亦傅于天。蔼蔼王多吉人，维君子命，媚于庶人。

凤皇鸣矣，于彼高冈。梧桐生矣，于彼朝阳。菶菶萋萋，雝雝喈喈。

① 冯时：《中国天文考古学》，北京：中国社会科学出版社，2010，第433页。

用“凤皇”称颂“吉士”与“吉人”，与《麟之趾》可相参照。上述比喻路径在《楚辞》以至汉代《焦氏易林》等书中得到进一步的继承与发挥。《诗经》中的《麟之趾》与《卷阿》两篇，可以说是这一主题的直接范型。

附：《麟之趾》全文及其注释

麟之趾[1]，振振公子[2]。于嗟麟兮[3]！

麟之定[4]，振振公姓[5]。于嗟麟兮！

麟之角，振振公族[6]。于嗟麟兮！

【注释】

[1] 麟：一种稀有鹿属动物，古人用以比喻杰出人物。趾：足。

[2] 振振：众多的样子。

[3] 于嗟：通“吁嗟”，感叹词，表示赞美。

[4] 定：额头。

[5] 公姓：与国君同出一个祖先的贵族团体。

[6] 公族：与国君同族的贵族亲属集团。

三、从周公到唐风——《唐风·蟋蟀》的文本演变与地域流转

蟋蟀在堂，岁聿其莫。今我不乐，日月其除。无已大康，职思其居。好乐无荒，良士瞿瞿。

蟋蟀在堂，岁聿其逝。今我不乐，日月其迈。无已大康，职思其外。好乐无荒，良士蹶蹶。

蟋蟀在堂，役车其休。今我不乐，日月其慆。无已大康，职思其忧。好乐无荒，良士休休。

——《唐风·蟋蟀》

（一）引子：篇旨的曲折与争议

《唐风·蟋蟀》（以下简称《蟋蟀》）是一篇著名的诗，从先秦时代到汉世学者都曾反复引用它。可是这篇诗实际上有一个不易索解的地方，那就是它每一章的前四句与后四句的主旨有一个明显的转折，而这一转折在被学者奉为经典的《毛诗序》中没有得到应有的体现。

关于《蟋蟀》的主旨和背景，《毛诗序》如是说：

《蟋蟀》，刺晋僖公也。俭不中礼，故作是诗以闵之，欲其及时以礼自虞乐也。此晋也，而谓之唐，本其风俗，忧深思远，俭而用礼，乃有尧之遗风焉。①

《毛诗序》认为《蟋蟀》的立意在讥刺晋国国君僖公“俭不中礼”，“欲其及时以礼自虞乐”。这可以归结为“刺俭”说——诗篇的主人公因过于节俭而被“刺”。检阅文献，可知这一说法乃汉世学者的通说。张衡《西京赋》及薛综注：

张衡《西京赋》：“独俭啬以龌龊，忘《蟋蟀》之谓何。”薛综曰：“俭啬节爱也。《蟋蟀》，《唐》诗，刺俭也。言独为节爱，不念《唐》诗所刺耶？”②

《汉书·地理志》：

唐诗（按：指《诗经·唐风》）《蟋蟀》、《山枢》、《葛生》之篇曰：“今我不乐，日月其迈”、“宛其死矣，它人是媮”、“百岁之后，归于其居”，皆思奢俭之中，念死生之虑。③

所谓“独俭啬以龌龊，忘《蟋蟀》之谓何”，所谓“思奢侈之中”，与《毛诗序》“俭不中礼”“欲其及时以礼自虞乐也”的说法显系一脉相承。检诗篇“今我不乐，日月其除”“日月其迈”“日月其慆”诸语，确乎劝“及时虞乐”之意。《毛诗序》之说似乎有据。

然而通读全篇，发现诗人之意并不如此单纯。看诗篇每章的后四句，如

---

① 《毛诗正义》卷六之一，载阮元刻《十三经注疏》，北京：中华书局，1980，第361页。本章所引《唐风·蟋蟀》篇经、传、笺、疏，皆据该本，下不另出注。

② 陈寿祺、陈乔枞：《三家诗遗说考》，《续修四库全书》本，上海：上海古籍出版社，1996，第七六册第135页。

③ 《汉书》，北京：中华书局，标点本，1962，第1649页。

第一章后四句“无已大康，职思其居。好乐无荒，良士瞿瞿”，显然戒人逸乐，与前四句之“劝乐”大异其趣。这一点一经指出，并不难理解。清代学者胡承珙说：

每章前四句似为荒乐者代述其言，后四句又似戒其耽于逸乐。[①]

胡氏以为“似”者，乃是实际存在的事实。这一令人困惑的问题，在2010年公布的战国竹简《耆夜》篇《蟋蟀》诗中，却全然不存在。

（二）从周公到晋昭：文本演变的线索

《耆夜》篇记周武王伐黎得胜归来，在文王宗庙举行“饮至”庆功之礼。席间君臣饮酒作诗。周公旦有感于蟋蟀的骤降于堂，作歌一终名为《蟋蟀》。简文说“周公秉爵未饮，蟋蟀趍降于堂，［周］公作歌一终，曰《蟋蟀》”。诗篇如下：

蟋蟀在堂，役车其行。今夫君子，不喜不乐。夫日□□，□□□荒。毋已大康，则终以康。康乐而毋荒，是惟良士之方方。

蟋蟀在席，岁矞云莫。今夫君子，不喜不乐。日月其迈，从朝及夕。毋已大康，则终以祚。康乐而毋荒，是惟良士之惧惧。

蟋蟀在舒，岁矞［云］□。□□□□，□□□□。□□□□□□□，□□□□。毋已大康，则终以惧。康乐而毋荒，是惟良士之惧惧。[②]

① 胡承珙：《毛诗后笺》卷上，郭全芝点校本，合肥：黄山书社，1999，第507－508页。

② 李学勤：《清华大学藏战国竹简（壹）》，上海：中西书局，2010，第150页。释文采用通行字。个别释文与整理报告不同。又第一章“方方”，邓佩玲读为“怲怲”，是可以考虑的意见。见邓氏著：《读清华简〈耆夜〉所见古佚诗小识》，载陈致主编：《简帛·经典·古史》，上海：上海古籍出版社，2013。

简本《蟋蟀》诗与传世本在用韵、文句上有若干不同之处，然而两者之间的关联仍然十分明显。尤其每章后四句所说“毋已大康”云云，与今本的对应关系是显然的。可以注意的是，简本诗的主旨极为清晰，关于“戒惧”的主题贯穿始终，绝没有传世本所流露出的“及时行乐”的情绪。这一点学者们大都指出了。

简本第二章文句完整，可以对之做确切分析。其中“日月其迈，从朝及夕”两句，言日月流逝不止，故未可“大康”，尤其彰显“戒惧”主题，足以证明上述判断。按《诗经》凡言“朝夕”者，皆含黾勉从事、不敢懈怠之意。可以举出下面的例子。

《诗经》中的相似用例：

邦君诸侯，莫肯朝夕。(《小雅·雨无正》)
偕偕士子，朝夕从事。(《小雅·北山》)
朝夕不暇。(《小雅·何草不黄》)
温恭朝夕，执事有恪。(《商颂·那》)

又其他文献中的类似用例：

不敢怠业，时序其德，纂修其绪，修其训典，朝夕恪勤。(《国语·周语上》)

吾朝夕儆惧，曰其何德之修。(《国语·周语上》)

单子朝夕不忘成王之德。(《国语·周语下》)

朝夕处事，犹恐忘先人之业，况有怠惰，其何以避辟，吾冀而朝夕修我曰：“必无废先人。”(《国语·鲁语下》)

自朝至于日中昃，不遑暇食，用咸和万民。(《书·无逸》)①

① 陈致：《清华简中所见古饮至礼及〈鄙夜〉古佚诗试解》，载《出土文献》第一辑，上海：中西书局，2010。

可知“朝夕”连用，往往抽象出敬慎之意。[①]《诗经》又有“夙夜”一词，性质与之相类。[②]

可以进一步指出的是“日月其迈，从朝及夕”两句诗的具体意义。答案仍当求诸《诗经》。按《小雅·小宛》第四章：

题彼脊令，载飞载鸣。我日斯迈，而月斯征。夙兴夜寐，毋忝尔所生！

《郑笺》：

载之言则也。则飞则鸣，翼也，口也，不有止息。我，我王也。迈、征，皆行也。王日此行，谓日视朝也。而月此行，谓月视朝也。先王制此礼，使君与群臣议政事，日有所决，月有所行，亦无时止息。[③]

郑玄正确指出了诗句的核心精神是“无时止息”。至于他将“日迈月征”解释为王者“日视朝，月视朝”，则系增字解经。朱熹《诗集传》：

视彼脊令，则且飞且鸣矣。我既日斯迈，则汝亦月斯征矣。言当各务努力，不可暇逸取祸，恐不及相救恤也。夙兴夜寐，各求无辱于父母而已。[④]

朱子将之解为诗人与友人的“日斯迈，月斯征”，“言当各务努力”，在基本精神上是正确的。至于“我月斯迈，而月斯征”的“我”“而（训尔）”，乃

① 其中《小雅·雨无正》“邦君诸侯，莫肯朝夕”的“朝夕”一语，似乎保留有该语词在礼制上的具体规定性，尚未完全抽象。

② 姚小鸥、李文慧：《〈诗〉〈书〉成语与〈周颂·振鹭〉篇的文化解读》，《中州学刊》2011年第6期。

③ 《毛诗正义》卷十二之三，载阮元刻《十三经注疏》，北京：中华书局，1980，第452页。

④ 朱熹：《诗集传》，北京：中华书局，1958，第138页。

用为语助，不可指实。古籍中本有此用法。① 如以“我”“而”实指诗人自我与其发言对象，则与下文“毋忝尔所生”在文意上不能连属。

如上所述，简本《蟋蟀》“日月其迈，从朝及夕”，是说日月运行，从早到晚，无时止息。② 而《诗经·唐风》与之相当的句子作“今我不乐，日月其除”，则系“及时行乐”之语。有学者强传世本以就简本，甚至认为《唐风·蟋蟀》的“今我不乐，日月其除”也“是说君子感到心忧”，恐非确论。

联系与《蟋蟀》同在《唐风》的《山有枢》，会看得更清楚。

> 山有枢，隰有榆。子有衣裳，弗曳弗娄。子有车马，弗驰弗驱。宛其死矣，他人是愉。
>
> 山有栲，隰有杻。子有廷内，弗洒弗埽。子有钟鼓，弗鼓弗考。宛其死矣，他人是保。
>
> 山有漆，隰有栗。子有酒食，何不日鼓瑟？且以喜乐，且以永日。宛其死矣，他人入室。

郑玄为《蟋蟀》序作笺时说：“忧深思远，谓宛其死矣，百岁之后之类也。”“宛其死矣”即出自上引《山有枢》篇。总之，郑笺释《蟋蟀》“今我不乐，日月其除”两句为“今不自乐，日月且过去，不复暇为之”，应当说是合乎诗义的。

值得指出的是，简本与传世本的主旨差异，并不仅仅表现在上举一处，在诗篇的其他文句上也有表现，最明显的就是关于“役车”的两句。这一点尚未引起足够重视，值得作一讨论。

---

① 裴学海：《古书虚字集释》，北京：中华书局，2004，第443－444页。

② 这也可以证明，“日月其迈”的“迈”，确当读作“迈”。其他读“蔑”“逅”等皆不可信。

简本第一章开端：

> 蟋蟀在堂，役车其行。

与之相应的句子，传世本作：

> 蟋蟀在堂，役车其休。

“行”字变成“休”字——役车奔行与役车休停，意义完全相反。第一章也由全篇的开端变为第三章也就是最末一章，次序完全颠倒。现在要问的是，章次上的差异，是否意味着逻辑与层次上的差异？这与两者的异文有无关联？是否影响到诗篇的主旨？

我们知道，《耆夜》记述的是戡黎归来的饮至庆功。周人刚刚进行了一场殊死的搏斗，“役车其行”，乃述众人行役劳苦。周公用它“起兴”，可说是自然的。

什么是“役车”？清华简整理者注释说：“服役出行的车子。”[①] 传世的注疏系统，《毛传》未注。《郑笺》说：“庶人乘役车。役车休，农功毕。”孔颖达的疏文已经指出“庶人乘役车”语出《周礼·巾车》。按《巾车》云：

> 服车五乘：孤乘夏篆，卿乘夏缦，大夫乘墨车，士乘栈车，庶人乘役车。

郑玄注：

> 服车，服事者之车。故书“夏篆”为“夏缘”（阮元《校勘记》谓“缘”当“绿”之误，下同）。郑司农云：“夏，赤也。缘，绿色。或曰：夏篆，篆读为圭瑑之瑑。夏篆，毂有约也。”玄谓夏篆五采画毂约也。夏缦，亦五采画，无瑑尔。墨车不画也。栈车不革鞔而漆之。役

① 李学勤：《清华大学藏战国竹简（壹）》，上海：中西书局，2010，第154页。

车，方箱，可载任器以共役。[①]

根据唐贾公彦之疏，役车的得名，是因为“庶人以力役为事”。贾疏据《考工记》乘车与田车“横广，前后短”，“大车、柏车、羊车皆方”，推断役车方箱。“大车”驾牛，以牛能载重，区别于服马的乘车和田车，故又名牛车。[②]《小雅·何草不黄》：“有栈之车，行彼周道。”《毛传》：“栈车，役车也。”则役车与栈车浑言不别。《诗经》又有“檀车”。《小雅·杕杜》“檀车幝幝，四牡痯痯，征夫不远”，《毛传》：“檀车，役车也。”这是征人出使所用之车。《大雅·大明》“牧野洋洋，檀车煌煌”，则是战事中的兵车。《魏风》有《伐檀》篇，则檀木可伐为车材。看来“檀车”同样可以任重致远，故《毛传》谓为“役车”。至于驾车的人是否“庶人”，则并非一定。清代学者马瑞辰谓“役车，当谓行役之车”，[③] 似较通达。无论如何，《蟋蟀》篇的“役车”是一种载物负重的运具，或者周人行军用之，如《大明》之例，故周公戡黎归来后作诗以之起兴。容易看到，简本“蟋蟀在堂，役车其行”的意思是，岁已云晚，而征人尚奔波在外！

今本则不同。关于“役车”的内容被放到诗篇的最末，“役车其行”的即景起情，变成了“役车其休”的一般描述：

蟋蟀在堂，役车其休。今我不乐，日月其慆。无已大康，职思其忧。好乐无荒，良士休休。

从“役车其休”的表述来看，已经暗含了“应当休息”的意味，这与诗篇前半“及时虞乐”的篇旨存在关联，而与简本“时不我待”的紧迫感大异其趣。

---

① 《周礼注疏》卷二十七，载阮元刻《十三经注疏》，北京：中华书局，1980，第824–825页。
② 姚小鸥：《论〈王风·大车〉》，《东北师大学报（哲学社会科学版）》1989年第2期。
③ 马瑞辰：《毛诗传笺通释》，北京：中华书局，1989，第337页。

由上述分析还可得知，简本“役车其行”的“行”字，并非“休”的误字。[①] 从字形上看，“行”甲骨文作“”或“”[②]，金文作“”[③]，战国楚简作“”，《说文》小篆作“”，清华简《耆夜》篇作“”。“休”从人、木会意，像人倚木下休憩，字形与“行”字区别明显，这里不再例举。

简本与今本的上述主旨差异是可以理解的。作为一种季候性昆虫——蟋蟀出现室内，即意味着岁之将晚。《诗经·七月》：

> 七月在野，八月在宇，九月在户，十月蟋蟀入我床下。

《郑笺》：“自七月在野，至十月入我床下，皆谓蟋蟀也。……著将寒有渐，非卒来也。”孔颖达正义：“蟋蟀之虫，六月居壁中，至七月则在野田之中，八月在堂宇之下，九月则在室户之内，至于十月，则蟋蟀之虫入于我之床下。”故《唐风·蟋蟀》说“蟋蟀在堂，岁聿其莫”，《耆夜》篇《蟋蟀》说“岁聿云落”[④]。

不难看到，由“蟋蟀在堂”基本意象可以引申出两种思路：一是“岁月逝矣，须及时虞乐”；一是“时不我待，需加倍努力”。两种引申思路都是合理的。

值得指出的是，上述两种引申思路，后者（“时不我待”），显系王朝初建时期人们的一般思想；而前者（“及时虞乐”）往往发生在王朝的中叶甚至末世。《耆夜》篇所提供的叙事背景与《毛诗序》所提供的背景，皆各与之相应。

---

① 持此说者，如黄怀信：《清华简〈耆夜〉句解》，《文物》2012年第1期。

② 刘钊：《新甲骨文编》，福州：福建人民出版社，2014，第116页。

③ 董莲池：《新金文编》，北京：作家出版社，2011，第219页。

④ 李学勤先生指出：“不管《七月》历法的建正如何，蟋蟀‘在堂’‘在席’‘在舍’肯定是接近岁末的事，以至诗中说‘岁聿云落’。”李学勤：《论清华简〈耆夜〉的〈蟋蟀〉诗》，《中国文化》2011年第33期。

《耆夜》篇的创作在武王八年，此时周人尚未取得克商的最终胜利，其集团成员的主流思想应当是“革命尚未成功，同志仍须努力”。事实上，直到周人克商，成为天下共主，周公还谆谆告诫成王以“无逸”。至于《唐风·蟋蟀》篇的创作背景，如本章开头所引《诗序》之说，为晋僖公时期，即《史记·晋世家》的晋釐侯，时当西周晚期。彼时最高统治者安富尊荣日久，对于创业的艰难缺乏切身感受，求乐思想严重。考古发现也证明了这一点。

1992年山西曲沃北赵晋侯墓地2号墓出土器主为“晋侯对”的多件青铜礼器，经过多方面研究，可知“晋侯对”就是晋釐侯，也即《毛诗序》所说的“晋僖公”。从墓中所出礼器铭文可知晋僖公正是耽于逸乐之人。其中一件盨铭（见图9）：

惟正月初吉
庚寅，晋侯对
作宝尊彶盨，
其用田狩，湛
乐于原隰，其
万年永宝用

又铺铭（见图10）：

惟九月初吉
庚寅，晋侯对作铸
尊铺，用旨食
大饕，其永宝用

图 9　晋侯对盨及铭文[①]

图 10　晋侯对铺及铭文[②]

李学勤先生指出：

盨铭说“田狩湛乐于原隰”，“湛乐”可参照《诗·常棣》“和乐且湛”。其实“湛”可以通作“沈”，有不好的意思，如《诗·抑》“荒湛

① 据吴镇烽《金文通鉴》05647 号。1992 年山西曲沃县曲村镇北赵村晋侯墓地 2 号墓出土，后流落香港，1992 年收购回归。现藏上海博物馆。

② 据吴镇烽《金文通鉴》06153 号。1992 年山西曲沃县曲村镇北赵村晋侯墓地 2 号墓出土，现藏台北故宫博物院。

> 于酒”，《墨子·非命下》“内湛于酒乐”。铺铭“旨食大餋”，“旨食”意是美食，“餋”我想应读为“燔”，即烤肉。铺是豆类器，可用以陈肉食。将两篇特异的铭文结合起来，不难看出晋僖公绝不是俭啬的人，而是耽于逸乐，爱好田游和美味的豪奢贵族。①

由上述可知，《毛诗序》的“刺俭”说并非全无来由。盖诗人本意，在劝僖公使勿乐。唯此子耽乐已久，故先代为陈述不可不乐之情，冀得其情，然后徐徐劝诫之。这就是胡承珙所说的“每章前四句似为荒乐者代述其言，后四句又似戒其耽于逸乐”。应当指出，这样的笔法在汉人赋作中仍有其遗意，如司马相如《子虚》《上林》诸赋，被扬雄讥为“劝百而讽一”者。

（三）从知难到刺俭：篇旨说解的演变

如果说，从简本《蟋蟀》的“戒惧”，到传世本《蟋蟀》含“及时虞乐”之意，乃是确实存在的文本流变，那么需要注意的是，综观传世及出土文献所见《蟋蟀》一诗的解说，也表现出上述差异。这一点耐人寻味。

如前所述，汉人关于《蟋蟀》的主要解说是“刺俭”。前面已经引到张衡《西京赋》与《汉书·地理志》等材料，此外，还可以举出马融的《广成颂》：

> 臣闻孔子曰：“奢则不逊，俭则固。”奢俭之中，以礼为界。是以蟋蟀、山枢之人，并刺国君，讽以太康驰驱之节。夫乐而不荒，忧而不困，先王所以平和府藏，颐养精神，致之无疆。故戛击鸣球，载于虞

① 李学勤：《论清华简〈耆夜〉的〈蟋蟀〉诗》，载《初识清华简》，上海：中西书局，2013，第131页。

谟；吉日车攻，序于周诗。圣主贤君，以增盛美，岂徒为奢淫而已哉！（《后汉书·马融传》）

又《汉书·董仲舒传》：

臣闻制度文采玄黄之饰，所以明尊卑，异贵贱，而劝有德也。故春秋受命所先制者，改正朔，易服色，所以应天也。然则宫室旌旗之制，有法而然者也。故孔子曰："奢则不逊，俭则固。"俭非圣人之中制也。

还可以举《盐铁论·通有篇》：

君子节奢刺俭，俭则固。孔子曰："大俭极下，此《蟋蟀》所为作也。"

上引诸篇虽然都强调"奢俭之中"，似乎包含"节奢"在内，然而推考其立意之本，落脚点仍主要在"刺俭"。马融"蟋蟀、山枢之人，并刺国君，讽以太康驰驱之节。夫乐而不荒，忧而不困，先王所以平和府藏，颐养精神"，董仲舒所谓"俭非圣人之中制"，《盐铁论》"大俭极下"，皆是如此。这与《毛诗序》"刺俭"之说显系一脉相承。

然检早期诗说，尤其《左传》相关记载可知，先秦诗家说《蟋蟀》的立足点实在"止乐"，亦即诗篇之"无已大康"，强调的是戒惧。

《左传·襄公二十七年》：

郑伯享赵孟于垂陇，子展、伯有、子西、子产、子大叔、二子石从。赵孟曰："七子从君，以宠武也。请皆赋以卒君贶，武亦以观七子之志。"……印段赋《蟋蟀》。赵孟曰："善哉！保家之主也。吾有望矣。"

这是春秋时代一场著名的赋诗活动。公元前546年，晋国执政赵武返国过郑，郑简公于垂陇（今河南荥阳东北）设“享礼”接待。郑国七位大夫陪同与宴。宴会中，赵孟请七子赋诗，且各作评论。印段赋《蟋蟀》，赵孟称善，且曰“保家之主也，吾有望矣”，杜预注释说：“能戒惧不荒，所以保家。”①

《左传·襄公二十九年》吴国公子季札聘鲁请观周乐，鲁人为之歌《周南》《召南》以下至《唐风》诸诗：

> 为之歌《唐》，曰：“思深哉！其有陶唐氏之遗民乎！不然，何其忧之远也？非令德之后，谁能若是？”

谓之“思深”，“忧之远”，与上引赵孟所说“戒惧”之意相当。由于季札是对整个《唐风》发表评论（暂且不考虑其艺术形态问题），而《蟋蟀》位于《唐风》的首篇，因此可以认为上述评语亦适用于《蟋蟀》篇。

最后要提到的是学者已经普遍注意到的上博简《孔子诗论》对于《蟋蟀》诗的评论。《孔子诗论》第27简：

> 七（蟋）衔（蟀）智（知）[illegible]（难）。

李零先生读“难”为“戁”，以为有“惶恐、惭愧之义”，胡平生先生谓“指知世事之艰难”。② 两先生所说在内在精神上相近似。唯“难”读如字即可，不必改读为“戁”。且从诗篇内容来看，说“惶恐”是有的，说“惭愧”则远些。《尚书·无逸》周公戒成王“知稼穑之艰难”，则以胡平生先生之说更为妥当。

可以指出，“及时行乐”、不图长远的观念，并不符合先秦时代对于理想君子人格的一般要求。这一点在儒家学派著作中有着为数众多的例证。如

---

① 杨伯峻：《春秋左传注》，北京：中华书局，1980，第1135页。

② 刘信芳：《孔子诗论述学》，合肥：安徽大学出版社，2003，第246－247页。

《左传·昭公元年》：

后子见赵孟。赵孟曰："吾子其曷归？"对曰："鍼惧选于寡君，是以在此，将待嗣君。"赵孟曰："秦君何如？"对曰："无道。"赵孟曰："亡乎？"对曰："何为？一世无道，国未艾也。国于天地，有与立焉。不数世淫，弗能毙也。"赵孟曰："夭乎？"对曰："有焉。"赵孟曰："其几何？"对曰："鍼闻之，国无道而年谷和熟，天赞之也。鲜不五稔。"赵孟视荫，曰："朝夕不相及，谁能待五？"后子出而告人曰："赵孟将死矣。主民，玩岁而愒日，其与几何？"

赵孟是晋国的正卿，主一国之政，所以后子说他"主民"。处在这样位置的人，应当"战战兢兢，如临深渊，如履薄冰"（《小雅·小旻》），即《诗经》所称扬的"温温恭人"（《小雅·小宛》），这样的人才配为"民主"，做一国的执政。反之，如果"玩岁而愒日"，其结局必然是"将死矣"。"玩岁"，杜预注："玩、愒皆贪也。"又注"朝夕不相及"："赵孟意衰，以日景自喻，故言朝夕不相及，谁能待五。"孔颖达的疏文："此景朝夕尚移，不能相及，人命流去，与此相似，既无常定，谁能待五。"① 不能深谋远图，得过且过而已。这样的人，离死也就不久了。我们知道，《左传》的这类预言代表作者的伦理倾向，一般而言，都是灵验的。就在这一年冬天十二月，赵孟到温地（今河南温县西南）② 参加赵氏的祭祖，庚戌这一天，便死在那里。

总之，《孔子诗论》"知难"与《左传》的"戒惧"诸说，在说诗思路上是完全一致的。这代表了孔门在此问题上的一贯观念，而与汉人的诗说呈现出不同的倾向。

---

① 《春秋左传正义》卷四十一，载阮元刻《十三经注疏》，北京：中华书局，1980，第2023页。

② 杨伯峻：《春秋左传注》（修订本），北京：中华书局，1990，第1225页。

前引汉代诸家尤其《盐铁论》与马融《广成颂》、董仲舒都引用到孔子的话“奢则不逊，俭则固”作为证据。然而上述引用乃是断章取义。《论语·述而》：

子曰：“奢则不孙（通逊），俭则固。与其不孙也，宁固。”

在奢俭不能得中的情况下，孔子强调“与其不孙也，宁固”，即宁肯俭而失之固，不可奢而不逊。因为，“由俭入奢易，由奢入俭难”乃是人性之常。汉人称引前半段“奢则不逊，俭则固”，将“奢”与“侈”对于人性的影响放在同等的地位，从根本精神上说，是对孔子的偏离。《毛诗序》所谓“俭不中礼”“及时虞乐”云云，存在的问题是相似的。尽管作序者加上“以礼”二字，仍然不能掩盖上述问题。顺便指出，《孔丛子·记义》篇“于《蟋蟀》见陶唐俭德之大”强调“俭德”的可贵，可信确系孔子之言。近代以来于《孔丛子》多有怀疑，就本文所举的这个例子来看，恐怕是有失偏颇的。①

总之，通考先秦之世关于《蟋蟀》的诗说，从传世到出土文献，表现出截然不同的两种说法，即早期的戒惧、知难，到汉世以降的“刺俭”。这一演变线索与《耆夜》篇《蟋蟀》诗与今本《唐风·蟋蟀》在文本内容上的演变相合。这应当不是偶然的。所谓“《毛诗序》对《唐风·蟋蟀》的解

---

① 《盐铁论》所引“大俭极下”，未必是孔子的话。按《韩非子》记“孔子曰”“太侈逼上”：

管仲相齐，曰：“臣贵矣，然而臣贫。”桓公曰：“使子有三归之家。”曰：“臣富矣，然而臣卑。”桓公使立于高、国之上。曰：“臣尊矣，然而臣疏。”乃立为仲父。孔子闻而非之曰：“太侈逼上。”一曰：管仲父，出，朱盖青衣，置鼓而归，庭有陈鼎，家有三归，孔子曰：“良大夫也，其侈逼上。”孙叔敖相楚，栈车牝马，粝饼菜羹，枯鱼之膳，冬羔裘，夏葛衣，面有饥色，则良大夫也，其俭逼下。

在讲到孙叔敖“其俭逼下”时，并未讲是“孔子曰”，这恐怕不是偶然的。

说，实为先秦至两汉说《蟋蟀》诗之通义”①，是不正确的。②

（四）从耆国到魏唐：地域流转的可能解释

需要解释的是最新透露的安大简《诗经》《蟋蟀》诗的地域问题。安大简是2015年年初入藏安徽大学的一批战国竹简，中《诗经》简97枚，存国风58篇。据整理者披露，其中《蟋蟀》并未出现在《唐风》，而是《魏风》。③ 这一情况出人意料。有学者据此认为，时人对诗篇的发生地域与故事背景已经不能知晓，故而出现如此“繁杂”的现象——同为《蟋蟀》，或在黎（清华简《耆夜》篇），或在唐（今本），或在魏（安大简本）。这个问题确实复杂，在此，我们想指出的是，《蟋蟀》的编入《魏风》，并非不可解释。

李学勤先生对《耆夜》篇的《蟋蟀》何以归入《唐风》时曾做过如下分析：

> 春秋时的黎侯被狄人逼迫，出寓卫国，事见《左传》宣公十五年和《诗·旄丘》序，其地后入于晋。揣想《蟋蟀》系戡耆（黎）时作，于是在那一带流传，后来竟成为当地的诗歌了。④

---

① 曹建国：《论清华简中的〈蟋蟀〉》，《江汉考古》2011年第2期。

② 仔细分析，《毛诗序》本身似乎存在矛盾。这一点，朱熹的《诗序辨说》已经有所意识。朱子说：

> 河东地瘠民贫，风俗勤俭，乃其风土气习有以使之，至今犹然。则在三代之时可知矣。《序》所谓“俭不中礼”，固当有之。但所谓“刺僖公”者，盖特以谥得之。而所谓“欲其及时以礼自虞乐”者，又与诗意正相反耳。况古今风俗之变，常必由俭以入奢，而其变之渐又必由上以及下。今谓之君之俭反过于初，而民之俗犹知用礼，则尤恐无是理也。独其“忧深思远，有尧之遗风”者为得之（《诗序辨说》，文渊阁四库全书本，第69册第22页）。

朱熹指出《序》“欲其及时以礼自虞乐”，“与诗意正相反”；“独其‘忧深思远，有尧之遗风’者为得之”，对于《诗序》的得失做了中肯判断。《诗序》从肇端到定型经历了非常长的时期，其中往往保留先秦诗说，但与此同时，其发挥引申的地方也不少，需要仔细辨析。

③ 徐在国：《安徽大学藏战国竹简〈诗经〉诗序与异文》，《文物》2017年第9期。

④ 李学勤：《清华简〈郜夜〉》，《光明日报》2009年8月3日。

我们知道，《诗经》中的《魏风》与《唐风》关系密切，不论从其风俗，乃至地理文化特征，甚至今本《魏》《唐》两风所出现的地名乃至职官等诸多信息来看，都处于春秋时晋国的范围之内。在《诗经》文本的定型过程中，《蟋蟀》诗或被编入《魏风》，或被编入《唐风》，应当说都是可以理解的。

不过，《蟋蟀》诗的编入《魏风》还存在另一种可能，值得提出探讨。故事仍然要从清华简《耆夜》篇讲起。

据考证，《耆夜》篇中武王所戡定的“耆”，即《尚书》“西伯戡黎”的“黎”。黎是殷商古国，由于考古发现，其地望目前已经可以确定，即山西东南部黎城附近。2006 年黎城西关村西周墓葬群第 8 号墓编号 M8 所出青铜壶铭为此提供了关键线索。壶铭“楷侯宰某作宝壶永用”，考古学者指出，铭文“楷侯”即“黎侯”，“楷”“黎”古音相近多相假借，而山西黎城正是文献所载古黎国位置所在（见图 11）。[①]

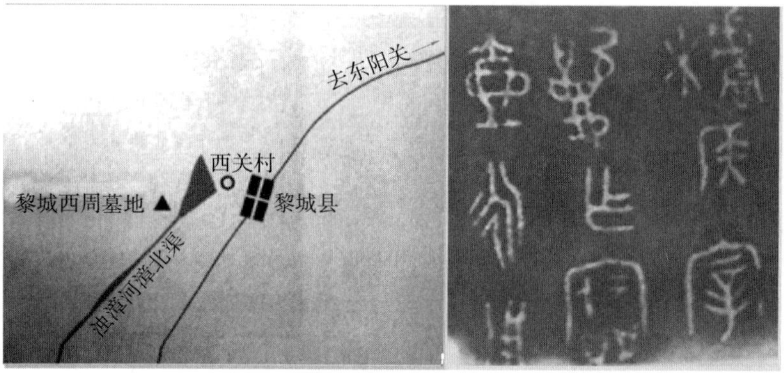

图 11　山西黎城西周墓地及 M8 圆壶铭文[②]

---

① 高智、张崇宁：《西伯既戡黎——西周黎侯铜器的出土与黎国墓地的确认》，《古代文明研究通讯》2007 年第 34 期。又张崇宁：《揭开古黎国的神秘面纱——发掘山西黎城西周墓地》，《文史月刊》2016 年第 8 期。李学勤先生从音韵和文献所记黎国地理位置上做了补充论证，见李氏著《从清华简谈到周代黎国》，收入《出土文献》第一辑，上海：中西书局，2010。

② 图片取自张崇宁：《揭开古黎国的神秘面纱——发掘山西黎城西周墓地》，《文史月刊》2016 年第 8 期。

下面要指出的是，楷（黎）与魏的渊源实非浅显。研究表明，楷（黎）伯系毕公别子，分封于楷（黎）。而春秋时晋献公所赐封于魏之毕万，乃“毕公高之后”。

楷系毕公别子的关键证据是有名的献簋（见图12）。献簋最早著录于《三代吉金文存》，罗振玉《梦郼草堂吉金图》谓“近出保安”。该器收入《殷周金文集成》，编号4205，从器形、纹饰及铭文字体等方面判断，系西周早期器。① 簋铭（依原行款）：

图12　献簋器形及铭文②

惟九月既望庚寅，楷
伯于遘王，休，亡尤。朕
辟天子、楷伯命厥臣献
金车，对朕辟休，作朕文
考光父乙，十世不望（忘）献
身在毕公家，受天子休。③

① 李学勤：《从清华简谈到周代黎国》，载《初识清华简》，上海：中西书局，2013。
② 据吴镇烽《金文通鉴》。又著录于马承源《商周青铜器铭文选》第80号。
③ 铭文据李学勤：《从清华简谈到周代黎国》，载《初识清华简》，上海：中西书局，2013。

器主献乃楷伯之臣，称“身在毕公家”，则楷伯或系“毕公别子，分封于楷”。[①] 结合清华简《耆夜》篇，对于这一历史情实会有更多认识。如李学勤先生所分析，《耆夜》庆功宴上，“毕公高为客”，“是由于毕公是伐黎的主将，功绩最高”，“这样我们不难解释，周朝建立之后，将毕公一子分封于毕公征服过的黎国，并不是偶然的。”[②]

那么，这与安大简《诗经》的《蟋蟀》出现在“魏风”有何关联呢？我们知道，魏本古国，周人以封同姓，春秋时期，晋献公灭耿、魏而赐其地于赵夙、毕万。关于魏以及“魏风”地望，郑玄《魏诗谱》做过说明：

> 魏者，虞舜、夏禹所都之地，在《禹贡》冀州雷首之北，析城之西，周以封同姓焉。其封域南枕河曲，北涉汾水。

所述为古魏国所在。“南枕河曲，北涉汾水”，在晋南一带。据《读史方舆纪要》，山西芮城县东北七里有古魏城。[③] 郑玄《魏诗谱》又说：

> 至春秋鲁闵公元年，晋献公竟灭之，以其地赐大夫毕万。自尔而后，晋有魏氏。

晋献公灭魏以封毕万，事见《左传·闵公元年》（公元前661年）：

> 晋侯作二军。公将上军，大子申生将下军，赵夙御戎，毕万为右。以灭耿，灭霍，灭魏。还，为大子城曲沃，赐赵夙耿，赐毕万魏，以为大夫。

---

① 李学勤：《䓷簋铭文考释》，载《中国古代文明研究》，武汉：华中师范大学出版社，2005。“身在毕公家”作一句读。参见陈梦家：《西周铜器断代》，北京：中华书局，2004，第26页。

② 李学勤：《从清华简谈到周代黎国》，载《初识清华简》，上海：中西书局，2013。《吕氏春秋》谓周武王封帝尧之后于黎，或者是传闻异辞。

③ 陈槃：《春秋大事表列国爵姓及存灭表撰异》（三订本），上海：上海古籍出版社，2009，第371页。

《史记·十二诸侯年表》《史记·赵世家》《魏世家》说皆相合。[1] 据此，周初所封之魏灭于晋献公而后赐予毕万，此即六国韩赵魏之魏之所由来。《史记·魏世家》：

> 魏之先，毕公高之后也。毕公高与周同姓。武王之伐纣，而高封于毕，于是为毕姓。其后绝封，为庶人，或在中国，或在夷狄。其苗裔曰毕万，事晋献公。[2]

如所周知，《诗经·国风》的命名往往有追本旧号的习惯，如《唐风》诸篇实皆晋诗，“其诗不谓之晋而谓之唐，盖仍其始封之旧号耳”。[3] 作于黎地的《蟋蟀》诗的改编本之编入《魏风》，或者正因毕公别子分封于楷（黎），而“魏之先”乃“毕公高之后”的缘故。

最后要特别指出，学者或以为《耆夜》乃战国学者伪托之作，其说恐非的论，这从篇中“文大室”一语的使用可以知道。按“大室”之前冠以先王谥号，这一称名结构，习见于西周金文，如：

> 吴方彝盖：王在周成大室（西周中期，集成 9898）
>
> 五祀卫鼎：于昭大室东逆焚二川（恭王五年器，集成 2832）
>
> 伊簋：王格穆大室（西周晚期，集成 4287）
>
> 引簋甲：王格于龏大室（西周晚期器）

又有“夷大室”：

> 蔚比鼎：王在周康宫夷大室（西周晚期器，集成 2818）
>
> 蔚从簋盖：王在周康宫夷大室（西周晚期器，集成 4278）

---

① 杨伯峻：《春秋左传注》，北京：中华书局，1990，第 258 页。

② 《史记》，北京：中华书局，标点本，1982，第 1835 页。

③ 朱熹：《诗集传》，北京：中华书局，1958，第 68 页。

上引铭文都讲到时王“在”或“格（意为到）”“某大室”，其中的“某”，皆周王谥号。唐兰先生在其名文《西周铜器断代中的“康宫”问题》一文中指出，吴方彝“成大室”乃“成王庙之大室”，“周康宫夷大室”为“夷王庙之大室”。① 马承源等先生运用唐兰先生在上引文中所确定的“康宫”释读原则，指出1972年陕西岐山县所出五祀卫鼎铭之“昭大室”为“康宫中昭王的大室”，又说“康宫是一座大的宗庙，昭宫是其中宗庙之一”②。引簋2010年山东高青县花沟镇陈庄村西周墓出土，现藏山东省文物考古所。簋铭“龏大室”即“恭大室”，即恭王庙之大室。《耆夜》“文大室”的称名结构与上举诸铭完全一致。③

还应该指出，上述称名结构，传世文献未一见，战国青铜铭文中亦未之见，目前所见者皆为西周铜器铭文。《耆夜》篇“文大室”之名，足以说明其渊源。至于篇中若干记叙带有后世书法特征，乃文献流传过程中的常见现象，执此一点而将全篇视为“伪托”，不是客观的态度。

附：《唐风·蟋蟀》全文及其注释

蟋蟀在堂[1]，岁聿其莫[2]。今我不乐，日月其除[3]。无已大康[4]，职思其居[5]。好乐无荒[6]，良士瞿瞿[7]。

蟋蟀在堂，岁聿其逝。今我不乐，日月其迈。无已大康，职思其外。好乐无荒，良士蹶蹶[8]。

蟋蟀在堂，役车其休[9]。今我不乐，日月其慆[10]。无已大康，职思其忧。好乐无荒，良士休休[11]。

---

① 唐兰：《西周铜器断代中的“康宫”问题》，《考古学报》1962年第1期。

② 马承源：《商周青铜器铭文选》三，北京：文物出版社，1988，第132页。

③ 或谓“文大室”为“大室”或“京大室之别称，以其为文王时期所建”（陈致《清华简所见古饮至礼及〈郜夜〉中古佚诗试解》，《出土文献》第一辑），似无所据。

【注释】

［1］蟋蟀：虫名，黑褐色，长触角，善跃。分雌雄。雄性善鸣，好斗。俗名蛐蛐，又叫促织。《诗经·豳风·七月》：“七月在野，八月在宇，九月在户，十月蟋蟀入我床下。”

［2］聿（yù）：语助词，无实义。莫：“暮”的本字。

［3］除：去。

［4］大：通“太”，指过分。康：安乐。

［5］职：主。居：处，指所处的地位、所肩负的责任等。

［6］荒：大，这里指过分安乐。

［7］瞿瞿（jù）：惊视貌，这里指警惕在心、多有忧虑的样子。

［8］蹶蹶（jué）：急遽貌，这里形容勤勉工作的样子。

［9］役车：服役载重的车子。

［10］慆（tāo）：逝去的样子。《豳风·东山》“我徂东山，慆慆不归”，谓日月慆慆流逝，征人尚未回还。

［11］休休：安详自得的样子。

四、“王业”本来“艰难”——《豳风·七月》与先民的岁时劳作

七月流火，九月授衣。一之日觱发，二之日栗烈，无衣无褐，何以卒岁？三之日于耜，四之日举趾，同我妇子，馌彼南亩，田畯至喜。

七月流火，九月授衣。春日载阳，有鸣仓庚。女执懿筐，遵彼微行，爰求柔桑。春日迟迟，采蘩祁祁。女心伤悲，殆及公子同归。

七月流火，八月萑苇。蚕月条桑，取彼斧斨，以伐远扬，猗彼女桑。七月鸣鵙，八月载绩。载玄载黄，我朱孔阳，为公子裳。

四月秀葽，五月鸣蜩。八月其获，十月陨萚。一之日于貉，取彼狐狸，为公子裘。二之日其同，载缵武功，言私其豵，献豜于公。

五月斯螽动股，六月莎鸡振羽。七月在野，八月在宇，九月在户，十月蟋蟀入我床下。穹窒熏鼠，塞向墐户。嗟我妇子，曰为改岁，入此室处。

六月食郁及薁，七月亨葵及菽，八月剥枣，十月获稻，为此春酒，以介眉寿。七月食瓜，八月断壶，九月叔苴。采荼薪樗，食我农夫。

九月筑场圃，十月纳禾稼，黍稷重穋，禾麻菽麦。嗟我农夫，我稼既同，上入执宫功。昼尔于茅，宵尔索绹，亟其乘屋，其始播百谷。

二之日凿冰冲冲，三之日纳于凌阴。四之日其蚤，献羔祭韭。九月肃霜，十月涤场。朋酒斯飨，曰杀羔羊。跻彼公堂，称彼兕觥，万寿无疆！

——《豳风·七月》

（一）引子

《七月》的篇旨，《毛诗序》如是说：

《七月》，陈王业也。周公遭变故，陈后稷先公风化之所由，致王业之艰难也。

谓诗篇所述乃人事不易，而民俗所以化成的方法。所谓“王业”，指“王者的事业”，其根本宗旨，是建构理想社会的理想生活方式。这一“理想生活方式”，与今人所理解者或有不同。宋代学者吕祖谦《吕氏家塾读诗记》引杨氏说：

先王之政，使民男女终岁勤勤，未常休也。虽淫僻之心，何自萌蘖哉？而献享之礼、孝爱之诚，隆于自然，此所以皞皞莫知为之者也。周公陈王业之致，特在乎此，后之有天下者宜审也。

近代以来，说《诗》诸家多从阶级斗争的角度出发，认为诗篇叙述“农人”的生活且为统治阶级所压迫。余冠英先生《诗经选》在诗篇的题解部分说：

这诗叙述农人全年的劳动。绝大部分的劳动是为公家的，小部分是为自己的。诗共分八章。第一章从岁寒写到春耕开始。第二章写妇女蚕

> 桑。第三章写布帛衣料的制造。第四章写猎取野兽。第五章写一年将尽，为自己收拾屋子过冬。第六章写采藏果蔬和造酒。这都是为公家的。为自己采藏的食物是瓜瓠麻子苦菜之类。第七章写收成完毕后为公家做修屋或室内工作，然后修理自家的茅屋。末章写凿冰的劳动和一年一次的年终燕饮。①

上引题解反复说到农人的劳动是“为公家的”字样。这样的说法乃依据当时历史学界对于诗篇所处时代社会性质的判断。这些判断又基于对诗篇若干语句的理解。我们以为，那些理解中有许多是错误的。比如认为诗篇中的“田畯”（第一章）是“监工”，他们“不但监工，而且揩油，还吃农夫所供奉的酒食”；又比如认为诗篇中“女心伤悲，殆及公子同归”说的是女子的被强迫与被污辱。② 事实究竟怎样呢？

（二）“田畯”原来是农神

《七月》第一章：

> 三之日于耜，四之日举趾，同我妇子，馌彼南亩，田畯至喜。

“田畯”，孙作云先生谓之曰“监工”，他说：

> 农夫在田间工作时，有“田畯”监工：这“田畯”不但监工，而且揩油，还得吃农夫所供奉的酒食。……这“田畯”即领主的大管事：

① 余冠英：《诗经选》，北京：人民文学出版社，2002，第129页。本章所引余氏《七月》篇之注释译文，皆据该本，下不另出注。

② 孙作云：《读七月》，载《诗经与周代社会研究》，北京：中华书局，1966。

是领主的鹰犬，农民的顶头上司。①

将“田畯”理解为“监工”，有旧说为依据。《毛传》：“田畯，田大夫也。”郑玄说：“耕者之妇子，俱以饷来至于南亩之中，其见田大夫，又为设酒食焉，言劝其事，又爱其吏也。”余冠英《诗经选》谓“田畯，农官名，又称农正或农大夫”，就是依据毛、郑立说的。

依据上述说法，则诗篇“同我妇子，馌彼南亩，田畯至喜”，应解释为：“田畯”是农官，其所以“至喜”，是因为农人同其妇子为其送饭或设备酒食。如果说这一解释在《七月》篇中似乎可通，那么在《诗经》的其他篇章中就绝对不能通讲了。我们知道，“田畯”在雅诗中也曾出现，那就是《小雅》的《甫田》和《大田》两篇：

《甫田》：曾孙来止，以其妇子，馌彼南亩，田畯至喜，攘其左右，尝其旨否。禾易长亩，终善且有。曾孙不怒，农夫克敏。

《大田》：曾孙来止，以其妇子，馌彼南亩，田畯至喜，来方禋祀，以其骍黑，与其黍稷，以享以祀，以介景福。

《甫田》和《大田》都是祭歌，上引“曾孙来止”诸句乃言“曾孙”于南亩行祭以求丰年，其中绝无所谓“送饭”之事。姚小鸥教授对此有详细论证。他说：

曾孙，是主祭贵族的专称。《礼记·曲礼下》：“临祭祀，内事，曰孝子某侯某；外事，曰曾孙某侯某。”《诗集传》“武王祷名山大川，曰有道曾孙武王发”是其例。《诗经·小雅·信南山》：“畇畇原隰，曾孙田之。”《诗集传》：“曾孙，主祭者之称。”可见曾孙必是贵族主祭者无

① 孙作云：《读七月》，载《诗经与周代社会研究》，北京：中华书局，1966，第194－195页。

> 疑。诗中主人公既被称为曾孙，那么，他到“南亩”去的目的只能是祭神，他在“南亩”的活动只能是祭祀，而且是祭祀农神。所以“曾孙来止”四句，是说曾孙来了，还带着他的妻和子，到“南亩”举行馌礼祭祀农神，并取得农神田畯的欢心。这里的“以其妇子”数句，和《七月》的“同我妇子”数句意思基本相同。所不同处，仅在《七月》是以第一人称写的，而《甫田》则是以第三人称写的而已。二者同为祭祀农神，彼此可以互证。①

上述分析是正确的。《诗经》中的“田畯”之为农神而非农官，《周礼》亦有其证。《周礼·籥章》：

> 凡国祈年于田祖，吹《豳》雅，击土鼓，以乐田畯。

郑玄注引郑司农曰：

> 田畯，古之先教田者。

孙诒让《周礼正义》说：

> 凡诸经所云田畯，有指田神者，此经是也。有指当时司田之官者，《诗·七月》及《甫田》《大田》之田畯是也。田畯之神亦谓之司啬，《郊特牲》云“蜡之祭也，主先啬而祭司啬也”。注云：“先啬，若神农者；司啬，后稷是也。”②

如孙氏所指出，《周礼·籥章》的“田畯”是指“田神”。他认为《诗经》诸篇所指为“司田之官”，乃是囿于旧说的缘故。事实上，由《周礼》的

① 姚小鸥：《田畯农神考》，载《诗经三颂与先秦礼乐文化》，北京：北京广播学院出版社，2000，第228－229页。

② 孙诒让：《周礼正义》，北京：中华书局，1986，第1913页。

“田畯”之为田神，正可证明《诗经》之“田畯”亦然。古人云，“《诗》《礼》足以相解”,① 在田畯的问题上，是很好的印证。

考察《甫田》“田畯至喜”诸句的含义，可以帮助我们更好地理解“田畯”何以为农神。

“至喜”，学者多理解为“非常欢喜”，这看似可通。然《诗经》所见“至”字，俱用本义，可以解释为“及”“达至”，相当于今天的“到”。如下面的例子：

《鄘风·载驰》：驱马悠悠，言至于漕。

《卫风·氓》：送子涉淇，至于顿丘。

《小雅·庭燎》：君子至止，鸾声将将。

《大雅·绵》：率西水浒，至于岐下。

例多不备举。读者可以参看向熹《诗经词典》的相关词条。据此，“至喜”应解释为“到喜”，或者说“到而喜”。那么，何谓“到”而“喜”呢？要准确理解这一点，应当对照金文中的相关记述，如下所列举：

（1）用卲各喜侃乐前文人。（瘐钟，《集成》246，西周中期）

（2）用追孝敦祀卲各乐大神。（瘐钟，《集成》247，西周中期）

（3）用卲各喜侃前文人。（梁其钟，《集成》188，西周晚期）

（4）用追孝卲各喜侃前文人。（逑钟，《集录》106 西周晚期）

上引四条铭文，其格式可归纳为“卲各” + “喜侃/乐” + “前文人/大神”。“前文人”，金文多见，又见于《尚书·文侯之命》等，指已逝的先

① 王安石《答吴孝宗书》，见《临川先生文集》卷七四页九，《四部丛刊》本。邱汉生先生说：“《诗》和《礼》同样产生于西周春秋时期，它们所反映的社会生活是相同的，书里的名物度数是相同的。故‘《诗》《礼》足以相解’的论点，是符合历史实际的，抓住了解《诗》的一个关键。”见邱汉生辑注：《诗义钩沉·序》，北京：中华书局，1982，第10页。

祖。所谓“卲各”，学者指出，用法同于《诗经》中的“昭假”。“假”，训为“至”，谓使祖考来至。① “喜侃”或“喜侃乐”的意思与“喜”相近。②因此上引铭文的意思是说，用“钟”所奏出的乐音召唤先祖神灵，使之来到并且欢愉。我们知道，古人祭祀祖先的第一个节目，便是降神。降神的方式，不同族群各有不同。据儒家后学记述：“殷人尚声，臭味未成，涤荡其声，乐三阕，然后出迎牲，声音之号，所以诏告于天地之间也。”“周人尚臭，灌用鬯臭，郁合鬯，臭阴达于渊泉。”（《礼记·郊特牲》）谓殷人以乐音降神，而周人则以气味为重。其中特别提出“殷人尚声”，当是殷人在音乐上尤为发达的缘故。这一点，本书在讨论《商颂》的部分还将讲到。总之，祭祀先祖必使之来至（“各”）并欢愉（“喜”），祭祀百神当亦然，“田畯”之祭自不当例外。

如上所述，可以知道，《七月》诸篇“馌彼南亩，田畯至喜”的准确含义，乃于南亩祭祀农神，农神来到并且感到欢喜③。理解了这一点，《甫田》“至喜”句之下的“攘其左右，尝其旨否”两句就好理解了。

根据礼书的记载，“告旨”是与饮食相关的诸多礼典中的一个特定仪节，即由主要的献祭对象或宴飨对象告知主人或主祭者食物（包括饭食和酒品）的味美。《仪礼·特牲馈食礼》：

> 尸祭之，祭酒，啐酒，告旨。……祭铏，尝之，告旨。

“特牲馈食礼”是士一级的贵族对祖先的岁时祭。④ 代表祖先受祭的尸进入

---

① 陈英杰：《西周金文作器用途铭辞研究》，北京：线装书局，2008，第309页。

② 有一种讲法，认为“喜”字当读为“饎”，指奉给饭食。但从铭文上下文来看，如字读似无不可。“喜侃乐”连言，“侃”读“衎”，是乐的意思。“喜侃乐”是同义并列，这一用法同于《诗经》的“仪式型”。

③ 典礼中可能由特定的人物扮演田神，如祭祀之有尸。

④ 沈文倬：《宗周岁时祭考实》，载《菿闇文存》，北京：商务印书馆，2006。

庙门之后，享用主祭者奉献的“酒”与羹，然后告旨于主人。《乡饮酒礼》《乡射礼》诸篇亦皆有“告旨”的环节。与“告旨”相应，又有“不告旨”，这是说省去“告旨”这一节目。《诗经》有许多篇目都特别讲到“旨酒”（《大雅·凫鹥》《周颂·丝衣》等），当与这一特定节目相关。

“攘其左右”的“攘”，郑玄说“读当为馕”，又说：“馕，馈也。……司啬至，则又加之以酒食，馕其左右从行者。”谓“馕其左右”，是农官馈其左右从行人员。清代学者基本上接受了这一解释思路，唯“攘”字的读法与郑玄或不同。如马瑞辰读为“讓（让字繁体）”，说：“古让字作攘，《说文》：‘揖，让也。’《曲礼》‘左右攘辟’，郑注：‘或者，攘，古让字。’此诗攘即揖让字，谓田畯将尝其酒食，而先让其左右从行之人，示有礼也。”①然如上文所述，“田畯”并非田官，而是农神，那么上面的解释就不能通讲，必须重新考虑了。

我们认为，郑玄读“攘”为“馕”，是正确的，只是具体训释不准确。我们知道，“馕”一般认为与“饷”同字，是“馈食”的意思。馈食于人曰“馕”，食人之馈亦曰“馕”。所谓授、受同辞，这是古代语言中的常见现象。著名的例子如“飨”，以食食人曰飨，而受食亦曰飨（见朱骏声《说文通训定声》）。从字的构形分析，从手作“攘”者，是从取食的动作着眼；从“食”作“馕”，则是从所取的对象着眼。朱熹《诗集传》训“攘”为“取”最为近是。所谓“攘其左右”的“左右”，指的是黍稷等祭品，而非“从行者”。“攘其左右，尝其旨否”，言田畯受祭，“攘”取祭品，并“尝”而食之。朱熹说《甫田》诸句：

① 马瑞辰：《毛诗传笺通释》，北京：中华书局，1989，第717页。林义光《诗经通解》（上海：中西书局，2012，第268页）说亦相近。又或读“儴”，训“固”，见陈奂《诗毛氏传疏》，恐非是。

而田畯亦至而喜之，乃取其左右之馈而尝其旨否。[1]

除了“田畯”受旧说影响不准确之外，对于“至”字以及“攘其左右，尝其旨否”句的解释是非常到位的。

总之，《七月》篇“田畯”并非“监工”，而是农神，认为“‘田畯’不但监工，而且揩油，还得吃农夫所供奉的酒食”的说法是无所取的。可以指出的是，《甫田》篇关于田畯祭祀的仪节较《七月》篇加详，这应该是由于祭祀规格不同，而礼有隆杀的缘故。虽然如此，两者在内在精神上并无不同，所谓“上下同风”，乃是社会文化统一性的重要表现。[2]

（三）“公子”并未抢亲

“春日迟迟，采蘩祁祁。女心伤悲，殆及公子同归”，孙作云先生解说道：

妇女的人身毫无保障。在妇女采桑的时候，领主老爷到野外春游，看见妇女还要逞其兽欲：“女心伤悲，殆及公子同归！”恩格斯说：“农奴必须把 jus primae noctis（初夜权）献给主人。”这很有点儿相像。[3]

这一解说有很大影响。余冠英先生的《诗经选》就是按上述思路处理的：

“公子”，指国君之子。“殆及公子同归”，是说怕被公子强迫带回家去。[4]

---

① 朱熹：《诗集传》，北京：中华书局，1958，第 156－157 页。
② 姚小鸥：《诗经三颂与先秦礼乐文化》，北京：北京广播学院出版社，2000，第 135 页。
③ 孙作云：《读七月》，载《诗经与周代社会研究》，北京：中华书局，1966。
④ 余冠英：《诗经选》，北京：人民文学出版社，2002，第 132 页。

这样的解释容易使人联想到汉乐府《陌上桑》："日出东南隅，照我秦氏楼。秦氏有好女，自名为罗敷。罗敷喜蚕桑，采桑城南隅。……使君从南来，五马立踟蹰。使君遣吏往，问是谁家姝？……使君谢罗敷：'宁可共载不？'……"正是一幅大人君子调戏采桑女的图景，这与上引对《七月》的解说看上去何其相似！上述的解诗思路容易取信于人，或即与此有关。只不过这一解释思路，于诗篇文句实难通达。既曰"同归"，何以看出"强迫"？《诗经》"惠而好我，携手同归"（《邶风·北风》）、"庶见素衣兮，我心伤悲兮，聊与子同归兮"（《桧风·素冠》），皆两情相好而同归。余冠英先生等谓迫而同归，或以篇中有"女心伤悲"之语。然"女心"所以"伤悲"，古人已经做出合理解释，实与强迫云云无关。

可以首先列出的是《毛传》和《郑笺》这两种最为权威的汉代学者的说法。《毛传》说：

> 伤悲，感事苦也。春女悲，秋士悲，感其物化也。殆，始。及，与也。豳公子躬率其民，同时出，同时归也。

《郑笺》说：

> 春，女感阳气而思男；秋，士感阴气而思女，是其物化，所以悲也。悲则始有与公子同归之志，欲嫁焉。女感事苦而生此志。

毛、郑玄说到女子的伤悲，乃是"感事苦"的缘故。其所以"感事苦"，是因为"春，女感阳气而思男"。其与"秋士感阴气而思女"，皆是"物化"使然。这里的"物化"，是指因天时气候感动人心，从而使人的身心产生相应的变化。这是中国传统思想的重要内容之一。《淮南子·缪称》篇有类似说法：

春女思，秋士悲，而知物化矣。

许慎注：“春女感阳则思，秋士见阴而悲。”

“悲秋”是中国古代文学传统中的重要母题之一。《诗经》中如《秦风·蒹葭》等篇，皆蕴类似情感。“伤春”亦然。钱锺书先生《管锥编》说“吾国咏‘伤春’之词章者，莫古于斯”，认为《七月》篇正是这一主题的始祖。钱锺书先生还就汉晋以下同类题材做了论述：

唐张仲素《春闺思》：“袅袅城边柳，青青陌上桑，提笼忘采叶，昨夜梦渔阳。”《诗》言因采叶而“伤春”，张言因伤春而忘采叶，亦善下转语矣。《召南·野有死麕》虽曰“有女怀春”，而有情无景，不似此章之有暄日、柔桑、仓庚鸣等作衬缀，亦犹王昌龄《闺怨》之有陌头杨柳，《春怨》之有黄鸟鸣及草萋萋等物色。曹植《美女篇》：“美女妖且闲，采桑歧路间”，中间极写其容饰之盛，倾倒行路，而曲终奏雅曰：“盛年处房室，中夜起长叹”，是亦怀春而“女心伤悲”也；然此女腕约金环，头戴金钗，琅玕在腰，珠玉饰体，被服纨素，以此采桑，得无如佩玉琼琚之不利步趋乎！欧阳詹《汝川行》：“汝坟春日蚕忙月，朝起采桑日西没；轻绡裙露红罗袜，半蹋金梯倚枝歇”云云，亦太渲染、多为作，均逊《七月》之简净也。①

征引浩繁且多讥弹。钱锺书先生又谓《七月》述“女子求桑采蘩，而感春伤怀，颇征上古质厚之风”，至于后世所作，则多乖此风。他说：“梁元帝《春日》‘春心日日异，春情处处多，处处春芳动，日日春禽变’；李商隐《无题》‘春心莫共花争发’；以至《牡丹亭》第一〇出‘原来姹紫嫣红开

① 钱锺书：《管锥编》第一册，北京：三联书店，2007，第222页。

遍’，胥以花柳代桑麻，以游眺代操作，多闲生思，无事添愁，有若孟郊《长安早春》所叹：‘探春不为桑，探春不为麦，日日出西园，只望花柳色。’华而不实，朴散醇漓，与《七月》异撰。李觏《盱江全集》卷三六《戏题〈玉台集〉》‘江右君臣笔力雄，一言宫体便移风；始知姬旦无才思，只把《豳诗》咏女工。’亦有见于斯矣。”[①] 凡所论述，皆可供参考。

仔细分析，《毛传》《郑笺》的讲法又有不同。《毛传》说：“伤悲，感事苦也。春女悲，秋士悲，感其物化也。”又说“豳公子躬率其民，同时出，同时归”，依其说，则“归”为归返字。《郑笺》则将“归”解为“于归”之“归”，即归嫁字。依毛说，则“女心伤悲”与“及公子同归”之间并无逻辑关系。依郑说，则“女心伤悲”者，在“悲则始有与公子同归之志，欲嫁焉”。孔颖达申说郑意：“虽贵贱有异，感气则同，故与公子同有归嫁之意。”王先谦以《郑笺》说为长。[②]

朱子的解释与《毛传》《郑笺》又有不同。他说：

> 其许嫁之女，预以将及公子同归，而远其父母为悲也。[③]

朱熹认为女心之所以伤悲，乃因待嫁之女将“远其父母”的缘故。学者或谓朱熹为此说是“因江南‘哭嫁’之习俗而得到启发”[④]。礼因乎人情，“哭嫁”之所以“成俗”者，乃是因其发乎寻常人性。《礼记·曾子问》：“孔子曰：嫁女之家，三夜不息烛，思相离也。”郑注：“亲骨肉也。”[⑤]《太平御览》卷十九引《淮南子》佚文“春女百悲，秋士哀”，并及高诱的注释：

---

① 钱锺书：《管锥编》第一册，北京：三联书店，2007，第223页。

② 王先谦：《诗三家义集疏》，北京：中华书局，1987，第513－514页。

③ 朱熹：《诗集传》，北京：中华书局，1958，第91页。

④ 徐北文：《〈七月〉——西周农家乐》，载《诗经鉴赏集》，北京：人民文学出版社，1986。

⑤ 《礼记正义》卷十八，载阮元刻《十三经注疏》，北京：中华书局，1980，第1392页。

“《周礼》‘仲春之月，令媒氏会男女’，女当外成于夫家，骨肉相离，故悲之也。”可见悲远嫁乃古时通说。唯朱子将“伤悲”由毛、郑所说的男女之情归为孝亲之念，则宋人学术特异之处。

清代学者姚际恒对于诗篇“同归”做了新的解释。姚氏《诗经通论》：

> “公子”，豳公之子，乃女公子也。此采桑之女，在豳公之宫，将随女公子嫁为媵，故治蚕以备衣裳之用，而于采桑时忽然伤悲，以其将及公子同于归也。[1]

解“公子”为女公子，前引孔颖达疏已为此说。其疏文云：

> 庄元年《公羊传》说筑王姬之馆云：“于群公子之舍则以卑矣。”是诸侯之女称公子也。

此外，还可以举出《左传·桓公三年》：

> 凡公女嫁于敌国，姊妹则上卿送之，以礼于先君；公子则下卿送之；于大国，虽公子亦上卿送之；于天子，则诸卿皆行，公不自送；于小国，则上大夫送之。

“公女”与“公子”错出。杜预注“公子，公女”，亦为其证。

姚际恒释“迨及公子同归”为“将随女公子嫁为媵”，于诗“同归”之语较为密合。所谓“嫁为媵”者，研究礼制的学者指出乃古之“媵婚制”。[2]这一婚姻制度的基本形式，据《公羊传·庄公十九年》是这样的：

---

① 姚际恒：《诗经通论》，北京：中华书局，1958，第161页。
② 江林：《〈诗经〉与宗周礼乐文明》，上海：上海古籍出版社，2010。

媵者何？诸侯娶一国，则二国往媵之，以侄娣从。侄者何？兄之子也。娣者何？弟也。诸侯一聘九女，诸侯不再娶。

东汉学者何休注释说：

必以侄娣从者，欲使一人有子，二人喜也。所以妨嫉妒，令重继嗣也。因以备尊尊亲亲也。九者，极阳数也。不再娶者，所以节人情，开媵路。

认为此制的基本意图在“妨嫉妒，重继嗣”。著名学者如李玄伯①、李亚农②等均对该制度的起源、发展与流变做过研究。由《春秋》经传及礼书所载来看，“媵婚制”通行于周代社会，如《左传》所载的著名例证：

成公八年：“卫人来媵共姬，礼也。凡诸侯嫁女，同姓媵之，异姓则否。”

成公九年《春秋经》：“伯姬归于宋。”《左传》：“晋人来媵，礼也。”

鲁、卫与晋皆姬姓国，鲁人嫁女，卫与晋二国来媵，此即“凡诸侯嫁女，同姓媵之”。依照媵婚制的规定，嫡夫人去世，由侄或娣继室，不另娶，《公羊传》所谓“诸侯不再娶”。学者指出此制当通于诸侯以下。《左传》相关事例可以为证：

《文公七年》：穆伯娶于莒，曰戴己，生文伯。其娣声己，生惠叔。戴己卒，又聘于莒，莒人以声己辞，则为襄仲聘焉。

《襄公二十三年》：初，臧宣叔娶于铸，生贾及为而死。继室以其

① 李玄伯：《中国古代社会新研》，上海：上海文艺出版社，1988，第253－269页。
② 李亚农：《李亚农史论集》，上海：上海人民出版社，1962，第243－247页。

> 侄，穆姜之姨子也，生纥，……故立之。

前例说穆伯嫡夫人戴己去世，本欲再娶，莒人以不合礼制为由拒绝，以依礼当继室以戴己之娣声己。后例说臧宣叔正妻亡故，即以其侄为继室，而其子亦因之立为嫡子。

《诗经》中与媵婚有关的诗篇，最著名的是《大雅·韩奕》篇。诗篇第四章描述韩侯娶妻的观壮景象，说：

> 韩侯取妻，汾王之甥，蹶父之子。韩侯迎止，于蹶之里。百两彭彭，八鸾锵锵，不显其光。诸娣从之，祁祁如云。韩侯顾之，烂其盈门。

韩侯迎娶汾王（据郑玄解释，即流放于彘地的周厉王）的外甥、蹶父的女儿做他的妻。他亲到蹶去迎她，车马百辆之盛，和铃之声锵锵，好不荣光。随嫁的女子祁祁如云，粲粲然盈满韩侯的宫门。所谓“诸娣从之”，“烂其盈门”，所述正是古媵婚之制。《毛传》：“如云，言众多也。诸侯一娶九女，二国媵之。诸娣，众妾也。”

《召南·鹊巢》也是与媵婚有关的诗篇：

> 维鹊有巢，维鸠居之。之子于归，百两御之。
> 维鹊有巢，维鸠方之。之子于归，百两将之。
> 维鹊有巢，维鸠盈之。之子于归，百两成之。

第三章“维鸠盈之”，《毛传》：“盈，满也。”《郑笺》：“满，言众媵侄娣之多。”孔颖达引《公羊传·庄公十九年》关于媵婚的相关论述对《郑笺》加以申说。[①] 此外，《邶风·泉水》《卫风·硕人》《齐风·敝笱》诸篇，学者亦归入媵婚之作。[②] 这里不再赘述。

需要指出的是，礼书及《春秋》诸传所载“媵婚”制度主要针对诸侯国君，并规定了陪嫁者的国别及其身份，如《公羊传》“娶一国，则二国往媵之”，《左传》“同姓则媵，异姓则否”，以及“以侄娣从”。所记皆诸侯之礼。《七月》述豳地风俗，未必与礼书及三传所载全然一致。“迨及公子同归”的采桑女与该“公子”是否“侄娣”关系，亦难以质言。《豳风》诸诗尤其《七月》一篇当有久远的来源，[③] 其详情一时难于推求，姑俟阙如。

① 清代学者还引用《韩奕》篇作为参证。见陈奂：《诗毛氏传疏》上，北京：中国书店，1984，据漱芳斋1851年版影印。

② 江林：《〈诗经〉与宗周礼乐文明》，上海：上海古籍出版社，2010，第120页。

③ 篇中所示历法的古拙可以作为旁证。高亨先生据《左传·昭公七年》“梓慎曰：‘火出于夏为三月，于商为四月，于周为五月’”，指出“周代及其以前确有过不同的历法”，并认为《七月》篇“一之日”“二之日”及“三之日”“四之日”是豳地特有的历法：“豳历是用十个数目记十二个月份，因而在记月上不得不采用两种形式：一种是‘某之日’，如‘一之日’、‘二之日’等；一种是‘某月’如‘四月’‘五月’等。这是很特殊的很古拙的一种记月方法。豳历的岁始是‘一之日’，岁终是‘十月’，一岁的始终与周历相当，可能是周历的前身。”（《诗经今注》，上海古籍出版社1980年版，第204页）现据高亨先生书将夏殷周豳四历对照表列如下：

月建	寅	卯	辰	巳	午	未	申	酉	戌	亥	子	丑
夏历	正月	二月	三月	四月	五月	六月	七月	八月	九月	十月	十一月	十二月
殷历	二月	三月	四月	五月	六月	七月	八月	九月	十月	十一月	十二月	正月
周历	三月	四月	五月	六月	七月	八月	九月	十月	十一月	十二月	正月	二月
豳历	三之日	四之日	蚕月	四月	五月	六月	七月	八月	九月	十月	一之日	二之日

按：《七月》的“一之日”相当夏正十一月，得到新出材料的支持。上博简第五辑《鲍叔牙与隰朋之谏》篇载齐桓公“命九月除路，十月而徒梁成，一之日而车梁成”，可对比《孟子·离娄下》“岁十月徒杠成，十一月舆梁成”，知简文“一之日”即《孟子》的“十一月”。（参见董珊：《阮校〈孟子〉与〈鲍〉简对读》，“简帛研究”网；李学勤：《试释楚简〈鲍叔牙与隰朋之谏〉》，《文物》2006年第9期。）

（四）先民的劳作与时日

无论如何，《七月》篇中的“女心伤悲”，绝不是因为恐惧“领主老爷”的施暴，抑或贵族公子的强抢回家；而“馌彼南亩，田畯至喜”，也与“监工”的“揩油”无关。可以指出的是，上述解读思路与特定时代背景有关，其中影响最大的，当属“《国风》民歌”说。

如所周知，近代以来，尤其古史辨派对于《诗经》中的国风，向有“风谣”之说，主张国风出自“民间”，其逻辑是“民间”的作品具真情实性，与僵化的应制言礼之作不同。其本意当是用“情”来反动被过分强调的“礼”。这一点，只要结合鲁迅先生的作品，便不难体会。因而从总体上考虑，古史辨派诸人所主张的落脚点在发掘诗篇中的“情感”。从整个《诗经》的研究史上来说，这一做法是有其进步意义的，在《关雎》篇的讨论中我们也已经提到。然此后持“民歌”或“民间”说者，乃是将“民”定位为“农民”或“劳动人民”，是从特定的意识形态出发，以强调诗篇的阶级性。因此，虽然同是“民歌”或“民间”，其实质却大不相同。这一点在今天不可不留意。尤其后一种“民歌说”在对具体诗篇的解释上，往往离奇而难以为据，上述对《七月》的个案分析已经清楚表明了。自20世纪30年代朱东润先生正面批判“《国风》出于民间”说以来①，到今天，这一说法在学界似乎已经不再主流②。然而如何将这一观念结合具体诗篇进行解说，所取得的进步仍然非常有限。不独《七月》，其他如《伐檀》《硕鼠》等进

① 朱东润：《国风出于民歌论质疑》，载《诗三百篇探故》，上海：上海古籍出版社，1981。

② 檀作文：《20世纪以来的〈国风〉“民歌说”与“非民歌说”之争》，《中国韵文学刊》2006年第1期。

入中学课本的诗篇，亦莫不如此。应当说，在文本解读方面，我们所面临的困难是明显的，更多的工作还有待于将来。

在文章的最后，我们愿意借助学界的研究成果，就与上述讨论相关的“劳动”这一术语略作申说。对西方学术源流的研究表明，“劳动”的本义是中性的，并不含有后来人们所习以为的阶级性的意味。事实上，一切“有死的凡人”皆是“劳动”者。这一意义的“劳动”，又或译为“劳作”。古希腊诗人赫西俄德曾经写过一部《劳作与时日》，劝勉他的弟弟佩耳塞斯努力工作。诗篇说：

> 你如今找我也一样。我再不会给你
> 或借你什么。劳作吧，傻佩耳塞斯啊，
> 去做神们派定给人类的活儿。(396 – 398)[①]

赫西俄德还教给他的弟弟如何度过一年的农夫生涯，教给他劳作的时节与特定的节候相应。我们看到，在古希腊诗人那里有关劳作的叙事中，也有星辰的升降与移转，有鹤与布谷鸟的叫声，有蜗牛爬出地面，有洋蓟的花开。这样的叙事方式，与我们在《诗经·七月》中所看到的，竟是如此相似，令人称奇。关于《劳作与时日》中的天象、农事与物候，可如表 2 所示：[②]

① 吴雅凌：《劳作与时日笺释》，北京：华夏出版社，2015，第 180 – 181 页。
② 吴雅凌：《劳作与时日笺释》，北京：华夏出版社，2015，第 378 – 379 页。

表 2　《劳作与时日》中天象、农事与物候关系

时间	天象	农事	物候	出现在作品位置
九月	天狼星在夜里出现	秋雨	伐木砍材	行 419 起
十一月	昴星沉落	鹤声起	耕种	行 384
				行 448 起
	猎户座沉落			行 619 起
十二月	冬至		晚耕	行 479 起
一月	勒纳依昂月			行 504 起
二月	大角星在黄昏升起	燕子飞来	葡萄修枝	行 564 起
四月	昴星消失			行 385 起
五月	昴星升起		收割	行 383 起 行 571 起
		无花果叶	春季航海	行 678 起
六月	夏至		打谷	行 597 起
七月	天狼星升起 猎户星升起	洋蓟开花 蝉鸣	饮酒	行 582 起
八月	季风		秋季航海	行 663 起
九月	大角星在黎明升起 天狼星和猎户星位于中天		葡萄收成 酿酒	行 609 起

古今中外，哲人的教诲何其相似。在本章的开头，我们引到《毛诗序》："《七月》，陈王业也。周公遭变故，陈后稷先公风化之所由，致王业之艰难也。"又《吕氏家塾读诗记》引杨氏说："先王之政，使民男女终岁勤勤，未常休也。虽淫僻之心，何自萌蘖哉？而献享之礼、孝爱之诚，隆于自然，此所以皞皞莫知为之者也。周公陈王业之致，特在乎此，后之有天下者宜审也。"所谓"致王业之艰难也"，所谓"使民男女终岁勤勤"，岂不是与赫西俄德教给他的弟弟"去做神们派定给人类的活儿"是类似的意思吗？《旧

约·创世纪》则如是描述："你必终身劳苦，才能从地里得吃的。地必给你长出荆棘和蒺藜来，你也要吃田间的菜蔬。你必汗流满面才得糊口，直到你归了土。"

附：《豳风·七月》全文及其注释

七月流火[1]，九月授衣[2]。一之日觱发[3]，二之日栗烈[4]，无衣无褐[5]，何以卒岁？三之日于耜[6]，四之日举趾[7]，同我妇子，馌彼南亩[8]，田畯至喜[9]。

七月流火，九月授衣。春日载阳[10]，有鸣仓庚[11]。女执懿筐[12]，遵彼微行[13]，爰求柔桑[14]。春日迟迟[15]，采蘩祁祁[16]。女心伤悲，殆及公子同归[17]。

七月流火，八月萑苇[18]。蚕月条桑[19]，取彼斧斨[20]，以伐远扬[21]，猗彼女桑[22]。七月鸣鵙[23]，八月载绩[24]。载玄载黄[25]，我朱孔阳[26]，为公子裳。

四月秀葽[27]，五月鸣蜩[28]。八月其获[29]，十月陨萚[30]。一之日于貉[31]，取彼狐狸，为公子裘。二之日其同[32]，载缵武功[33]，言私其豵[34]，献豜于公[35]。

五月斯螽动股[36]，六月莎鸡振羽[37]。七月在野，八月在宇[38]，九月在户，十月蟋蟀入我床下。穹室熏鼠[39]，塞向墐户[40]。嗟我妇子，曰为改岁，入此室处[41]。

六月食郁及薁[42]，七月亨葵及菽[43]，八月剥枣[44]，十月获稻，为此春酒[45]，以介眉寿[46]。七月食瓜，八月断壶[47]，九月叔苴[48]。采荼薪樗[49]，食我农夫。

九月筑场圃[50]，十月纳禾稼[51]，黍稷重穋[52]，禾麻菽麦[53]。嗟我农夫，我稼既同[54]，上入执宫功[55]。昼尔于茅[56]，宵尔索绹[57]，亟其乘屋[58]，其始播百谷。

二之日凿冰冲冲[59]，三之日纳于凌阴[60]。四之日其蚤[61]，献羔祭韭[62]。九月肃霜[63]，十月涤场[64]。朋酒斯飨[65]，曰杀羔羊。跻彼公堂[66]，称彼兕觥[67]，万寿无疆！

【注释】

［1］七月：当指豳历的七月，亦即夏历七月。见前引高亨先生的注释。流：指行星在天空中由本来的位置向下方移动。火：星宿名，又名大火，每年夏历五月的黄昏出现在天空正中，六月以后偏西，七月向下运行。

［2］授衣：发放厚衣服，据说古代有“授衣”制度。

［3］一之日：即夏历十一月。豳历以该月为岁首。下文的“二之日”“三之日”“四之日”即相当夏历的十二月、正月和二月。觱发（bì bō）：连绵词，形容寒风触物的声音。

［4］栗烈：“凛冽”的假借字，形容寒气刺骨的样子。

［5］褐：粗毛或粗麻做的衣服。

［6］于：往。耜（sì）：古人的一种农具，像现在用的铁锹，有曲柄，用来耕田翻土。

［7］趾：脚。举趾，指举足下地，开始春耕。

［8］馌（yè）：一种祭祀农神的祭礼。

［9］田畯（jùn）：农神。至：到。

［10］载：则。阳：指阳气上升，气温回暖。

［11］有：语助词，无实义。仓庚：鸟名，即黄莺。

［12］懿筐：一种深筐，与“顷筐”即浅筐相对。

［13］遵：沿着。微行（háng）：小径。

［14］爰（yuán）：于是。柔桑：嫩的桑叶。

［15］迟迟：连绵词，形容春天日暖舒长的样子。

［16］蘩：白蒿。祁祁：多的样子。

［17］殆：将要。公子：豳公之子。归：出嫁。同归，指结为婚姻。

［18］萑（huán）：芦苇一类植物，没长穗的叫蒹，长穗的叫萑。

［19］蚕月：养蚕的月份。条：指砍下桑树枝来喂蚕。

［20］斨（qiāng）：与斧同类的工具，柄孔椭圆的叫斧，方形的叫斨。

［21］远扬：指高处的桑树枝。

［22］猗：即“猗傩”，与“婀娜”是同族连绵词，这里用来形容桑树枝条长长的样子。女桑：嫩的桑叶。

［23］鵙（jú）：鸟名，又叫伯劳、子规，即杜鹃鸟。

［24］载：则。绩：纺织。

［25］载：语助词，无实义。玄：黑中带红的颜色。

［26］朱：大红色。孔：非常。阳：这里指鲜明的样子。

［27］秀：结穗。葽（yāo）：一种多年生的蔓草，又名野甜瓜，一说即远志。

［28］蜩（tiáo）：蝉。

［29］获：收获庄稼。

［30］陨：落下。萚（tuò）：草木脱落的皮或叶子。

［31］貉（hé）：一种动物，形似狐狸而稍胖，皮毛珍贵。这里的“貉”做动词，意思是“猎取貉”。

［32］同：会合。

［33］载：语助词，无实义。缵（zuǎn）：继续。武功：指田猎。古代

田猎有军事演习的性质。

［34］言：语助词，无实义。私：做动词，归私人所有。豵（zōng）：一岁的小猪，这里泛指小的野兽。

［35］豜（jiān）：三岁的大猪，泛指大兽。

［36］斯螽（zhōng）：昆虫名，即蚱蜢。螽斯摩擦翅膀发声，古人认为它是动腿发声，所以说"斯螽动股"。

［37］莎（suō）鸡：俗称纺织娘，属螽斯科。

［38］宇：屋檐。"七月在野，八月在宇，九月在户，十月蟋蟀入我床下"，这四句都是写蟋蟀，前三句省略主语。蟋蟀由远而近，暗示天气逐渐转凉。

［39］穹（qióng）：扫除。窒（zhì）：房屋缝隙中积存的灰垢。一说"穹"通"烘"，"窒"通"室"，"穹室"是说将屋子烘暖，并用烟气熏走老鼠。

［40］向：北向的窗户，古人冬天要把朝北的窗户封塞以保暖。墐（jìn）：用泥涂抹。上古时代常编柴及竹做门，冬天为避风寒，要用泥涂抹，塞住门缝。

［41］处：居。

［42］郁：梨的一种。薁（yù）：李的一种，花叶、果实都似李而小，味酸，肉少核大，仁可入药。

［43］亨：即今之"烹"字。葵：即冬葵，古人经常食用的一种蔬菜。菽（shū）：豆类的总称。

［44］剥：通"扑"，击扑。

［45］春酒：古人用稻子酿酒，冬酿春熟，故称"春酒"。

［46］介：祈求。眉寿：犹言"长寿"。

［47］断：采摘。壶：“瓠”的假借字，葫芦一类的瓜菜。

［48］叔：拾取。苴（jū）：大麻的子实，可以食用，古人将之列入“九谷”之一。

［49］荼（tú）：苦菜。薪：做动词，指砍伐木材作为柴火。樗（chū）：树名，又名臭椿。

［50］场：打谷场。圃（pǔ）：菜园子。农人秋天将菜园弄平整，用来打谷，称“筑场圃”。

［51］纳：收。禾稼：指带叶与秆的各类谷物。

［52］黍：糜子。稷：即粟。黍性黏，稷不黏。重、穋（lù）：都是谷名。重，大约是今天的高粱；穋，大概是旱稻。一说，重即穜（tóng），先种后熟的谷子叫重，后种早熟的叫穋。

［53］禾：谷物的一种。

［54］同：聚拢，集中。

［55］上：同“尚”，还要。宫功：修理宫室的工作。

［56］昼：白天。茅：茅草，这里做动词，指割取茅草。

［57］宵：夜晚。索：搓。绹（táo）：粗的绳索。

［58］亟：赶快。乘：登。乘屋，指登上房子修屋顶。

［59］冲冲：凿冰的声音。

［60］凌阴：存放冰的地方，类似冰窖。

［61］蚤：“早”的假借字。四之日其早，指二月初。

［62］韭：“寒”的误字。祭寒，即祭祀司寒之神。

［63］肃霜：连绵词，即“肃爽”，形容深秋天气清朗的样子。一说下霜。

［64］涤场：连绵词，即“涤荡”，形容深秋树木萧索的样子。一说打

扫场圃，表示一年农事结束。

［65］朋酒：两壶酒。斯：语助词，无实义。飨：一种饮酒的礼典。

［66］跻（jī）：登。公堂：古人用于公共集会、举行仪式的场所。堂基较平地为高，所以说“跻彼公堂”。

［67］称：举。兕觥（sì gōng）：“觥”是古代的一种酒器，其形似“兕”即犀牛，故称“兕觥”。盛行于商代和西周前期。

中编：　雅

五、群臣还是嘉宾？——《小雅·鹿鸣》与君臣伦理的古今变迁

呦呦鹿鸣，食野之苹。我有嘉宾，鼓瑟吹笙。吹笙鼓簧，承筐是将。人之好我，示我周行。

呦呦鹿鸣，食野之蒿。我有嘉宾，德音孔昭。视民不恌，君子是则是效。我有旨酒，嘉宾式燕以敖。

呦呦鹿鸣，食野之芩。我有嘉宾，鼓瑟鼓琴。鼓瑟鼓琴，和乐且湛。我有旨酒，以燕乐嘉宾之心。

——《小雅·鹿鸣》

（一）问题的提出

《鹿鸣》是《小雅》的第一篇，诗篇情理兼备，意趣独深，在传统《诗经》学上亦据重要地位。然而这样一篇诗，近代以来却未能得到应有的重视。余冠英先生的《诗经选》即不曾将之列入。[①] 至于诗篇的篇旨，则被浮泛看待。如各类《诗经》译注本多表述为“贵族宴会宾客”，以为其中不过

① 余冠英：《诗经选》，北京：人民文学出版社，1979。

上流社会的饮食宴乐而已，此外别无深意。古代学者推举诗篇，虽不乏精意，然而与之同时，对于诗篇的解说，同样存在或明或晦的诸多问题。其中的关键点可以归结为——“嘉宾”究竟何人？

《毛诗序》的说法代表传统世界的主流意见。它说：

> 《鹿鸣》，燕群臣嘉宾也。既饮食之，又实币帛筐篚，以将其厚意，然后忠臣嘉宾得尽其心矣。①

这一解释看似可以通讲，故而历代《诗》学要著如《郑笺》、孔颖达正义、朱熹《诗集传》皆遵从其说，鲜少异辞。然而将上面这段话与诗篇本文做一个即使粗略的比照，疑问也必然生出：诗篇明明讲燕“嘉宾”——所谓“我有嘉宾，鼓瑟吹笙”——何以《毛诗序》讲成“燕群臣嘉宾”？“嘉宾”与“群臣”，这两者可以等同吗？由此而来的另一个疑问，是诗篇的结构与逻辑：《毛诗序》的逻辑是，嘉宾得着“饮食”，得着“币帛”，然后为君主“尽心”。其逻辑起点是君主的赐饮赐食赐美禄，终点是群臣的尽心尽力报主君。一方尽心笼络，一方勉力报答。而诗篇的逻辑则是，主人奏乐奉币相待以礼，嘉宾奉献明德善言，饮酒奏乐，宾主尽欢。诗篇首章说“我有嘉宾，鼓瑟吹笙”，次章说“我有嘉宾，德音孔昭”，末章说“我有旨酒，以燕乐嘉宾之心”。换言之，诗篇的逻辑起点是君臣的欢会，以及嘉宾的德音善行，终点则复归于宾主欢会。宾主之间以礼相待，欢会无间。上述差别虽然微妙，然而一经指出，则极显明。辅广《诗童子问》以为“范氏说破‘君子岂为饮食币帛而悦’之意，甚好”，② 虽不免学者的自矜，然而对于《毛诗序》的问题，是看得清楚的。我们不禁要问，何以宾主的欢会最终演变成笼

① 《毛诗正义》卷九之二，载阮元刻《十三经注疏》，北京：中华书局，1980，第405页。本章所引《鹿鸣》篇之经、传、笺、疏皆据该本，下不另出注。

② 辅广：《诗童子问》卷九，文渊阁《四库全书》本，上海：上海古籍出版社，第七十四册第350页。

络的手段？问题的症结在哪里？我们说，症结不在别处，就在“嘉宾”到“群臣”这一身份演述的变化之上。

如前所述，诗篇仅仅言及“嘉宾”，而《毛诗序》言“嘉宾群臣”。“嘉宾”与“群臣嘉宾”之间理当有别，而非如后世学者所以为的具有天然的等同性。事实上，由“嘉宾”到“群臣”，身份的变换暗示着君臣政治伦理的变化，依据变换的身份与伦理解读诗篇，隔膜与误读在所难免。那么，诗篇的“嘉宾”与“群臣”之间的区别究竟何在？前者又如何演变为后者，而导致前述伦理困境？

（二）“嘉宾”身份的推求

首先明确将诗篇的“嘉宾”与“群臣”相等同的，是孔颖达的疏。孔颖达说：

> 经无群臣之文，然则序之群臣，则经之嘉宾，一矣。故“群臣”、“嘉宾”并言之，明“群臣”亦为“嘉宾”也。

然而仔细考察孔疏对于《鹿鸣》全篇的解说，可以发现其说自相违戾。如上引所述，孔疏似是判定“嘉宾”等同于“群臣”。然而，疏文又引《仪礼》的《乡饮酒》《燕礼》及郑玄注，以为“嘉宾”之中，包含“四方之宾”。孔颖达说：

> 《燕礼》云：“若与四方之宾燕，则迎之于大门内。”四方之宾，唯迎之为异，其燕皆与臣同，则此嘉宾之中，容四方之宾矣，故《乡饮酒》、《燕礼》注云：“《鹿鸣》者，君及臣下及四方之宾燕，讲道修政之乐歌。”是也。

检《毛传》通篇只见“嘉宾”（或“宾客”），无一语道及“群臣”。于首章“以兴嘉乐宾客”，于末章“夫不能致其乐，则不能得其志，不能得其志，则嘉宾不能竭其力”，措辞极为明白。看来，诗篇的“嘉宾”，是否“已之臣子”，还是“四方之宾”，或者别种身份，古人的看法并不一样。孔颖达所说并非定论。

“宾”是与“主”相对的称谓。从文献记载来看，被称之为“宾”者，其身份各异。根据《故训纂汇》，至少有如下几种情况：

（1）宾，主人之僚友。(《仪礼·士冠礼》“主人戒宾”郑玄注)

（2）贤者为宾，其次为介。(《仪礼·乡饮酒礼》“主人就先生而谋宾介”郑玄注)

（3）宾，诸侯也。(《书·康王之诰》“宾称奉圭兼币”传)

（4）宾，卿大夫士也。(《仪礼·既夕礼》“宾赗者将命”郑玄注)

（5）宾，朝聘者。(《礼记·郊特牲》“宾入大门而奏《肆夏》”郑玄注)

（6）宾，使者。(《仪礼·聘礼》“宾朝服释币于祢”郑玄注)

（7）宾，壻。(《仪礼·士昏礼》“宾东面荅拜”郑注玄)①

由上举可知，所谓“宾”，可以如（1）所示，是主人的僚友，即与主人身份地位相当者；也可用来指特定情形之下自外而来与主人相对行礼者，如(7)《仪礼·士昏礼》中之“壻”。(2)《仪礼·乡饮酒礼》中的“宾”则为贤能者。(3)《康王之诰》中的“宾”为诸侯，而古者诸侯于天子有“不纯臣之义”，如《周颂·臣工》郑玄笺“诸侯来朝天子，有不纯臣之义”。(4)《仪礼·既夕礼》中的“宾”，指赴丧事者，其中含有国中之“卿大夫

① 宗福邦等：《故训汇纂》，北京：商务印书馆，2003，第2187－2188页。

士”。至于（5）（6）两例之“宾”，皆指诸侯国之间朝聘或奉使往来者，其与“群臣”不相等同更是明显。

“嘉宾”之不能同于“群臣”，金文材料为这一判断提供依据。金文中不乏宴飨“宾”以及“嘉宾”的用例，陈英杰先生《西周金文作器用途铭辞研究》一书对此有总结分析。陈著列举西周铭文以“宾”作为宴飨对象的，如：

（1）用飨宾（义叔闻簋，3695，西周早期）

（2）其万年用飨宾（㪘簋，3745，西周早期。甲盉铭同）

（3）其用飨王出内穆穆使宾（矩方鼎，《汇编》1664，西周早期）

（4）用乐好宾（虘钟，88－89，西周中期）

（5）用侃喜上下，用乐好宾，用祈多福，子孙永宝（鲜钟，143，西周晚期）

（6）加（嘉）宾用鄉（飨）（曩叔奂父盨，《汇编》41，西周晚期）

（7）用妥宾（郑井叔钟，21－22，西周晚期）

（8）谏作宝簋，用日飤（食）宾（谏簋，《集录》447，西周晚期）

（9）用飨大正，音（歆）王宾（弭仲簋，4627，西周晚期）①

上引各铭文之后括号中的数字，指中国社会科学院历史研究所主编《殷周金文集成》（以下简称《集成》）的编号，《汇编》指钟柏生、陈昭容等编著《新收殷周青铜器铭文暨器影汇编》，《集录》指刘雨、卢岩主编《近出殷周金文集录》。

① 陈英杰：《西周金文作器用途铭辞研究》，北京：线装书局，2008，第338－339页。相关铭文使用了通行字。

陈著认为：

> “宾”比较复杂，有传达辞命之人，如“王出入穆穆使宾”、“王宾”。但大多数应该指“僚友”，与“僚”同义，《仪礼·士冠礼》“主人戒宾”郑玄注：“主人之僚友。”唐贾公彦疏：“同官为僚。”《士冠礼》“有宾则拜之”郑注：“宾，僚友群士也。”《士冠礼》“摈者告期于宾之家”贾公彦疏：“宾是同僚之等。”[1]

陈氏指出“宾”的身份的复杂性是正确的。这与传世文献中“宾”的复杂情形正相类似。至于上举铭文中“宾”的具体所指，如“王宾”是否“传达辞命之人”，此外大多数“宾”是否指“僚友”，自然可以做进一步讨论。

陈著提到与上举“飨宾”诸例“意义相同的仅见于小盂鼎之‘邦宾’、‘宾’”，是有价值的线索，值得展开讨论。（按：小盂鼎是著名的西周青铜器，鼎铭著于器内壁，近四百字，记盂受命征伐鬼方，归告成功而受庆赏之事。）铭文内容关涉重大史实与礼制，自郭沫若先生以来，得到学界重视。郭沫若先生说：“此文所记，于古史古礼极关重要，惜残泐过甚，苦难属读，而器亦不知去向。”[2] 陈梦家先生《西周铜器断代》、日本学者白川静《金文通释》，以及李学勤先生《小盂鼎与西周制度》皆对该器的铭文（见图 13）做过专门研究，其中涉及铭文“邦宾”及“宾”的讨论。

① 陈英杰：《西周金文作器用途铭辞研究》，北京：线装书局，2008，第 340 页。

② 郭沫若：《两周金文辞大系图录考释》三六《小盂鼎》，载《郭沫若全集·考古编》第八卷，北京：科学出版社，2002，第 39 页。

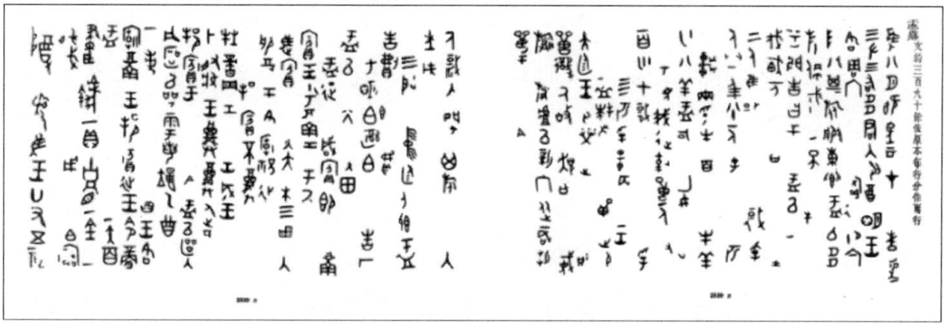

图 13　小盂鼎铭文摹本，收录于（清）吴式芬《攈古录》①

下面根据李学勤先生《小盂鼎与西周制度》一文写出铭文的相关内容。铭文开头说：

惟八月既望辰在甲申，昧爽，三左三右多君入，服酒。明，王格周庙，［赞王、邦］宾，延。邦宾尊其旅服，东向。

然后盂向王报告成功，进献鬼方头领、俘虏，并举行相关祭祀活动。之后说：

咸，宾即［位］，赞宾。王呼赞盂于厥……进宾……大采，三周入，服酒。王格庙，祝延……二人，邦宾不裸。……用牲，禘周王、［武］王、成王，……有逸。王裸裸，遂赞邦宾。王呼……令盂以区入，凡区以品。

第二天，"粤若翼乙酉，三事大［夫入，服］酒。王格庙，赞王邦宾，延"。铭文中的"邦宾"，李学勤先生指出：

即《周礼·司几筵》、《礼记·丧大纪》的"国宾"。《司几筵》注引郑众说，以"国宾"为老臣，郑玄自己则认为是"诸侯来朝，孤卿

① 图片据台北中研院历史语言研究所金文工作室制作之"殷周金文暨青铜器资料库"：http://www.ihp.sinica.edu.tw/~bronze。

> 大夫来聘”。孙诒让《周礼正义》引《通典》所载马融说，与郑玄说折衷，主张：“国宾，在王国则当为二王后，在侯国则当为他国之君来朝，及王人来聘者。”（《周礼正义》卷三十八）无论如何，“邦宾”的身份是和“三左三右”等朝臣不同的。[①]

李学勤先生指出“‘邦宾’的身份和‘三左三右’等朝臣不同”，是非常重要的结论，可以部分印证本文开篇对于嘉宾身份的判断。孙诒让《周礼正义》引《通典》所载马融说：“国宾，在王国则当为二王后，在侯国则当为他国之君来朝，及王人来聘者”，则是综合经典文献及各家传注而得出的折中之说。钱宗范先生在《“朋友”考》一文中提到“嘉宾”是“异国或异部族来的客人”，[②] 其远源即可上溯至马融的说法。

春秋时期铭文多次出现“嘉宾”，有助于我们对此问题做进一步推断。据《殷周金文集成》，可以举出如下例证：

> （1）用乐嘉宾、父兄、大夫、朋友（嘉宾钟，51，春秋晚期）
>
> （2）用乐嘉宾、大夫（许子瓓师镈，153，春秋晚期）
>
> （3）以乐嘉宾、朋友、诸贤，兼以父兄、庶士（徐王子旃钟，182，春秋晚期）
>
> （4）以乐嘉宾，及我父兄、庶士（沇儿钟，203，春秋晚期）
>
> （5）用乐嘉宾、父兄，及我朋友（王孙遗者钟，261，春秋晚期）

上列五器，除第一器外，其余四器器主的身份是确定的。其中（2）与（3）是诸侯国君，（4）当是王子，（5）是王孙。其中第（2）器许子瓓师镈，器主是许国国君名瓓师者。《春秋》许君称男，而此处称“子”，郭沫若先生

---

① 李学勤：《小盂鼎与西周制度》，《历史研究》1987年第5期。
② 钱宗范：《“朋友”考》（上），载《中华文史论丛》第八辑，上海：上海古籍出版社，1978。

认为“古公侯伯子男之称实无定制”。[1] 许本姜姓，相传乃“大岳之胤”（《左传·隐公十一年》）。清华简《封许之命》记载了周初成王分建许国的情形，中有“亦惟汝吕丁，扞辅武王，……命汝侯于许”[2] 诸语，与西周麦方尊（《集成》6015）“王命辟邢侯出𠂤，侯于邢”，及《诗经·鲁颂·閟宫》“建尔元子，俾侯于鲁”书法体例类似，邢、鲁皆侯爵，则许初封之时或亦爵为“侯”。第（3）器器主是徐国国君名子旃者。传世文献载有春秋徐国“僭号称王”之事，最著者为徐偃王。《诗经·大雅·常武》述及周人征伐“徐土”的战事。第（4）器器主自称是“徐王庚之淑子沇儿”。“徐王庚”即“徐王庚儿”，庚儿鼎出土于山西省侯马，铭云“徐王之子庚儿”。[3]

上引铭文凡“嘉宾”与其他各类身份人物并举，“嘉宾”皆置于最前。其中第（1）（2）两器所“乐”的对象，包括“嘉宾”和“大夫”。“大夫”无疑是许君的“群臣”，“嘉宾”与之并举，则非许君之臣。又“嘉宾”列在“大夫”之前，则其地位或者较“群臣”为尊贵。综合来看，传世文献中提到的“四方之宾”，符合这一身份特征，与小盂鼎“邦宾”身份亦似契合。至于第（5）例“嘉宾、父兄，及我朋友”，考虑到器主是“王孙”而非诸侯国君，则“嘉宾”很有可能是指“僚友”。此外，上举铭文中，“嘉宾”皆排在“父兄”之前，亦可见其身份。

“嘉宾”一词又见《诗经·小雅·彤弓》及《南有嘉鱼》两篇，其身份也应据上述理解。其中《彤弓》篇之“嘉宾”乃“有功诸侯”，其身份不同于后世意义上的“群臣”更是显然。

---

① 郭沫若：《两周金文辞大系图录考释》一九三《许子钟》，载《郭沫若全集·考古编》第八卷，北京：科学出版社，2002，第383页。

② 李学勤：《清华大学藏战国竹简（伍）》，上海：中西书局，2015，第118页。

③ 马承源：《商周青铜器铭文选》第4卷，北京：文物出版社，1990，第387页。

《诗经》另有“嘉客”一词。《诗经·商颂·那》篇“我有嘉客，亦不夷怿”，郑笺：“嘉客，谓二王后及诸侯来助祭者。”① 《周颂·有客》之“客”，按传统说法《有客》是商人之后微子来周朝见助祭的诗篇，所谓“客”为“二王后及诸侯来助祭者”。古代诸侯之于周天子，有“不纯臣”之义，故无论“二王后”抑或“诸侯来助祭者”，其身份极其尊贵，与后世所说“群臣”不相等同，是无疑的。《有客》篇还描述了对于“客”所行使的特定礼节，② 同样起到昭显其身份的作用。

“宾”字所蕴含的身份的尊贵性，从它的一般语义亦可见出。《说文》：“宾，所敬也。”③（按：《说文》的这一义训是后世抽象出来的解释。）利用甲骨、金文等材料，可以勾画出“宾”字语义的源流与演变，对于我们了解“宾”的上述性质有所帮助。王国维对于“宾”字形义的分析值得重视。王国维在讨论《尚书·洛诰》“王宾”一词的含义时说：

> 卜辞宾字多作，或作，作，作，虘钟作，邾公钟作。其所从之、与同意，皆象屋形。古文自有二部首，、、诸字皆从之……上从屋，下从人从止，像人至屋下，其义为宾，各客二字从夂，意皆如此。金文及小篆易从止为从贝者，乃后起之字。古者宾客至，必有物以赠之。其赠之之事谓之宾，故其字从贝，其义即礼经之傧字也。如大敦盖、史颂敦、睘卣、贸鼎诸器之宾字从贝者，其义皆为傧也。后世以宾为宾客字，而别造傧字以代宾字，实则乃宾之本字，宾则傧之本字也。宾之本字，其省者从从，其讹变也，乃以中之

① 《毛诗正义》卷二十之三，载阮元刻《十三经注疏》，北京：中华书局，1980，第620页。《小雅·白驹》亦有“嘉客”，《毛诗李黄集解》引郑氏说：“嘉客，上客也。”显然与“群臣”有别。朱熹说“嘉客，犹逍遥也”，有学者以为“嘉客”是连绵字。参看季旭昇：《诗经古义新探》下编壹《〈小雅·白驹〉古义新证》，北京：学苑出版社，2001。

② 姚小鸥、李文慧：《〈周颂·有客〉与周代宾礼》，《学术研究》2011年第6期。

③ 许慎撰，徐铉校定：《说文解字》，北京：中华书局，1962，第130页。

一画属于人上，如虘钟之宾作，若此字从从，盖已非其朔。[①]

又王国维在《洛诰解》一文中说：

王宾，谓文王武王，死而宾之，因谓之宾。殷人卜文屡云卜贞王宾某某，王宾下皆殷先王名，知此王宾即谓文武矣。[②]

王氏认为“王宾”是名词性词组，指文王和武王。对此，郭沫若有不同意见。郭沫若在《卜辞通纂》中指出，《尚书·洛诰》的“宾”用作动词，相当于文献的“傧”，“王宾”指傧文武。

郭氏的意见有启发性。上引王国维《洛诰解》已经提到卜辞多有“卜贞王宾某某，王宾下皆殷先王名”的文例，如《甲骨文合集》22692：

丁卯卜，即贞：王宾报丁祭，亡尤？

意思是：丁卯这天占卜，卜人即问：王为报丁的祭祀举行迎神仪式，不会有灾祸吗？即是卜人之名，报丁是商人先公。这里的“宾”，学者研究以为指迎神仪式。[③]“王宾报丁”，即商王主持迎接先王报丁之神。“王宾报丁”，与《尚书·洛诰》“王宾”无疑是相当的，唯《洛诰》“王宾”之后省略了文王与武王名号。

刘雨先生研究西周金文所载宾礼，指出一个重要现象，可以帮助我们认识“宾”的性质。刘雨先生说：“周王或其后妃派出使者与邦国诸侯联络（或贵族间派出使者联络），金文称‘使’，被使者例需对使者有所赗赠。”如果“派出使臣地位高于被使者”，那么“赗赠”所用的动词就是“宾”；

① 王国维：《与林浩卿博士论洛诰书》，载《观堂集林》，北京：中华书局，1959，第43－44页。
② 王国维：《洛诰解》，载《观堂集林》，北京：中华书局，1959，第38－39页。
③ 李学勤：《字源》，天津：天津古籍出版社，2013，第572页。

反之，则使用“赏”或者“赐”来表述。[1] 前者的例子有：

（1）王史小臣守使于夷，夷宾马两，金十钧。（小臣守簋，4179，西周早期）

（2）王命菁罘叔緐父归吴姬饙器，师黄宾菁璋一，马两。吴姬宾帛束。（菁簋，4195，西周晚期）

（3）公令繁伐于曩伯，曩伯蔑繁历，宾繁柀廿，贝十朋。（繁簋，4146，西周早期）

（4）仲幾父史幾使于诸侯诸监，用厥宾作丁宝簋。（史幾簋，3954，西周晚期）

刘雨先生指出：“上述诸器中被使者皆为邦国诸侯及其监国，派出使臣者在《繁簋》为地位很高的‘公’，其余皆为周王，很显然派出使臣者地位高于被使者。在这种情况下，被使者需用较隆重的宾礼接待使者，对使者给予丰厚的贿赠，贿赠称‘宾’。”[2] 关于后一种情况，刘雨先生举证如下：

（1）燕侯令堇馔大保于宗周，庚申，大保赏堇贝。（堇鼎，2703，西周早期）

（2）王姜史叔使于大保，赏叔鬱鬯、白金、刍牛。（叔簋，4132，西周早期）

（3）同公在丰，令宅使伯懋父，伯赐小臣宅画干戈九锡，金车、马两。（小臣宅簋，4201，西周早期）

（4）师雍父肩史遹使于㝬侯，侯蔑遹历，赐遹金。（遹甗，948，西周中期）

① 刘雨：《西周金文中的“周礼”》，《燕京学报》1997年新三期，第55－112页。
② 刘雨：《西周金文中的“周礼”》，《燕京学报》1997年新三期，第81页。

上引各例中，刘雨先生说："大保、伯懋父、𧊒侯地位高于燕侯、王姜、师雍父，故赙赠称赏或赐，而不称宾。"① 第三例需要稍作说明。该铭所记是同公派人使于伯懋父。同公又见于沈子它簋盖铭。《殷周青铜器铭文选》说："同是西周小国，与井邑相邻"，"同公当是命沈时出入王命者"。② 伯懋父又见小臣謎簋、召尊、召卣等，他是康叔之子，又称康伯、王孙牟父，曾率殷八师征东淮夷，是康王时期的重要政治人物。③ 刘雨先生以为伯懋父地位高于同公，应是正确的。总之，刘雨先生所指出的"宾"字的使用等级，亦显示该字所内涵的"敬"意蕴。这与上述从甲骨文所作的分析是契合的。

总之，"宾"字的早期用例，正显示出《说文》"所敬也"的文化内涵。后世"宾"字虽然鲜用于迎神仪式如卜辞所显示者，然尚有若干文化遗留。如前引王国维《与林浩卿博士论洛诰书》一文所指出：

> 《檀弓》孔子谓周人殡于西阶之上，则犹宾之；《杂记》曾子论遣奠曰，父母而宾客之，所以为哀也。是生则亲之，死则宾之，古代当有此义。于礼，卿大夫之绎祭谓之宾尸，则殷周间称先王为王宾，亦不足怪也。《洛诰》时代去商甚近，其所云"王宾"，当与卜辞义同。④

虽然王氏的结论（以"王宾"为名词）有可商榷之处，然其指出"宾"字与先王之神的关系，是值得重视的。其所举例《礼记·檀弓》与《礼记·杂记》中的"宾"字的用法，实皆早期宾字语义在后世文献之遗存。其所蕴含的精神，与《说文》"所敬也"这一释义所体现出的精神原则高度

① 刘雨：《西周金文中的"周礼"》，《燕京学报》1997年新三期，第82页。
② 马承源：《殷周青铜器铭文选》第3卷，北京：文物出版社，1988，第52页。
③ 马承源：《殷周青铜器铭文选》第3卷，北京：文物出版社，1988，第50页。
④ 王国维：《与林浩卿博士论洛诰书》，载《观堂集林》，北京：中华书局，1959，第44页。

吻合。此外，《论语·颜渊》记孔子说“出门如见大宾，使民如承大祭”，《论语集解》引孔安国曰：“为仁之道，莫尚乎敬。”①《周易》需卦上六爻辞“有不速之客三人来，敬之，终吉”，古代典礼正式举行之前，皆有“速客”的仪节。《诗经》“以速诸父”“以速诸舅”可证。不速之客，言其不请自来。虽然如此，“敬之”亦终获吉。② 凡此皆是“宾”字所含“敬”这一文化内涵的不同形式的呈现。这与作为名词的“宾”所包含的为人“所敬”的身份特征，是一以贯之的。

以上从文献所见“宾”及“嘉宾”用例及甲骨、金文材料以及礼制等相关因素的分析，表明“嘉宾”身份具有尊贵的性质。学者将《鹿鸣》的“嘉宾”混同于“群臣”，看来至少是笼统的。

（三）从“嘉宾”到“群臣”

提到《鹿鸣序》的“燕群臣嘉宾”，人们容易联想到《左传》所载叔孙穆子的例子。《左传·襄公四年》载穆叔出使晋国，有如下故事：

> 穆叔如晋，报知武子之聘也，晋侯享之。金奏《肆夏》之三，不拜。工歌《文王》之三，又不拜。歌《鹿鸣》之三，三拜。韩献子使行人子员问之，曰：“子以君命辱于敝邑，先君之礼藉之以乐，以辱吾子。吾子舍其大，而重拜其细，敢问何礼也？”对曰：“三《夏》，天子所以享元侯也，使臣弗敢与闻。《文王》，两君相见之乐也，臣不敢及。《鹿鸣》，君所以嘉寡君也，敢不拜嘉？《四牡》，君所以劳使臣也，敢不重拜？《皇皇者华》，君教使臣曰，‘必谘于周’。臣闻之，访问于善

① 《论语注疏》卷十二，载阮元刻《十三经注疏》，北京：中华书局，1980，第2502页。
② 李钧简：《周易引经通释》卷一，《续修四库全书》，第二十五册第266页。

为咨，咨亲为询，咨礼为度，咨事为诹，咨难为谋。臣获五善，敢不重拜！”

穆叔即鲁国大夫叔孙豹，人们熟知的“大上立德，其次立功，其次立言”的话，就是出自他的口（见《左传·襄公二十四年》）。[1] 上引穆叔“《鹿鸣》，君所以嘉寡君也，敢不拜嘉？”一句，杜预注释说：

晋以叔孙为嘉宾，故歌《鹿鸣》之诗，取其“我有嘉宾”。叔孙奉君命而来，嘉叔孙，乃所以嘉鲁君。

孔颖达疏：

《诗序》言“《鹿鸣》，燕群臣嘉宾”，正谓燕己之臣，以己臣为嘉宾耳。叔孙以晋歌此篇者，以己为嘉宾，故拜受之也。《燕礼·记》云：“若与四方之宾燕，则公迎之于大门内。”郑玄云：“四方之宾，谓来聘者也。”是燕聘客，唯君迎为异，余悉与己臣同也。

这次聘问又见《国语·鲁语下》，叔孙豹的话较《左传》为详：

寡君使豹来继先君之好，君以诸侯之故，贶使臣以大礼。夫先乐金奏《肆夏》《樊遏》《渠》，天子所以飨元侯也；夫歌《文王》《大明》《绵》，则两君相见之乐也，皆昭令德以合好也，皆非使臣之所敢闻也。臣以为肄业及之，故不敢拜。今伶箫咏歌及《鹿鸣》之三，君之所以贶使臣，臣敢不拜贶！夫《鹿鸣》，君之所以嘉先君之好也，敢不拜嘉！《四牡》，君之所以章使臣之勤也，敢不拜章！《皇皇者华》，君教使臣曰“每怀靡及”，诹谋度询，必咨于周，敢不拜教！臣闻之曰：“怀和

① 《左传》原文作“大上有立德，其次有立功，其次有立言”。见《春秋左传正义》卷三十五，载阮元刻《十三经注疏》，北京：中华书局，1980，第1979页。

为每怀，咨才为诹，咨事为谋，咨义为度，咨亲为询，忠信为周”，君贶使臣以大礼，重之以六德，敢不重拜！

穆叔对《鹿鸣》的解释是“君之所以嘉先君之好也”。何谓“嘉先君之好”？我们知道，这一次穆叔出使晋国，直接的原因是“报知武子之聘”（《左传·襄公四年》）。襄公元年冬，“卫侯使公孙剽来聘，晋侯使荀罃来聘”，《左传》说：“礼也。凡诸侯即位，小国朝之，大国聘焉，以继好、结信、谋事、补阙，礼之大者也。”襄公初即位，晋国使其大夫荀罃即知武子前来聘问，以修先君旧好，所谓“继好”。《国语·鲁语下》“吴子使来好聘”，韦昭注：“修旧好也。”[①] 先君去世，新君即位，需要重新确定两国之间的政治关系，这叫“修旧好”。上引的“好”字，便是《鹿鸣》“人之好我，示我周行”的“好”。“修旧好”是当时“宾礼”的重要内容。所以《左传》称赞这一做法为“礼也”，是“礼之大者”。据春秋经传，襄公二年，“叔孙豹如宋”，报宋国之聘；襄公四年，又至晋，“报知武子之聘”。之所以未在第三年往聘，根据春秋经文，知道当年诸侯盟会，是年秋天，“叔孙豹及诸侯之大夫及陈袁侨盟”的缘故。

可以看到，穆叔的出使晋国，是代表鲁国国君与修两国旧好的。其所体现的，是诸侯国之间的邦交，而非一国之内君臣之间的相处。《左传》“君所以嘉寡君”，意思是一样的。换言之，穆叔之于晋君，是“使臣”，而绝非“己之群臣”。考之古史可知，当时君臣关系的确立，有既定制度，如“策名”和“委质”。《左传·僖公二十三年》：

九月晋惠公卒，怀公命无从亡人，期，期而不至，无赦。狐突之子毛及偃从重耳在秦，弗召。冬，怀公执狐突，曰：“子来则免。”对曰：

① 徐元诰：《国语集解》，北京：中华书局，2002，第202页。

“子之能仕，父教之忠，古之制也。策名委质，贰乃辟也。今臣之子，名在重耳有年数矣，若又召之，教之贰也。……”乃杀之。[①]

上引乃晋国一场著名的政争。晋惠公去世之后，其子怀公即位，当时惠公的兄弟重耳即后来的晋文公一直流亡在外，且有一批追随者，其中包括狐突的两个儿子狐毛和狐偃。故怀公命狐突召回其子，被狐突拒绝。理由是其子“策名委质，贰乃辟也。今臣之子，名在重耳有数年矣”，若将之召回，是教其背主不忠。《国语·晋语九》也有“委质为臣，无有二心，委质而策死，古之法也”的说法，[②] 与狐突上面的话可相印证。所谓“策名委质”，杨宽先生在《“贽见礼”新探》一文中说：

“策名”就是指“策命”礼，亦称“锡命”礼，“委质”就是指“委贽”礼。西周、春秋之际，政治上君臣关系的确立，自上而下，按礼必须经过“策命”礼，由史官当场宣读任命官职的命书，并将命书授给臣下，命书有一定的程式，如同国王当面用口语下命令一样，先呼受命者之名，再任命官职或再叙明任命的理由，并加赏赐，用以表示官职、任务和权利的授予。同时君臣关系的确立，由下而上，按礼必须经过“委质”礼，由臣下拜见君上，“奠挚再拜稽首”，以表示对君上的臣服、忠心，并对君上应尽义务的承担。这由上而下和由下而上的两种确立君臣关系的必要礼节，合称起来，就叫做“策名委质”。[③]

根据上面的分析，可知来自诸侯国的“使臣”与“己之群臣”，是有本质区别的。

《鹿鸣》的用乐情况还可以参照上文已经提及的《小雅·彤弓》。《彤弓》：

---

① 杨伯峻：《春秋左传注》（修订本），北京：中华书局，1990，第402－403页。
② 徐元诰：《国语集解》（修订本），北京：中华书局，2002，第445页。
③ 杨宽：《古史新探》，北京：中华书局，1965，第363页。

彤弓弨兮，受言藏之。我有嘉宾，中心贶之。钟鼓既设，一朝飨之。

彤弓弨兮，受言载之。我有嘉宾，中心喜之。钟鼓既设，一朝右之。

彤弓弨兮，受言櫜之。我有嘉宾，中心好之。钟鼓既设，一朝酬之。

《毛诗序》："《彤弓》，天子锡有功诸侯也。"郑玄补充说："诸侯敌王所忾而献其功，王飨礼之，于是赐彤弓一，彤矢百，玈弓矢千。"[1]《左传》文公四年、襄公八年亦有类似记载。古人已经讲到，先秦社会，"诸侯"对于天子，有"不纯臣之义"，因此这里的"嘉宾"，也不能简单理解为"群臣"。

从什么时候开始，《鹿鸣》的"嘉宾"被理解成"群臣"？从传世文献来看，可以提到的是《仪礼》诸篇的记载。《仪礼》的《燕礼》《大射》及《乡饮酒礼》都讲到《鹿鸣》作为歌诗的使用。

《仪礼·燕礼》载献酒之后，作乐娱宾：

席工于西阶上少东。乐正先升，北面立于其西。小臣纳工，工四人，二瑟。小臣左何瑟，面鼓，执越，内弦，右手。相入，升自西阶，北面东上坐。小臣坐授瑟，乃降。工歌《鹿鸣》《四牡》《皇皇者华》。卒歌，主人洗，升，献工。……

郑玄注"工歌《鹿鸣》《四牡》《皇皇者华》"：

三者皆《小雅》篇也。《鹿鸣》，君与臣下及四方之宾宴，讲道修政之乐歌也。此采其己有旨酒，以召嘉宾，嘉宾既来，示我以善道，又

---

① 《毛诗正义》卷十之一，载阮元刻《十三经注疏》，北京：中华书局，1980，第421页。

> 乐嘉宾有孔昭之明德，可则效也。《四牡》，君劳使臣之来乐歌也。此采其勤苦王事，念将父母，怀归伤悲，忠孝之至，以劳宾也。《皇皇者华》，君遣使臣之乐歌也。此采其更是劳苦，自以为不及，欲谘谋于贤知，而以自光明也。①

《乡饮酒礼》"工歌《鹿鸣》《四牡》《皇皇者华》"，郑注与上引相同。《大射》亦云"乃歌《鹿鸣》三终"。

按《燕礼》，《经典释文》引郑玄说："诸侯无事，若卿大夫有勋劳之功，与群臣燕饮以乐之礼。"《大射》，《释文》引郑玄说："诸侯将有祭祀之事，与其群臣射以观其礼也。"② 《燕礼》与《大射》，郑玄皆明言系"诸侯"与"卿大夫""群臣"所行典礼。《乡饮酒礼》情况有所不同。《经典释文》引郑玄《三礼目录》："诸侯之乡大夫三年大比，将献贤者能者于其君，以礼宾之，与之饮酒之礼。"③ 则乡饮酒礼是"诸侯之乡大夫"所行，而非国君。然其工歌《鹿鸣》。古人曾对此表示疑惑。朱熹《诗集传》有所解释。他在注释《鹿鸣》篇时说道：

> 《序》以此为燕群臣嘉宾之诗，而《燕礼》亦云"工歌《鹿鸣》《四牡》《皇皇者华》"，即谓此也。《乡饮酒》用乐亦然。而《学记》言大学始教《宵肄》三，亦谓此三诗。然则又为上下通用之乐矣。岂本为燕群臣嘉宾而作，其后乃推而用之于乡人也欤?④

朱子以为"燕群臣嘉宾"的《鹿鸣》诗而行之于乡人者，乃"推而用之"的缘故。

---

① 《仪礼注疏》卷十五，载阮元刻：《十三经注疏》，北京：中华书局，1980，第1020－1021页。

② 陆德明：《经典释文》，北京：中华书局，1983，第148、149页。"勋劳之功"，阮元刻《十三经注疏》作"勤劳之功"（北京：中华书局，1980，第1014页）。

③ 陆德明：《经典释文》，北京：中华书局，1983，第146页。

④ 朱熹：《诗集传》，北京：中华书局，1958，第100页。

从《左传》所载穆叔事件，到《仪礼·燕礼》等之君臣燕乐，乃至《乡饮酒礼》所用之《鹿鸣》，诗篇本义与礼典所要表达的意味并非完全匹配，这一点，郑玄已经有所意识，故谓于《鹿鸣》“采其己有旨酒”，于《四牡》“采其勤苦王事”，于《皇皇者华》“采其更是劳苦”云云，所谓“采其”者，亦即《左传·襄公二十八年》卢蒲葵所言“赋《诗》断章，余取所求”，乃断章取义，不求其本。王国维《释乐次》所附《天子诸侯大夫士用乐表》已经注意到这一问题。《用乐表》显示，《鹿鸣》被运用到三种不同性质的礼典场合，一是“大夫士”的乡饮酒礼，一是“诸侯”的燕礼、大射礼，一是“两君相见”的合乐。[①] 又《大戴礼记》记投壶之礼，“凡雅二十六篇，其八篇可歌”，《鹿鸣》为其中之一。《北史·裴骏传》载裴安祖讲《鹿鸣》，而兄弟同食。凡此，与诗篇所言“嘉宾”，《燕礼》“群臣”等情景又自不同。[②] 元代学者马端临曾有如下一段论述。他说：

> 《仪礼》《左传》所载古人歌诗合乐之意，盖有不可晓者，夫《关雎》《鹊巢》闺门之事，后妃、夫人之诗也，而《乡饮酒礼》《燕礼》歌之；《采蘋》《采蘩》，夫人、大夫妻能主祭之诗也，而射礼歌之；《肆夏》《繁遏》《渠》，宗庙配天之诗也，而天子享元侯歌之；《文王》《大明》《绵》，文王兴周之诗也，而两君相见歌之。以是观之，其歌诗之用与诗人作诗之本意盖有判然不可相合者，不可强通也。[③]

---

① 王国维：《释乐次》，载《观堂集林》卷二，北京：中华书局，1959。关于“乡饮酒礼”的性质，杨宽先生有不同的意见。他认为乡饮酒礼“原来在‘庠’（乡的学校）举行，由乡大夫主持；随着国家机构的成立，国家统治的需要，这种礼也举行于国都中，……天子、诸侯也成为行礼的主人”。（《“乡饮酒礼”与“飨礼”新探》，载《古史新探》，北京：中华书局，1965，第 280 – 309 页）尽管如此，这并不影响本文的结论。

② 胡承珙：《毛诗后笺》卷上，郭全芝点校本，合肥：黄山书社，1999，第 735 页。

③ 朱彝尊撰，林庆彰等主编：《经义考新校》卷九十九，上海：上海古籍出版社，2010，第 1862 页。

马氏所说诗篇本义虽不可尽从，但他的结论“歌诗之用与诗人作诗之本意盖有判然不可相合者”，从方法论上讲是可据的。清儒皮锡瑞谓“《诗》有正义，有旁义，有断章取义”,[①] 正是充分认识到“诗”在传承过程中发生变化这一情形。

《鹿鸣》的用诗之义由乐“嘉宾”而至于乐“群臣”，这一演变之迹，与史传所呈现的对“嘉宾”身份认识的演变轨迹是基本相当的。这一演变的原因，从深的层次上讲，与古代国家结构形式与政治关系的变化息息相关。如所周知，先秦与秦汉以后的社会结构存在很大不同。秦汉之前，“天子”虽贵为天下共主，然各地诸侯无论在经济，还是政治上，均具相对独立性。秦汉以后则发生显著变化。学者将之概括为“由贵族民主制向君主专制的中央集权制”的转变。[②] 虽然近年研究显示，夏商周三代已经形成中央王朝对周边的“控制”，中央与地方势力之间不止于简单的“联盟”关系,[③] 但可以肯定的是，这种“控制”，与秦汉以后以郡县制为主体的政治结构中的中央对地方的“控制”在程度和性质上是不可同日而语的。[④] 与上述政治结构形式变化相应的，是君臣关系的变化。如果说，秦汉以前，“诸侯”之于天子尚有“不纯臣”之义，“使臣”之于主国之君亦无委质为臣之分；那么秦汉以后，一大统社会告成，无上的君权集于一身，“皇帝”成为真正的“一人”,[⑤]《诗经》时代具有很大名分意义的“溥天之下，莫非王土；率土之

① 皮锡瑞：《经学通论》二《诗经》，北京：中华书局，1954，第1页。

② 张秉楠：《商周政体研究》，沈阳：辽宁人民出版社，1987，第16页。

③ 谢维扬：《中原王朝政治的形成对中国早期历史进程的影响》，《历史研究》2017年第5期。

④ 谢维扬先生虽然强调“王权对地方势力的控制”，“是维持整个国家制度框架存在的基本要素”，但同时指出“这不排除在三代国家制度性质的问题上存在不同程度的早期性特征，尤其是国家结构上明显松散的特点，包括地方势力拥有一定程度甚至较大的自治性，乃至对中央权力的离心倾向。”见谢氏著《中原王朝政治的形成对中国早期历史进程的影响》，《历史研究》2017年第5期。

⑤ 有学者研究，先秦尤其春秋之前，“余一人”这一称谓天子与诸侯通用，后世渐为天子专用。《左传》载鲁哀公诔孔子，自称“余一人”，而子贡讥之为“非名”，殆以为上僭天子（参见宁镇疆：《也论“余一人”问题》，《历史研究》2018年第2期）。这一个案与本文所讨论的“嘉宾”内涵的变化是相类似的。

滨，莫非王臣”，就此成为真正的现实。这一巨大的历史变迁，必然影响到对经典的解说。《鹿鸣》的“嘉宾”演变为“群臣”，一定程度上，与上述历史变迁正是同步的。

事实上，将《鹿鸣》的“嘉宾”完全等同于“群臣”，是相对晚出的。《毛诗序》“燕群臣嘉宾”，虽然将“嘉宾”的对象做了扩充，推广到“嘉宾”与“群臣”，尚未将二者直接等同。直到东汉末年的郑玄，仍将“嘉宾”与“群臣”分开处理。如前引《仪礼·乡饮酒礼》郑玄注：“《鹿鸣》，君与臣下及四方之宾燕，讲道修政之乐歌也。”至迟从孔颖达开始，这一处理方式发生了变化，人们开始将“嘉宾”完全等同于“群臣”。如前已引及的孔颖达的话：“经无群臣之文，然则序之群臣，则经之嘉宾，一矣。”陈奂《诗毛氏传疏》“此宴群臣之诗也”，[①] 正是对这一解说思路的承继。近代以来的各类《诗经》注本基本上继承了这一思路。至于诗篇“嘉宾”与《毛诗序》“群臣”之间的矛盾，则提出种种调和的解释。如朱熹：“盖君臣之分，以严为主，朝廷之礼，以敬为主。然一于严敬，则情或不通，而无以尽其忠告之益。故先王因其饮食聚会，而制为燕飨之礼，以通上下之情。”[②] 与朱子同时的范处义《诗补传》也说：“盖于朝曰君臣，以名分言之也；于燕曰宾主，以礼意言之也。”[③] 所谓“以名分言”，与“以礼意言”，适与古之“礼别异，乐合同”之说相契合，可谓巧妙。然而，却是不合于事实的。朱、范二人皆冠一“盖”字以示疑辞，亦表明心中困惑。又或者，乃是前人有感于历史的变迁，而有意地误解？无论如何，“嘉宾”古义的揭示，使我们意识到，应当回到历史的某个定点，认真审视有意或无意的误解背后，对于诗篇的真义，是否漏掉了更重要的东西？

---

① 陈奂：《诗毛氏传疏》中，卷十六，北京：中国书店，1984，据漱芳斋1851年版影印。

② 朱熹：《诗集传》，北京：中华书局，1958，第99页。

③ 范处义：《诗补传》，文渊阁《四库全书》本，台湾，商务印书馆影印，第七十二册第178页。

（四）另一种说解

近来发现的关于《鹿鸣》的新解说出自上海博物馆收藏的战国竹简《孔子诗论》。《诗论》第23简说：

《鹿鸣》以乐始而会，以道交，见善而效，终乎不厌人。①

虽然《诗论》的语言是抽象的，但仍不难看出其与诗篇文句之间的关联。“以乐始而会”，本于诗篇“我有嘉宾，鼓瑟吹笙，吹笙鼓簧，承筐是将”，指奏乐娱宾、开始宴会；“以道交”，本于首章末二句“人之好我，示我周行”，以及第二章“我有嘉宾，德音孔昭”诸句，讲述的是君子以道德与人相交的原则；“见善而效”本于诗篇“视民不恌，君子是则是效”二句；“终乎不厌人”，则紧扣篇末“我有旨酒，以燕乐嘉宾”诸语。

应就“以道交”这一解说与诗篇“人之好我，示我周行”之间的关系做出解释。其中关键在“周行”一语。关于“周行”，曾经存在一种广泛流行的误解。按《毛传》《郑笺》说解如下：

《毛传》：“周，至。行，道也。”

《郑笺》：“示”当作“寘”。寘，置也。周行，周之列位也。好犹善也。人有以德善我者，我则置之于周之列位。言己维贤是用。

对于“周行”的解释，毛郑不同。毛训“行”为“道”，郑训“行”为“列位”。郑训误。

按“周行”见于《诗经·周南·卷耳》《小雅·鹿鸣》及《小雅·大

① 马承源：《上海博物馆藏战国楚竹书》（一），上海：上海古籍出版社，2001，第152页。这里的释文在文字隶定、句读上与整理者所发布均有不同。见姚小鸥：《〈周易〉经传与〈孔子诗论〉的哲学品格》，《文学评论》2003年第5期。

东》三篇。又作“周道”，见于《桧风·匪风》《小雅·四牡》《小雅·小弁》《小雅·大东》《小雅·何草不黄》及《左传·襄公五年》引《诗》等。[①] 诗篇中的“周行”（或“周道”），皆指通往周的道路。《桧风·匪风》“顾瞻周道，中心怛兮”，朱熹《诗集传》：“周道，适周之路也。”[②] 适周之路，即通往周的道路。《小雅·四牡》“四牡騑騑，周道倭迟”，《毛传》：“周道，岐周之道也。”诗篇中的“周”是否岐周，容再讨论，但《毛传》以之为周之道路，其解释方向是正确的。孙作云先生认为《小雅·大东》篇中的“周道”，指从镐京开始修筑的，“向东方伸展的军用公路”。[③] 将“周道”与为周代的道路交通联系考虑，是正确的思路。《周礼》载有关于周代国家道路交通系统的全面描述，包括各级道路的宽度规定。[④] 在《周礼》的记载中，“经纬、环、野”的王畿道路网与“径、畛、涂、道、路”的田野道路网组成了近乎完美的全国道路交通网络。这一系统固然有某些理想化的色彩，但绝非完全是向壁虚造。考古发掘也证明，《周礼》所记载的包括道路交通系统建设在内的营国制度的设计，有着长期的规划实践基础。[⑤]

总之，“周道”，或者“周行”的本义，是通往周的道路。由于“周”是周代的政治与文化中心，“周道”在整个交通系统中，相对路况良好，宽阔平坦（《小雅·大东》“周道如砥，其直如矢”），堪称坦途。故由具体的

---

① 诸篇诗句具体如下：《周南·卷耳》“采采卷耳，不盈顷筐。嗟我怀人，寘彼周行”，《小雅·鹿鸣》“人之好我，示我周行”，《小雅·大东》“佻佻公子，行彼周行”，《桧风·匪风》“顾瞻周道，中心怛兮。/顾瞻周道，中心吊兮”，《小雅·四牡》“四牡騑騑，周道倭迟”，《小雅·小弁》“踧踧周道，鞫为茂草”，《小雅·大东》“周道如砥，其直如矢”，《小雅·何草不黄》“有栈之车，行彼周道”。《左传·襄公五年》引《诗》：“周道挺挺，我心扃扃。”

② 朱熹：《诗集传》，北京：中华书局，1958，第86页。

③ 孙作云：《〈小雅·大东〉篇释义》，载《诗经与周代社会研究》，北京：中华书局，1966。

④ 《周礼·匠人》：“国中九经、九纬，经涂九轨。”“宫中度以寻，野度以步，涂度以轨。”“经涂九轨，环涂七轨，野涂五轨。”“环涂以为诸侯经涂，野涂以为都经涂。”又《遂人》：“凡治野：夫间有遂，遂上有径；十夫有沟，沟上有畛；百夫有洫，洫上有涂；千夫有浍，浍上有道；万夫有川，川上有路，以达于畿。”

⑤ 贺业钜：《考工记营国制度研究》，北京：中国建筑工业出版社，1985；姚小鸥：《洛道五丈渡汲水》，《学术界》2001年第4期。

“周道”引申为指抽象的“大道”“至道”“善道”等。这一意义在今天的语言使用中仍可见其遗迹（如“指人一条明路”等）。《诗经》中“周行”（或“周道”），均使用本义，或基于该义的引申义或抽象义。如《小雅·鹿鸣》篇“人之好我，示我周行”，《毛传》训“周行”为“至道”，即使用抽象义。《郑笺》训为“周之列位”是错误的。这由《孔子诗论》“以道交”一语也可以看出。

《孔子诗论》对诗篇的说解中，尤其值得注意的是“以道交”和“见善而效”这一论断。姚小鸥教授《〈周易〉经传与〈孔子诗论〉的哲学品格》一文（以下简称“《哲学品格》”）对此有详细阐述，值得引述在下面：

> 在先秦时期人们的观念中，“以乐始而会”与“以道交”之间有交着密切的联系。《礼记·乐记》说：“故先王之制礼乐，人为之节。……射乡食飨，所以正交接也。……礼乐刑政，四达而不悖，则王道备矣。”所以孔子说：“礼云礼云，玉帛云乎哉！乐云乐云，钟鼓云乎哉！”（《论语·阳货》）宴会不但是人们交往的重要媒介，而且它关涉到“王道”这一古代政治的根本问题。在先秦时期的社会伦理中，君子与何人交，如何交，应依照一定的原则进行。这些原则，从根本上说，就是“以道交”。①

上引文章中还引用郭店楚简《性自命出》篇的相关论述作为佐证。《性自命出》篇第55—58简：“闻道反上，上交者也。闻道反下，下交者也。闻道反己，修身者也。上交近事君，下交得众近从正（政），修身近至仁。同方而交，以道者也。不同方而□□□□。同悦而交，以德者也。不同悦而交，以猷者也。”② 如文章所说，“所谓‘同方而交，以道者也’正可与《诗论》

① 姚小鸥：《〈周易〉经传与〈孔子诗论〉的哲学品格》，《文学评论》2003年第5期。

② 荆门市博物馆：《郭店楚墓竹简》，北京：文物出版社，1998，第181页。

‘以道交’相比较。”文章还指出：“以道交”的“交”是先秦时期一个具有哲学意味的语词。《易传》中该词多次出现。《泰卦·象传》：“《泰》，小往大来，吉，亨。则是天地交而万物通也，上下交而其志同也。”《否卦·象传》：“天地不交而万物不通也，上下不交而天下无邦也。”《归妹卦·象传》：“《归妹》，天地之大义也。天地不交而万物不兴。《归妹》，人之终始也。”《易传》中，“交”是天地化成万物的必要条件。天地不交则万物不通，天地交则万物兴。人道顺应天道，故“归妹”既是“人之始终”，同时又可以提高到“天地之大义”的高度来认识。具体到现实社会的人际关系，《易传》则提出“上下交而其志同”，“上下不交而天下无邦”等原则。文章说，这事实上是“从哲学上阐明了《诗经》中大量宴飨诗存在的根据及其审美意义的社会伦理基础”,[①] 无疑是非常正确的。

附带指出，《孔子诗论》在评述《鹿鸣》篇旨的时候，还采用了“始”“终”等高度抽象的哲学术语。采用类似术语的说《诗》方法还可以见于《国语·周语下》等先秦文献。[②]

不难看到，《孔子诗论》的解说淡化了“嘉宾”的政治身份。它的解说容易使人联想“朋友”之间的交往。事实上，直至西汉前期还保存着《鹿鸣》“求友”的说法。《楚辞》东方朔《七谏》：“同音者相和兮，同类者相似。飞鸟号其群兮，鹿鸣求其友”，王逸注：“同志为友。言飞鸟登高木，志

---

① 姚小鸥：《〈周易〉经传与〈孔子诗论〉的哲学品格》，《文学评论》2003 年第 5 期。

② 《国语·周语下》载叔向曰：“……《昊天有成命》，《颂》之盛德也。其诗曰：‘昊天有成命，二后受之，成王不敢康，夙夜基命宥密。於缉熙，亶厥心，肆其靖之。’是道成王之德也。成王，能明文昭、能定武烈者也。夫道成命而称昊天，翼其上也；二后受之，让于德也；成王不敢康，敬百姓也。……其始也，翼上德让而敬百姓；其中也，恭俭信宽，帅归于宁；其终也，广厚其心以固龢之。始于德让，中于信宽，终于固和，故曰成。……”（徐元诰：《国语集解》，北京：中华书局，2002，第 102－104 页）叔向所用“始”“中”“终”等高度哲学化的语词，与上举《诗论》相类似。如果《周语》的上述文字确为春秋实录，那么我们还可以看到，《孔子诗论》简 23 评述《鹿鸣》所采用的方式并不是偶然的。

意喜乐，则和鸣求其群而呼其耦。鹿得美草，口甘其味，则求其友而号其侣也。”① 即为其例。从这一点来说，古人将诗篇的“嘉宾”指为“群臣”，又用“朋友”的交往原则上规国君。这是否意味着，人们以为“君臣”之间的理想交往原则，应当如朋友一般呢？如果是这样，那么，《鹿鸣》篇的上述误解也可说是意味深长的了。

附：《鹿鸣》全文及其注释

呦呦鹿鸣[1]，食野之苹[2]。我有嘉宾，鼓瑟吹笙[3]。吹笙鼓簧[4]，承筐是将[5]。人之好我，示我周行[6]。

呦呦鹿鸣，食野之蒿[7]。我有嘉宾，德音孔昭[8]。视民不恌[9]，君子是则是效[10]。我有旨酒[11]，嘉宾式燕以敖[12]。

呦呦鹿鸣，食野之芩[13]。我有嘉宾，鼓瑟鼓琴。鼓瑟鼓琴，和乐且湛[14]。我有旨酒，以燕乐嘉宾之心。

【注释】

[1] 呦呦（yōu）：鹿鸣叫的声音。

[2] 苹：一种草本植物。《大戴礼·夏小正传》说是“马帚”，即今之扫帚草。

[3] 鼓：这里做动词，弹奏的意思。瑟：古代的一种弹拨乐器。笙：古代一种管乐器。

[4] 簧：乐器名。

[5] 承：捧。将：献。

[6] 示：告知的意思。周行（háng）：通往周的道路，引申为治国的大道。

① 洪兴祖：《楚辞补注》，北京：中华书局，1983，第254－255页。

［7］蒿（hāo）：青蒿，一种菊科植物。

［8］孔：很，非常。昭：明。

［9］视：读作“示”，显示给人看。恌（tiāo）：通“佻”，轻浮的意思。

［10］则：法则。效：仿效。则、效义近连用。

［11］旨：甘美。

［12］式：发语词，无实义。燕：安乐的样子。敖：身心舒泰的样子。

［13］芩（qín）：草名，禾本科，湿处野生。孔颖达疏引陆机说它：“茎如钗股，叶如竹，蔓生。”

［14］湛：言长久沉浸在欢乐之中。

六、瓶与罍的故事——《小雅·蓼莪》的“孝志”与哀思

蓼蓼者莪，匪莪伊蒿。哀哀父母，生我劬劳。

蓼蓼者莪，匪莪伊蔚。哀哀父母，生我劳瘁。

瓶之罄矣，维罍之耻。鲜民之生，不如死之久矣。无父何怙，无母何恃。出则衔恤，入则靡至。

父兮生我，母兮鞠我。拊我畜我，长我育我，顾我复我，出入腹我。欲报之德，昊天罔极。

南山烈烈，飘风发发。民莫不谷，我独何害。

南山律律，飘风弗弗。民莫不谷，我独不卒。

——《小雅·蓼莪》

（一）引子

《毛诗序》：

《蓼莪》，刺幽王也。民人劳苦，孝子不得终养也。

将《蓼莪》的篇旨解说为“孝子不得终养”，似乎是毋庸置疑的。诗篇

第一章“哀哀父母，生我劬劳”，第二章“哀哀父母，生我劳瘁”，第三章“无父何怙，无母何恃”，第四章“父兮生我，母兮鞠我。拊我畜我，长我育我。顾我复我，出入腹我”，言及父母生养之恩，至于再，至于三，以至于四。尤其第四章末两句“欲报之德，昊天罔极”，痛亲恩之不能报，而诉之于天。其哀哀告诉，切切依慕，古往今来，诵此篇而涕泣者，殆不知凡几。《魏书》卷十一《王修传》裴松之注引王隐《晋书》载：

> （王）仪，字朱表，高亮雅直。司马文王为安东，仪为司马。东关之败，文王曰：“近日之事，谁任其咎?”仪曰：“责在军师。”文王怒曰：“司马欲委罪于孤邪!”遂杀之。子褒，……痛父不以命终，绝世不仕。立屋墓侧，以教授为务。旦夕常至墓前拜，辄悲号断绝。……读《诗》至“哀哀父母，生我劳瘁”，未尝不反覆流涕，泣下沾襟。[①]

王氏之子所为之泣下沾襟之“哀哀父母”，正是《蓼莪》之句。唐人所编《晋书》亦述此事，且曰：

> 门人受业者并废《蓼莪》之篇。

盖不忍其师之恸。《南齐书》卷五十四载：顾欢早孤，“读《诗》至‘哀哀父母’，辄执书恸泣，学者由是废《蓼莪》篇不复讲”。事与王褒相类。未知史家笔法抑或实有其事。即帝王亦然。史载隋文帝于六月十三生日之日哀念父母，令天下“断屠”（禁止屠宰），诏曰“哀哀父母，生我劬劳。欲报之德，昊天罔极”云云。[②] 所谓“自天子至于庶人”，而皆感动若此，足见《蓼莪》一篇所述“孝养”之情入拔人心之深。

然而，有疑问在。若诗篇伤“孝子不得终养”，则前四章文意已足（见

---

① 陈寿撰，裴松之注：《三国志》，北京：中华书局，标点本，1982，第 348 页。

② 清代学者胡承珙《毛诗后笺》以为唐太宗生日事，或别有所据。

前引)，何以至篇末反而出现转折——第五章“民莫不谷，我独何害”，第六章“民莫不谷，我独不卒”——乃叹遭逢不幸，自怜的情绪多，“不得终养”的情绪少。如诗旨果如前述，则此两章孤悬篇外，迹近蛇足，难以解释。更为重要的是，若诗篇果然伤“孝子不得终养”，何以第三章劈头所取喻的，乃是“瓶之罄矣，维罍之耻”？须知“瓶罄”“罍耻”，乃取喻于宗子不能“庇族”，族人之孤弱，而宗不能恤，乃宗子之耻。——总之，诸多迹象显示，《毛诗序》所谓“孝子不能终养”，仅得诗意之一偏。现在，让我们回到第三章“瓶之罄矣，维罍之耻”二句，以试着揭示诗人的真正用意。

（二）“瓶罄”与“罍耻”的喻指真相

这两句出自《蓼莪》第三章前半，让我们将这部分内容再次引用如下。诗篇说：

瓶之罄矣，维罍之耻。鲜民之生，不如死之久矣。

总体的情感与前后各章一样，依然是哀叹。然而所叹何事，瓶罍喻指何在，并不十分清楚。最早的权威解释来自《毛传》：

瓶小而罍大。罄，尽也。

只说到大小问题。至于何以“小”“瓶”的“罄”（空尽）足以成为“大”“罍”的“耻”，未作说明。稍后的郑玄给出的解释是：

瓶小而尽，罍大而盈，言为罍耻者，刺王不使富分贫、众恤寡。

在《毛传》的基础上，郑玄将“小”的“瓶”指为贫者、寡者，“大”的“罍”则为富者、众者。瓶空相对于罍满，所以说“瓶小而尽，罍大而盈”。

至于“瓶小而尽”所以足以“为罍耻”者，乃是“王不使富分贫、众恤寡”。容易看到，郑玄在《毛传》的基础上做了引申——必须承认，对于类似《诗经》这样传承久远的文本做解释，适度的引申往往是必要，或者说是不可避免的。所谓“注《诗》宗毛为主，其义若隐略，则更表明”（《毛诗正义》卷一孔颖达疏引郑玄《六艺论》语）。然而不幸的是，郑玄在这里所引申的，与诗篇本身不相吻合。如我们所看到，郑玄的上述解释，在“瓶”“罍”两方之外，引入了诗篇不曾述及的第三方，“王”，所谓“刺王不使富分贫、众恤寡”。依据郑玄的逻辑，这个第三方的“王”，是可以左右“瓶”“罍”的人物。然而，如此一来，究竟是“罍耻”？还是“王耻”？其中不能没有疑问。郑玄自然主张“王耻”。孔颖达正义发挥郑玄，进一步明确“王耻”，非“罍耻”。《孔疏》说：

> 罍器大，瓶器小，酌酒者当多酌罍，少酌瓶，不使小瓶先竭。今瓶之既尽矣，而罍尚盈满，是为酌罍者之耻也。以兴民有富而多丁，贫而寡弱，治民者当多役富，少役贫，不使贫者先困。今贫者既困矣，而富者尚饶裕，是王之耻也。……
>
> 言瓶罄则罍盈矣，罍既无情之物，终不以自盈为耻，故知是为罍者耻以喻王耻也。

《孔疏》所提出的“罍既无情之物，终不以自盈为耻，故知是为罍者耻以喻王耻也”乖于比兴常例，无足深辨。且诗篇明言“罍之耻”，非别有一物“耻”。郑玄与孔颖达所添设的“酌罍者”“王”，显与诗篇文本相悖。如胡承珙所说：“此实事外添设，经但言罍耻，不言酌罍者之耻。”[1] 对于二人在逻辑上的疏失看得清楚。

---

① 胡承珙：《毛诗后笺》卷下，郭全芝点校本，合肥：黄山书社，1999，第1036页。

宋代学者看到了前人的疏失，决意撤掉一方，由三方回归两方。在撤换的过程中，出现了两种主要的思路。第一种思路可以朱熹的说法为代表。朱熹《诗集传》：

> 瓶资于罍而罍资瓶，犹父母与子相依为命也。故瓶罄矣乃罍之耻，犹父母不得其所乃子之责。①

朱子以父母为瓶，子为罍，谓“瓶之罄矣，维罍之耻”喻父母不得其所乃子之责。此说与其所主张的“瓶小罍大”者矛盾，不可信，清儒已经指出朱子“语意倒置”。因此之故，严粲将朱子之说倒转，以子为瓶、父母为罍，他说：

> 瓶罄竭则罍无所资，为罍之耻，犹子穷困则诒亲之羞。②

这一说法“差胜《集传》”（胡承珙语），然而也不能成立（详下）。它与朱子的基本思路是类似的：即撤掉了郑、孔所添设的第三方“王”。理论上说，这是最直接的办法，应属有效。然而，该思路将“瓶”与“罍”的关系讲成“父子”关系，则与诗篇明言的“耻”所传达的情感不符。上引朱熹使用“责任”的“责”，严粲则换成“羞愧”的“羞”，然而它们都不是诗人所说的“耻”。“维罍之耻”所传达出的强烈的指责情绪，在朱子以及严粲的思路中缺席了。文献言及维某之耻者多含较强烈的指责情绪，这一点只要比较古人所说“王室之不宁，晋之耻也”（《左传·昭公二十四年》）、“四郊多垒，卿大夫之辱（《说文》‘耻，辱也’）也”（《礼记·曲礼上》）等表述即可明白。总之第一种思路难以走通。

第二种思路将“瓶”与“罍”的关系讲成“民”与“王”或“君”，如：

---

① 朱熹：《诗集传》，北京：中华书局，1958，第146页。

② 严粲：《诗缉》卷二十二，上海古籍出版社影文渊阁《四库全书》本，第七十五册第290页。

王安石《诗经新义》："瓶，譬则民也；罍，譬则君也。瓶之罄则罍之耻，民之穷则君之羞。"

苏辙《诗集传》："瓶小而罍大，使瓶至于罄者，罍之耻也。使民至于穷而无告者，亦上之耻也。"[①]

民穷乃君之耻，这一说法看似完全合理，符合一般的思路。事实上，这是郑玄、孔颖达之后最为流行的思路。今人注释亦多从之，如高亨先生《诗经今注》[②]、陈子展《诗经直解》[③] 等。虽然如此，这一思路存在一个严重问题，即未能考虑到"瓶"与"罍"的性质。即"瓶"与"罍"是性质相类的东西，这一点由《毛传》的"瓶小罍大"之注可以确知。郑玄与朱子尽管思路不同，亦皆以之为基本逻辑出发点。古代学者多强调"瓶罍""同类"，正是看到了这一点。王、苏等人的思路，与这一基本逻辑是相悖的。关于两者的性质及其具体功用，下面还要讲到。

此外还有若干小众讲法，如胡承珙引《后汉书·陈忠传》"《蓼莪》之人作诗自伤，曰：'瓶之罄矣，惟罍之耻'，言己不得终竟子道者，亦上之耻也"，认为该说"最合经旨"。[④] 陈奂的看法也类似。按该说将"终竟子道"与"上之耻"相联系，为说不可谓不巧，然而这样一来，距离"瓶""罍"的取象基础就太远了，而且同样存在"瓶""罍"性质不相类的问题，故亦不可取。又或谓"瓶罄罍耻喻父母死而己独生为可耻"[⑤]，无当诗意，不必多辨。

其实，郑玄"刺王不使富分贫、众恤寡"之说虽然有误，但实际上已接近诗人本意，只需去掉其所添设的第三方"王"，并找准"贫"与"富"、

① 鲁洪生：《诗经集校集注集评》卷九，北京：现代出版社，2015，第 5659 页。
② 高亨：《诗经今注》，上海：上海古籍出版社，1980，第 308 页。
③ 陈子展：《诗经直解》，上海：复旦大学出版社，2015，第 422 页。
④ 胡承珙：《毛诗后笺》卷上，郭全芝点校本，合肥：黄山书社，1999，第 1036－1037 页。
⑤ 程俊英、蒋见元：《诗经注析》，北京：中华书局，1991，第 627 页。

“众”与“寡”对应身份的人群即可。从西周及至春秋前期的史实来看，这一人群并不难找，他们就是宗法制度之下出现严重贫富分化的各宗族及其成员。所谓“贫”与“寡”即宗族中之孤弱者，而所谓“富”与“众”，即其中兴盛者。“瓶之罄矣，维罍之耻”，乃孤子自诉不能荫庇于族，为宗族尤其宗子之耻辱。

古有“庇族”之制。《大雅·公刘》“饮之食之，君之宗之”，《毛传》：“为之君，为之大宗也。”作为宗族之长，礼家称之为“宗子”。一方面，宗族成员须支持并听命于宗子；另一方面，宗子对于宗族的全体成员亦负有相当之职责。杨宽先生《试论西周春秋间的宗法制度和贵族组织》一文指出，宗子对于全宗族的成员，掌有财权、兵权、神权及统率、管理和处分之权，同时，“亦有庇护宗族成员之责”。[①] 文献对此多有记载。如《左传·襄公三年》“守其官职，保族宜家”，《左传·文公十七年》“弃官则族无所庇”，《国语·周语中》“今夫二子者俭，其能足用矣，用足则族可以庇”。这一制度从根本上反映的是周人的“亲亲”的观念。[②]《礼记·大传》对此从理论上做了阐述：

> 人道亲亲也。亲亲故尊祖，尊祖故敬宗，敬宗故收族，收族故宗庙严，宗庙严故重社稷，重社稷故爱百姓，爱百姓故刑罚中，刑罚中故庶民安，庶民安故财用足，财用足故百志成，百志成故礼俗刑，礼俗刑然后乐。

---

① 杨宽：《西周史》，上海：上海人民出版社，2003，第450－451页。杨宽先生从社会学的角度对这一制度的形成及其演变做了说明。他说：

> 宗法制度确是由父系家长制变质和扩大而成。氏族制末期的祖先崇拜，此时扩展为宗庙制度；氏族的公共墓地，此时变为族墓制度；氏族成员使用氏族名称的权利，此时发展为姓氏、名字制度；氏族的族外婚制，此时变为同姓不婚制和贵族的等级内婚制；氏族的相互继承权，此时变为嫡长子继承制；氏族长掌管本族公共事务的制度，此时变为族长主管制；氏族所设管账等人员，此时变为家臣制度，实质上成为贵族的基层政权组织。至于氏族“彼此予以帮助、保护及支援的相互义务”，此时变为宗族内部以及大小宗族之间相互帮助、保护及支援的义务。

② 王国维：《殷周制度论》，载《观堂集林》卷十，北京：中华书局，1959。

“亲亲”的功效不仅止于宗族成员之间，甚至可以达到“庶民安”“百志成”的效用，从而成为周人维系天下的重要手段。正因为“亲亲”是当时社会的基本观念，在这一观念之下，宗族成员有相互扶持的义务，尤其“宗子”有“庇族”或者“收族”的“责任”，当其不能恰当履行这一职责时，便足以为此受到指责，从而为之“耻”。所谓“耻”，是就该行为不符合通行的伦理要求而足以引发指责而言的。先秦文献唯一一次称引《蓼莪》篇，正是在这一基本观念下称引的。《左传·昭公二十四年》：

郑子大叔对范献子曰：“今王室实蠢蠢焉，吾小国惧矣。然大国之忧也，吾侪何知焉？吾子其早图之。《诗》曰：‘瓶之罄矣，惟罍之耻。’王室之不宁，晋之耻也。”

杜预注：

罍，大器。瓶，小器，常禀受于罍者，而所受罄尽，则罍为无余，故耻之。

孔颖达正义：

或曰：瓶是器，罍大瓶小，实由罍所资。瓶是小器，常禀受于罍。今瓶罄尽，罍更无物以共瓶，惟是罍之耻也。瓶喻周，罍喻晋，言周之微弱，恒依恃于晋，今王室乱矣，晋无力以助之，是晋之耻也。

杜注谓“罍为无余”，孔疏谓“晋无力以助之”，不十分准确。就当时列国的实际情况看，楚固雄起南方，与晋相争，然晋为中原霸主的地位并未根本动摇。子大叔意在谏晋弭王室之乱，履行霸主的职责。依据周礼的规范，天子为天下宗族之“大宗”，所谓“君子宗之”，《毛传》：“为之君，为之大宗。”诸侯于王室有藩屏之责，于王有捍御之责（参见《尚书·文侯之命》

等。类似表述极多，不备举）。晋为伯，兼王室懿亲（晋始封君唐叔乃武王之子，成王母弟），故其职责尤其重大。舍此不任，故足以为之耻。从事件的后续发展来看，“献子惧，而与宣子图之，乃征会于诸侯，期以明年”，接受了子大叔的建议。《左氏》赋诗多断章取义，而这一处引诗的逻辑及其背后所含观念则与诗篇密合，对于诗义的探讨殊为宝贵。前人虽然注意到这条材料，但受后世君臣观念及政治形态的影响，因而未能对之作出准确解读。[①] 由《左传》的这一条引《诗》材料，也表明“瓶小而罍大”确系先秦旧说，陈奂认为《毛传》本《左氏》立说[②]，当属可信。

如前引杨宽先生所证明，在西周春秋时期宗法制度的规定下，宗族成员应彼此扶持，此即所谓“亲亲”，乃周人经营天下的重要原则之一。[③] 新发现的西周晚期诗篇《芮良夫毖》：

> 心之忧矣，靡所告怀。兄弟慝矣，恐不和均。屯云满溢，曰余未均。凡百君子，及尔荩臣。胥收胥由，胥谷胥均。[④]（简 8 –9）

又：

> 怀兹幼弱，羸寡茕独。（简 15）

芮良夫是西周晚期的重要政治家，其政治活动及言论，见于《国语·周语》与《逸周书·芮良夫》等先秦历史文献。《大雅·桑柔》为其传世之作。

---

① 注、疏指出瓶小喻王室，罍大喻晋国，本来无误。清代学者则谓瓶并非比喻王室，而是喻郑，显然是不正确的，这正是扭于后世君臣观念的缘故。

② 陈奂：《诗毛氏传疏》，滕志贤整理，南京：凤凰出版社，2018，第 665 页。并参见马瑞辰的相关论证，见《毛诗传笺通释》，北京：中华书局，1989，第 668 –669 页。

③ 王国维：《殷周制度论》，载《观堂集林》卷十，北京：中华书局，1959。

④ 李学勤：《清华大学藏战国竹简（三）》，上海：中西书局，2012，第 145 页。参见高中华、姚小鸥：《清华简〈芮良夫毖〉疏证（上）》，载《中国诗歌研究》第十四辑，北京：社会科学文献出版社，2017。

《芮良夫毖》是芮良夫训导诸侯朝臣的诗篇。[①] 诗人告诫宗族成员应当互相帮助扶持，所谓“凡百君子，及尔荩臣。胥收胥由，胥谷胥均”。“胥”，相也。《小雅·角弓》“兄弟昏姻，无胥远矣”，《郑笺》：“胥，相也。”所谓“谷”，生也，养也（详下）。

虽然宗法制度有宗族成员相互扶持的要求，然而实际情况往往并不如此。《蓼莪》中孤子的哀告即其显例。《诗经》此类篇目尚多，如《小雅·正月》：

> 佌佌彼有屋，蔌蔌方有谷。民今之无禄，天夭是椓。哿矣富人，哀此茕独。

彼“有屋”“有谷”之“富人”称心快意[②]，哀己“茕独”且“无禄”，与《蓼莪》所述正相类似。

必须指出，上引“芮良夫毖”的“毖”是一种用于上对下的准诰类文体。《尚书·酒诰》“王曰：封，汝典听朕毖”，又说“厥诰毖庶邦庶士”，“汝劼毖[③]殷献臣”，即周王对于即将出任诸侯的康叔所作的诰命。这类诰命具有法律意义，是相关成员必须遵守的行为规范。由此可知，“胥谷胥均”“怀兹幼弱，羸寡茕独”等内容出现在芮良夫对邦君诸侯所作的“毖”中，被认为是“凡百君子”所应持守的规范，足见其法度意义。《蓼莪》指责不能恤宗者足以为之“耻”，正是基于上述的伦理观念及社会背景之上的。

---

① 高中华、姚小鸥：《论清华简〈芮良夫毖〉的文本性质》，《中州学刊》2016 年第 1 期。

② “哿矣富人，哀此茕独”，哿（gě），《毛传》“可也”。王引之《经义述闻》卷六：“哿与哀相对为文，哀者忧悲，哿者欢乐也。言乐矣彼有屋之富人，悲哉此无禄之茕独也。《毛传》训哿为可，可亦快意惬心之称。”

③ “劼毖”，王国维先生指出系“诰毖”之讹，见王国维《与友人论诗书中成语书》（《观堂集林》卷二，中华书局 1959 年版）。近年有学者根据新出文献谓“劼毖”不误（见《清华大学藏战国竹简》三，中西书局 2012 年版第 130 页）。

（三）关于“瓶”的争议

关于“瓶”的用途需要作一考辨。有一种说法认为：“瓶为酒器，后世始然，古者以瓶为汲水器”，见元人刘玉汝所著《诗缵绪》。[①] 如前所述，《蓼我》篇的瓶、罍俱盛酒之器，罍大而瓶小，《三礼图》所谓“罍大一斛，其所容甚多，泻酒于瓶，以供斟酌”，为瓶之助，故瓶空乃罍耻[②]。若如刘玉汝所说，瓶为酒器乃“后世始然”，则有关论证将完全失去依据。然按诸文献及相关材料，刘氏之说并不可靠。

按“罍”既为酒器，又可用于盛水，对此文献多有记载。用作酒器者，《诗经》即有明证，《周南·卷耳》“我姑酌彼金罍，维此不永怀”[③]；用为水器者，《仪礼·大射》：“设洗于阼阶东南，罍水在东，篚在洗西，南陈。”“瓶”的用途确有异说。《毛传》和《郑笺》在此问题上没有明确注解。孔颖达认为是酒器，已见前引其疏语“酌酒者”云云。朱子亦然。《诗集传》：“瓶小罍大，皆酒器也。”[④] 其后严粲提出“水器”说。严粲《诗缉》：

> 瓶以汲水，罍以盛水。……《井卦》言“羸其瓶”。扬雄《酒箴》以鸱夷嘲瓶，柳子厚《瓶赋》以瓶嘲鸱夷，盖鸱夷盛酒器，瓶汲水器也。[⑤]

---

① 鲁洪生：《诗经集校集注集评》卷九，北京：现代出版社，2015，第5660页。（按：刘氏始末不详，其《诗缵绪》收入《四库全书》，见《四库总目提要》。）

② 马瑞辰：《毛诗传笺通释》，北京：中华书局，1989，第669页。

③ 《卷耳》篇“金罍”与“兕觥”并举，且皆言“酌”之，“兕觥”乃盛酒之器，则前者亦然，故《毛传》说：“人君黄金罍。”

④ 朱熹：《诗集传》，北京：中华书局1958，第146页。

⑤ 严粲：《诗缉》卷二十二，上海古籍出版社影文渊阁《四库全书》本，第七十五册第290页。

严粲虽然主张诗篇中的瓶为汲水器，但并未明确否认其用为酒器的可能。

“瓶”为水器，文献有明确例证。如严缉所引《井卦》、扬雄《酒箴》及柳宗元《瓶赋》。《井卦》所言显系汲水之瓶。扬雄《酒箴》见《汉书·游侠传》，其文曰“观瓶之居，居井之眉，处高临深，动常近危”，所谓“居井之眉”云云，即本《周易·井卦》，亦属汲瓶。柳宗元《瓶赋》乃答扬雄《酒箴》之作，犹其《天对》乃答对屈原《天问》，则亦汲水之瓶。按严缉所举证外，文献还有不少记载，如：

> 《左传·定公三年》：“阍以瓶水沃廷。”
>
> 《左传·襄公十七年》：“卫孙蒯田于曹隧，饮马于重丘，毁其瓶，重丘人闭门而诟之。”杨伯峻注引《玉篇》：“瓶，汲水器也。”[①] 孙氏饮马于重丘，毁其汲瓶，故为重丘人诟骂。
>
> 《仪礼·士丧礼》“沐浴饭含之具陈于阶下者”节：“新盆、盘、瓶、废敦、重鬲，皆濯，造于西阶下。”郑玄注：“新此瓦器五种者，重死事。盆以盛水，盘以承渜濯，瓶以汲水也。”[②]

孔颖达和朱熹都主张《蓼莪》之“瓶”为酒器，然皆未举证。检《说文》“瓶，瓮也”，又“瓮，汲瓶也”，段玉裁注：

> 许云汲瓶，分别言之。许固谓瓶不专用汲矣。[③]

但这是从文字学的角度论证“瓶不专用汲”，即暗示有他种用途如盛酒之瓶，并没有明确的先秦文献作为根据。从考古学上说，容庚先生的《商周彝器通考》（以下简称《通考》）是最有代表性的青铜器研究综述类论著，《通考》

① 杨伯峻：《春秋左传注》，北京：中华书局，1990，第1030页。
② 胡培翚：《仪礼正义》，段熙仲点校本，南京：江苏古籍出版社，1993，第1669页。
③ 段玉裁：《说文解字注》，上海：上海古籍出版社，1988，第225页。

列青铜“酒器”21类，其中有“瓶”，所举的唯一一条文献证据正是《蓼莪》的“瓶之罄矣”。至于作为文博系列教材的马承源先生主编的《中国青铜器》“酒器”下分23类，无“瓶”之目。

尽管如此，“瓶”作为酒器，至少不止于汲水器，这一点应当是可以肯定的。《说文》及前引《三礼图》的说法绝非空穴来风。又容庚先生《通考》指出：“《洹子孟姜壶》铭称‘羞瓶’，则壶与瓶在古亦无别也。”① 则壶器或有本为“瓶”者。称“羞瓶”，正以容受酒浆之故（见图14）。

图14　洹子孟姜壶及铭文拓片②

不过，《洹子孟姜壶》铭“羞瓶”的“瓶”字，字形“”，是否“瓶”字存在争议。如马承源先生主编的《商周青铜器铭文选》隶定为“铜”。尽管如此，据可信据的自名“瓶”器者看，确有与壶之用相当者。

按《通考》著录三器自名为“瓶”者，为孟城瓶（《集成》9980）、丧史賓瓶（《集成》9982）、弘瓶（《集成》9981），皆系旧藏。吴镇烽《铭图》著录9件，其中3件为近年春秋墓葬出土，分别是③：

① 容庚：《商周彝器通考》，北京：中华书局，2012，第451页。

② 图片据吴镇烽《金文通鉴》12449号（名“齐侯壶”）。又著录于《集成》9730号，《铭文选》850甲。

③ 其中另有一件吴氏名《佥父瓶》者，器形异常，又所谓“瓶”作“”，与他器绝不相类，暂不列入。

蔡侯申瓶　1955年5月安徽寿县西门内春秋蔡侯墓出土，现藏安徽博物院。著录于《蔡侯墓》图版33.3，《集成》9976。通高32厘米、口横16.7厘米、口纵11厘米，重12.5公斤。颈部刻铭5字："蔡侯申之瓶。"

公孙瘖父瓶　1978年山西闻喜县上郭村春秋墓出土，现藏山西博物院。著录于《集成》9979，《铭文选》582。通高28.5厘米、口纵7厘米、口横9.5厘米。颈内壁铸铭20字："陈公孙瘖父作旅瓶，用祈眉寿，万年无疆，永寿用之。"

仲滋儿瓶（又名唐子瓶）　2002年3月湖北郧县（今十堰郧阳区）萧家河村春秋墓出土，见《江汉考古》2003年第1期报道。现藏郧阳博物馆。著录于《新收》[1] 1210。腹名铸铭20字："唯正月初吉丁亥，唐子仲滋儿择其吉金，铸其御瓶。"（见图15）

图15　依次为：蔡侯申瓶，公孙瘖父瓶，仲滋儿瓶[2]

以上三器形制、大小皆相类似，其用亦必相当。值得注意的是，公孙瘖父瓶的"瓶"字字形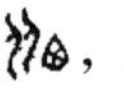，从卤作，表所盛之物，[3] 马承源先生《铭文选》隶定为"瓾"，注释说：

---

① 《新收》指《新收殷周青铜器铭文暨器影汇编》，钟柏生等编，台北艺文印书馆2006年出版。下同，不另出注。

② 图片据吴镇烽《金文通鉴》。

③ 又左半或从金（如仲滋儿瓶""）表制器原料，或下部增形符皿作（蔡侯申瓶）表其用，皆系一字之异体。

> 觚，器名，形如扁壶状。而此铭字作觚，右旁从卤，当与宋《考古图》载乐司徒从卣自名作觚为一字。寿县蔡侯墓出土地一器自名作“鐳”。以上诸字都以从得声，器形也基本相同。觚，即甇。《广雅·释器》：“甇，瓶也。”①

按此字右半，马承源先生释“从”，以声通“甇”而训“瓶”。容庚、吴镇烽先生等释“比”，与“瓶”字右半声近，故相通。无论如何，此字形符为卤，足以表明其功用。注释中所提到的《考古图》所载乐司徒从卣即容庚先生所说“弘瓶”（又释“引瓶”），与蔡侯申瓶等皆春秋时器，尤其后者在春秋前期。《蓼莪》传统说法以为作于幽王或其后不远，从诗篇内容看，当属可信。总之与上举数器时代相距不远，则诗篇的“瓶”可用于盛放酒浆实不容怀疑，元人所谓“瓶为酒器，后世始然”的说法是站不住脚的。

可以指出，成书于西汉的《易林·剥之睽》说：“螟虫为贼，害我禾谷，簟瓶空虚，饥无所食。”“簟”字当从张善文先生校改为“箪”。②“瓶”与“箪”并举，自属盛放水浆之用，如《孟子》所云“箪食壶浆”。顺便指出，《易林》“簟瓶空虚”云者，当亦化用《蓼莪》“瓶之罄矣”而来。根据清代学者的分析理路，或即三家诗中《齐诗》之遗说。③

（四）关于末章“我独不卒”句的解说

在《蓼莪》的注释历史上，古今学者对于诗篇末章“我独不卒”句的解释引起我们的注意。我们注意到，无论对“瓶罍”句作何种理解，其所喻指为母子抑或君民持何种意见，却几乎无一例外的，都将“我独不卒”句解

---

① 马承源：《商周青铜器铭文选》四，北京：文物出版社，1990，第391页。
② 徐传武、胡真：《易林汇校集注》，上海：上海古籍出版社，2012，第888页。
③ 查王先谦《诗三家义集疏》、冯登府《三家诗遗说》，尚未收录《易林》此条材料。

释为“孝子不能终养”。这一注解始于郑玄，后牢笼百世。果如《郑笺》所说，则诗篇主旨仍然可能归结于“终养”，尽管篇中曾经出现转折。

让我们对相关解说作一全面梳理。按诗篇第六章：

> 南山律律，飘风弗弗。民莫不谷，我独不卒。

末两句，《毛传》未作解释。《郑笺》：

> 卒，终也。我独不得终养父母。重自哀伤也。

郑玄明确将“不卒”解释为“不得终养父母”。郑玄的这一意见为汉唐以后直到今日绝大多数学者所遵循，如：

> 朱熹《诗集传》：卒，终也。言终养也。①
>
> 李光地《诗所》：不卒者，不得终其养也。又申第三章之意。②
>
> 程俊英《诗经注析》：卒，终。《郑笺》：“卒，终也。我独不得终养父母。”③
>
> 陈子展《诗经直解》：他人莫不养好父母，我独不能供养到底！④

“卒”训“终”见于《尔雅·释诂》，为典籍常训，这一点翻检相关工具书如清代学者阮元所编《经籍纂诂》及当代学者之《故训汇纂》即可知。然而“卒”字本身并无“养”义，以“卒”为“终养”，是典型的增字解经，并不可取。尽管如此，由于郑玄、朱熹二人在经学史上的崇高地位，使得这一训解尽管问题严重且明显，仍然得到多数学者的遵循。精审如戴震、段玉裁等皆未就此提出异议，以研诗著称之三大家马瑞辰、胡承珙、陈奂亦然，

---

① 朱熹：《诗集传》，北京：中华书局，1958，第 147 页。

② 鲁洪生：《诗经集校集注集评》卷九，北京：现代出版社，2015，第 5690 页。

③ 程俊英、蒋见元：《诗经注析》，北京：中华书局，1991，第 629 页。

④ 陈子展：《诗经直解》，上海：复旦大学出版社，2015，第 423 页。

陈奂且明确表示同意郑玄。[①]

不是没有反对者。明人何楷《诗经世本古义》提出“卒”通“猝”，引《说文》“大夫死曰猝”，谓“我既被逐于外，不得事亲而独不死何也?”[②] 其怀疑的精神是可佩的，然其说则不足取，这一点绎读诗文自可明了，不必细论。且“卒”本有“大夫死”之训，不必改读为“猝”。此外，能够利用训诂手段对诗意有所阐发的，可以举屈万里先生的《诗经诠释》。屈万里先生《诗经诠释》初版于“不卒”句出注说：

> 旧谓：卒，终也；谓终养也。按：终养未宜谓之卒。旧说恐非诗意。姑仍之，以俟知者。[③]

所谓“旧谓”，即郑玄、朱熹以来注解。所谓“终养未宜谓之卒”，即前文所言及的“增字解经”问题。《诗经诠释》初版刊于 1952 年，三十年后再版，已在屈氏逝后。再版吸收了屈氏三十年来的读书意见。[④] 其中“不卒”条旁批说：

> 《豳风·鸱鸮》：“予口卒瘏”，马瑞辰以为卒当读为顇。云：“《尔雅》：‘顇，病也。’” 此言“我独不卒”，按：卒，当读为顇；不，当读为丕。又《板》“下民卒瘅”，卒，《韩诗》作瘁，是卒瘁相通之证。[⑤]

屈氏读《蓼莪》篇之“卒”为“顇”或“瘁”，训病。引《大雅·板》及《豳风·鸱鸮》两篇证“卒”与“顇”相通为证。然可以相通，未必一定相通。屈氏读“卒”为“顇”，又读“不”为读“丕”，两者同时改读，亦非

① 陈奂：《诗毛氏传疏》，滕志贤整理，南京：凤凰出版社，2018，第 666 页。

② 何楷：《诗经世本古义》卷十八，上海古籍出版社影印文渊阁《四库全书》本，第八十一册第 587 页。

③⑤ 屈万里：《诗经诠释》，台北：联经出版事业公司，1983，第 388 页。

④ 《诗经诠释·跋》。

故训常例。然屈氏从诗意的角度指出“旧说恐非”，又其所读“丕顇”，文意上确实胜于“旧说”。推屈氏之意，“丕”当训为“大”如“不显”之例（详见《大雅·文王》篇），“不卒”即大病困。

按“不卒”的准确含义，需要结合诗篇第五章的“何害”来考虑，这两者的语意是相关的。第五章：

南山烈烈，飘风发发。民莫不谷，我独何害。

第六章：

南山律律，飘风弗弗。民莫不谷，我独不卒。

容易看出，第六章“不卒”与第五章“何害”是语意相当或性质相类的语词。“何害”是反问语气，“我独何害”谓“何以独我遭逢此害”。“害”，《说文》训“伤也”，如郑玄注“罹此寒苦”，乃诗人自述遭遇艰难。然则“我独不卒”的含义亦当从此寻求。这一点一经指出，应不难理解。第五、六两章的结构、兴象与语词皆高度相类。从兴象看，两章俱以“南山”“飘风”兴起环境之险恶。《毛传》“律律，犹烈烈也；弗弗，犹发发也”，清代学者指出，“烈烈”即《说文》训作“危高”的“巁”，亦即《玉篇》《广韵》的“㔩”，乃形容“山之高峻”；“发发”即《豳风·七月》的“觱发”，乃言冬日风寒。[①] 既言山高风寒，险恶如斯，故下接之以哀叹己生之艰难。于文为顺。上引屈万里先生以为“丕顇”或“丕瘁”即大病困，当即出于类似的考虑。

我们注意到甲骨文中“卒”与“亡害”一语往往连言，这为考察《蓼莪》篇“不卒”的语意提供了契机。著名学者李学勤[②]、裘锡圭[③]都对甲骨

① 胡承珙：《毛诗后笺》卷上，郭全芝点校本，合肥：黄山书社，1999，第1039页。或谓“烈烈”亦言“风寒”，似不如胡氏所说。

② 李学勤：《多友鼎的“卒”字及其他》，载《新出青铜器研究》（增订本），北京：文物出版社，2016。

③ 裘锡圭：《释殷墟卜辞中的“卒”和“律”》，载《裘锡圭学术文集》第一卷，上海：复旦大学出版社，2015，第362－377页。

金文中的“卒”字做过专门研究，搜集了大量相关文例，其中如下例证值得引用在下面（为方便排版，释文用宽式，文后序号是《甲骨文合集》的编号）：

（1）甲子卜，□贞：翌乙丑我酌，卒[①]，亡害。三月。（《甲骨文合集》26039）

（2）丙辰卜，旅贞：翌丁巳𥃝于中丁，卒，亡害。在八月。（《甲骨文合集》22865）

（3）贞：翌甲☐𥃝自囲☐，卒，亡害。（《甲骨文合集》2784）

上述各例中的“卒”都是指完成某种行动，相当于典籍中的“卒事”。“亡害”是说在活动的整个过程之中，没有不好的事情，相当典籍中的“无害”。[②] 第（1）条：甲子这一天行卜，某贞[③]：第二天乙丑行酌祭，终祭，并且无害。第（2）条：丙辰这一天行卜，贞人旅贞：第二天丁巳𥃝祭中丁，终祭，并且无害。第（3）条残阙较多，主要内容仍然清楚，即“贞”第二天𥃝祭从上甲以降的某王，终祭，并且无害。酌与𥃝都是祭名，卜辞习见。中丁即《史记·殷本纪》的“仲丁”，囲是上甲的合文。上甲是商人的先公。

所以知道“卒”指完成在它之前提到的行动，可以参考如下辞例：

（4）丁卯卜，何贞：王往于夕裸（?），不遘雨。允卒，不遘［雨］。（《甲骨文合集》27862）

---

① 文例中的“卒”，旧比误释为“衣”，裘锡圭先生在上引文中指出当释为“卒”。

② 卜辞又常见“卒，亡尤”，或者“卒，亡灾”，性质与“卒，亡害”亦皆相类。

③ “贞”字的训释，此前学者多从《说文》训“卜问”，“贞”后面的内容即“命辞”被视为卜问的内容，是问句。近年来多数学者主张命辞并非问句，可以视为“测度句”。“贞”字的训释可能需要再斟酌，故此我们暂不将之译为现代文。对此问题的研究综述及最新进展参见裘锡圭《关于殷墟卜辞的命辞是否问句的考察》以及沈培先生的导读（《中西学术名篇精读·裘锡圭卷》，中西书局 2015 年版）。

裘锡圭先生说："验辞中的'允卒'显然是指命辞中提到的祭祀活动果能完成而言的。"这条卜辞的意思是："丁卯这一天，何贞：王行夕祼之祭，当不会遇雨罢！确实顺利行完祼礼，没有遇雨。""允"是验辞部分的常见术语，表示所贞之事应验。[①] 裘锡圭先生由此指出，前引（1）到（4）中的"卒"都应"自成一读，意谓上文所说的祭祀活动能卒事"[②]。

卜辞又常见"卒廼"[③] 的句式：

（5）于翌日卒，廼𢍰又大乙，王受祐。(《甲骨文合集》27092)

（6）□□贞：王卒祀，廼出。(《甲骨文合集》15500)

裘锡圭先生指出"卒廼"即相当文献中的"卒乃"：

《礼记·曲礼上》：卒哭，乃讳。

《仪礼·有司彻》：卒，乃羞于宾、兄弟、内宾及私人辩。

意为完成某事之后行另一事。辞中的"卒"都是指完成某事。前引（5）说："翌日卒事之后遂侑祭先王大乙，王获得福祐。"前引（6）说："某贞：祭祀完毕之后王乃出。"《曲礼上》"卒哭，乃讳"的意思是：卒哭祭之后乃讳逝者之名。《有司彻》"卒，乃羞于宾"的意思是：主人献酒完毕之后，向众宾、兄弟、内宾和私人进献诸庶羞美食。这与前举诸例"卒"的内涵是一致的。

由上述分析可知，《蓼莪》第五、六两章的"民莫不谷，我独何害"与"民莫不谷，我独不卒"，两章中"何害"与"不卒"是一个事情的两个方面。"卒"而"亡害"，"不卒"所以"有害"，用反问的语气表述之，就是

---

① 陈梦家：《殷虚卜辞综述》，北京：中华书局，1988，第 43 页。

② 裘锡圭：《释殷墟卜辞中的"卒"和"裨"》，载《裘锡圭学术文集》第一卷，上海：复旦大学出版社，2015。

③ "卒廼"二字原未断读。根据裘锡圭先生的分析及用意，以断读为宜。下《礼记》及《仪礼》两例亦然。

“何害”。前儒以“何害”与“不卒”作两事解，谓“何害”为诗人自身罹害，“不卒”指“不得终养父母”（如郑玄、陈奂等）。恐怕是不正确的。在这个问题上表现出独立思考精神的是黄焯先生。黄氏敏锐地指出五章的“何害”与六章的“不卒”“句意互相足”：

> “我独何害”句与卒章“我独不卒”句意互相足。叹民莫不得养其父母，我独何为罹此劳苦之害，而不得终其养乎？《笺》顾“南山”“飘风”二句，以“害”属寒苦言，微失诗指。①

惜乎受到郑笺以来注释传统的影响，将“相足”的方向归结为“终养”，未能得出正确的结论。

由上引诸卜辞辞例，结合诗篇上下文，还可以知道“不卒”的具体所指，乃是不卒于“谷”。至于“谷”字的训释，此处宜从陈奂训“生”。按陈奂《诗毛氏传疏》于本篇疏云：

> “不如死久”句，乃孝子自叹其孤寡难堪也。末二章云“民莫不谷，我独何害”，谷，生也，言民无不生，我独罹此劳苦之害也。“民莫不谷，我独不卒”，卒，终也，言民无不生，我独不得终养父母也。皆从此义而申说之，读者皆不得其解。②

其训“谷”字是正确的；以为“不如死久”句乃诗人“自叹其孤寡难堪”，末二章“皆从此义而申说之”，更属卓识。惜乎以“不卒”为终养仍然妥协于旧说。

总之所谓“民莫不谷”即“民莫不生”，其潜在义，乃民莫不得谷以生。从语义的角度说，“谷”本为五谷之总名，民莫不食谷以生，故引申有

① 黄焯：《毛诗郑笺平议》，武汉：武汉大学出版社，2008，第177页。
② 陈奂：《诗毛氏传疏》，滕志贤整理，南京：凤凰出版社，2018，第666页。

"生"义；五谷生养人，故训诂家或训之为"养"（然非郑玄之所谓"养父母"）；生生之谓善，故又引申训"善"；得生乃福，故又训"禄"。上述四种引申义是训诂家经常使用的。以《诗经》的《毛传》《郑笺》为例：

《王风·大车》："谷则异室，死则同穴。"《毛传》："谷，生也。"

《小雅·甫田》："以谷我士女。"《郑笺》："谷，养也。"

《小雅·小宛》："此邦之人，不我肯谷。"《毛传》："谷，善也。"

《小雅·天保》："天保定尔，俾尔戬谷。"《毛传》："谷，禄也。"①

上举乃《毛传》《郑笺》所释。在具体的训诂实践中，训诂家皆各依据自己的理解作注，彼此往往出入。如《小宛》"不我肯谷"，《毛传》训"善"，马瑞辰则谓"养"。而皆似可通。诗篇非同叙事，大多难以质言，且诸义项之间本就彼此相关，因此多数的情况是两训甚至三训似皆可通。孰者最优，需要根据具体情况做仔细辨别。

关于《蓼莪》篇的"不谷"，郭晋稀先生曾经提出一个意见，认为"不谷即不禄即不幸也，'民莫不谷'即'民莫不幸'，谓民皆幸也。"又引《正月》"念我无禄"朱熹《集传》谓"无禄，犹言不幸"；"无禄"又转作"不禄"，又转作"不谷"。② 如此解释固属圆通，然而过于抽象，似不如陈奂氏训"生"为具体。③

总之，《蓼莪》篇末两章"民莫不谷，我独何害"/"民莫不谷，我独

---

① 向熹：《诗经词典》，北京：商务印书馆，2014，第460页。

② 郭晋稀：《诗经蠡测》（修订本），成都：巴蜀书社，2006，第96、88－89页。

③ 关于经典的训诂，黄焯先生有过一段著名的议论，值得引述在此：

经学训诂与小学训诂有异。先从父（按：即黄侃）尝云："小学之训诂贵圆，经学之训诂贵专。"盖一则可因声义之联缀而曲畅旁通，一则宜依文立义，而法有专守故尔。……治经不徒明其训诂而已，贵在得其词言之情。戴震谓训诂明而后义理明，实则有训诂明而义理仍未得明者。要须审其辞气，探其义旨，始可明古人用意所在尔（黄焯《毛诗郑笺平议·序》，武汉大学出版社2008年版，第4页）。

不卒”，乃言他人莫不得生，何以我独罹此害，而不得终此生？按《春秋经》有“公子终生”，金文多见“弥生”之嘏辞，亦训“终生”。[①]《诗经·大雅·卷阿》“俾尔弥尔性，纯嘏尔常矣”，王国维以来指出即金文之“弥生”。[②]《尚书·洪范》以“考终命”为“五福”之一。[③] 可见诗人自伤“不谷”“不卒”，正是基于古代世界的基本观念。

关于《蓼莪》篇的行文脉络，陈奂有一个非常重要的见解。他在疏解诗篇第三章“瓶之罄矣，维罍之耻。鲜民之生，不如死之久矣”及《毛传》“鲜，寡”的训释时说：

> “鲜，寡”，《释诂》文。鲜者，“尟”之假借，故与“寡”同训。《传》于《苕之华》“鲜可以饱”，“鲜”为“少”，与此“鲜”为“寡”者训近而意殊。寡，当读“惠鲜鳏寡”之“寡”。《鸿雁传》“偏丧曰寡”。因之丧父母者亦曰寡，意探下文“无父”“无母”而为之释也。“不如死久”句，乃孝子自叹其孤寡难堪也。末二章云“民莫不谷，我独何害”，谷，生也，言民无不生，我独罹此劳苦之害也。“民莫不谷，我独不卒”，卒，终也，言民无不生，我独不得终养父母也。皆从此义而申说之，读者皆不得其解。[④]

陈奂认为“寡当读‘惠鲜鳏寡’之‘寡’”。古人丧偶为“寡”，失怙失恃盖亦谓之“寡”。马瑞辰[⑤]、胡承珙[⑥]亦谓“鲜民”犹“孤子”。总之属于上引

---

① 徐中舒：《金文嘏辞释例》，载《中研院史语所集刊》，1936 年；陈英杰：《西周金文作器用途铭辞研究》，北京：线装书局，2008，第 400 – 401 页。

② 王国维：《与友人论诗书中成语书》，载《观堂集林》卷二，北京：中华书局，1959。

③ 郑玄注：“考，成也。终性命，谓皆生佼好以至老也。”（见孙星衍《尚书今古文注疏》，中华书局 2004 年版，第 319 页。）屈万里《尚书集释》：“谓老而善终。”（中西书局 2014 年版，第 127 页）《齐侯镈》（《集成》271）有“考命弥生”语。

④ 陈奂：《诗毛氏传疏》，滕志贤整理，南京：凤凰出版社，2018，第 666 页。

⑤ 马瑞辰：《毛诗传笺通释》，北京：中华书局，1989，第 669 页。

⑥ 胡承珙：《毛诗后笺》卷下，郭全芝点校本，合肥：黄山书社，1999，第 1037 页。

《芮良夫毖》“怀兹幼弱，羸寡茕独”诸种人之一。尽管对于“我独不卒”句的解释陈奂仍然妥协于旧说而有误，但他指出末二章乃从第三章“自叹其孤寡难堪”之义而申说之，则是非常正确的（这一点上文亦述及）。

这样，我们就能理解，诗人哀号于“无父”“无母”，无怙无恃，乃是期求于宗族相助。诗人以为，这样的哀告，是合乎当时伦理规范的。然而历史发展的实际表明，诗人的处境是宗法制度发展到一定阶段的必然产物。所谓“栾、郤、胥、原、狐、续、庆、伯，降在皂隶”（《左传·昭公三年》。杜预注：“八姓，晋旧臣之族也”），贵卿巨族，沦为仆隶，正是同一情势的反映。

《毛诗序》将《蓼莪》篇旨归结为“孝子不能终养”，将“自叹”的情绪隐去，这一说诗倾向应有较早的来源，《孔丛子·记义》篇记载孔子说：“（吾）于《蓼莪》见孝子之思养也”，即为其证。① 上博简《孔子诗论》第26简说“《蓼莪》有孝志”②，似乎也表明说《诗》者的类似倾向。③ 无论如何，《蓼莪》所以最终感动王褒、顾欢以至隋文诸子的，乃是篇中对于父母的深深依恋与作为人子的遗憾悲伤，其传诵千古的，仍然是“哀哀父母，生我劬劳”“欲报之德，昊天罔极”等顾念亲恩之句。所谓“迫为流涕之诉，用代陈情之疏”（魏源《诗古微》卷十九）。虽不免断章的嫌疑，亦不失为“合理的误读”罢！

附：《蓼莪》全文及其注释

蓼蓼者莪[1]，匪莪伊蒿[2]。哀哀父母，生我劬劳[3]。

---

① 傅亚庶：《孔丛子校释》，北京：中华书局，2011，第54页。《孔丛子》最早著录于《隋书·经籍志》而不见于《汉书·艺文志》，因而其真实性曾一度遭遇怀疑。近年的新出文献已经证实该书多存先秦旧说。我们在《蟋蟀》篇也提到这一点。并参见《孔丛子校释》附录四《孔丛子的成书年代与真伪》。

② 马承源：《上海博物馆藏战国楚竹书（一）》，上海：上海古籍出版社，2001，第156页。

③ 这一点有待进一步研究。《孔子诗论》所说“孝思”与“孝子不能终养”之间是存在差别的。这一差别可能很重要。限于篇幅，这里暂不展开。

蓼蓼者莪，匪莪伊蔚[4]。哀哀父母，生我劳瘁[5]。

瓶之罄矣[6]，维罍之耻[7]。鲜民之生[8]，不如死之久矣。无父何怙[9]，无母何恃。出则衔恤[10]，入则靡至[11]。

父兮生我，母兮鞠我[12]。拊我畜我[13]，长我育我，顾我复我[14]，出入腹我[15]。欲报之德[16]，昊天罔极[17]。

南山烈烈[18]，飘风发发[19]。民莫不谷[20]，我独何害[21]。

南山律律[22]，飘风弗弗[23]。民莫不谷，我独不卒[24]。

【注释】

［1］蓼蓼（lù）：长大的样子。莪（é）：十字花科草本植物。据李时珍《本草纲目》，莪抱根丛生，俗称“抱娘蒿”。

［2］匪：通“非”。伊：犹言是。蒿：又名青蒿。

［3］劬（qú）劳：劳苦。

［4］蔚：蒿的一种，又名牡蒿。马瑞辰认为蔚与蒿皆散生，故诗人用以起兴，比喻人子不能终养父母。

［5］瘁：劳累而至于病困。

［6］瓶：汲水器。罄（qìng）：空。

［7］罍（léi）：盛器，大肚小口，古人用以盛酒或贮水。

［8］鲜：《毛传》训“寡”，孤寡之义，“鲜民”犹言“孤子”。

［9］怙（hù）：依赖。

［10］衔：含。恤：忧。

［11］靡：无。“靡至”，言父母逝后，无所依恃。

［12］鞠：孕育（见屈万里《诗经诠释》、季旭昇《〈蓼莪〉三题》）。

［13］拊：通“抚”，抚安之意。

［14］顾：回视曰顾，此谓顾念。复：或谓通“覆”，庇护。

［15］腹：极言爱念之意。

［16］之：犹言“其”，代词，指父母。

［17］罔：无。极：准则。罔极，无一定的法则，这是怨上天不公。

［18］烈烈：高峻险阻的样子。

［19］飘风：暴疾之风。发发（bō）：风疾声。

［20］谷（gǔ）：有谷可食，指能够生存。

［21］害：祸。诗人言天生烝民本应得生，伤今乱世遭逢祸乱。

［22］律律：又作“嵂嵂（lǜ）”，山峻高的样子。

［23］弗弗：疾风声。

［24］卒：终。不卒，言遭逢乱世，恐不获其死。

七、孰能"无念"？——《大雅·文王》的训诂与义理

文王在上，於昭于天。周虽旧邦，其命维新。有周不显，帝命不时。文王陟降，在帝左右。

亹亹文王，令闻不已。陈锡哉周，侯文王孙子。文王孙子，本支百世。凡周之士，不显亦世。

世之不显，厥犹翼翼。思皇多士，生此王国。王国克生，维周之桢。济济多士，文王以宁。

穆穆文王，於缉熙敬止！假哉天命，有商孙子。商之孙子，其丽不亿。上帝既命，侯于周服。

侯服于周，天命靡常。殷士肤敏，祼将于京。厥作祼将，常服黼冔。王之荩臣，无念尔祖。

无念尔祖，聿修厥德。永言配命，自求多福。殷之未丧师，克配上帝。宜鉴于殷，骏命不易。

命之不易，无遏尔躬。宣昭义问，有虞殷自天。上天之载，无声无臭。仪刑文王，万邦作孚。

——《大雅·文王》

（一）引子："告诫殷商旧臣"？

有一种观点认为，《文王》篇的主要内容之一是"告诫殷商旧臣"，诗人晓喻商遗使勿生叛心云云。如程俊英、蒋见元先生编著的《诗经注析》在诗篇的题解部分说："这是追述周文王德业并告诫殷商旧臣的诗。"① 这一观点的产生有其远源，如宋代学者王质便以为："作此诗者，大率以晓商人。文王肇兴，商人虽久犹疑未纯乎周，凡此皆晓之辞。"然以《文王》为晓喻商人之作，其说近代以来信从者始众，原因是多方面的，最直接诱因当与对于诗篇文句的错误理解有关。这其中又以诗篇第五章"王之荩臣，无念尔祖"之句为最关键。句中"荩臣"，学者解为"殷遗"，"无念"训为"勿念"，谓此乃诗人"劝诫殷商旧臣弃旧图新，不要再怀念商人的先祖"。这一训释，本于于省吾先生的名著《泽螺居诗经新证》。其从之者，如前引程、蒋二先生的《诗经注析》，又孙作云、高亨先生、屈万里先生等，俱《诗》学名家而说皆与之相同。

然，"无念"当真"勿念"，"荩臣"果然"殷遗"？

（二）"无念，念也"

第五章：

王之荩臣，无念尔祖。

① 程俊英、蒋见元：《诗经注析》，北京：中华书局，1991，第745页。

《毛传》：

> 无念，念也。

郑玄无异议。“无”作发语词，先秦文献常见（详下）。朱熹《诗集传》：

> 无念，犹言岂得无念也。

此说读“无”如字，然从总体文意上说，与《毛传》相当。唯辞气之轻重缓急略异。朱子增“岂得”二字，反诘之，语气较重。

近代以来谓“无念”为“勿念”，其说始见于于省吾先生的《泽螺居诗经新证》。其“无念尔祖”条说：

> 自来解此诗者，均以“无念尔祖”的“无”字为句首发语词，其实，“无”字的用法，在此是否定词，与“勿”字同义。此诗系殷士助祭于周京，既已成为进御于周王的臣属，故周人劝其弃旧图新，以不要怀念商人的先祖为言。本诗末章称“无遏尔躬”，无字也应读作“勿”，同在一篇中，同一句法，不应前后互异。此外，如《正月》的“无弃尔辅”，《民劳》的“无弃尔劳”，《大明》的“无贰尔心”，无字也都作否定词用。[①]

于省吾先生首倡“无念”即“勿念”之说，与前儒绝异。前已述及，近代以来《诗》学名家如孙作云[②]、高亨、程俊英诸先生皆同此说。高亨先生《诗经今注》：“此句劝告殷人不要思念其祖先。因思念祖先，则及故国，将萌背叛周朝之心。”本于说而稍引申之。[③] 程俊英、蒋见元《诗经注析》：

---

① 于省吾：《泽螺居诗经新证》，北京：中华书局，2003，第94－95页。

② 孙作云：《诗经与周代社会研究》，北京：中华书局，1966，第349页。

③ 高亨：《诗经今注》，上海：上海古籍出版社，1980，第371页。

"这句是周人劝戒殷商旧臣弃旧图新，不要再怀念商人的先祖"[①]，亦基本依据于说。屈万里先生《诗经诠释》："无念，勿念也。二语所以慰殷人也。"[②]虽改"劝"为"慰"，然以"无念"为"勿念"则无不同。于省吾先生的《泽螺居诗经新证》是诗学史上的名著，该书利用甲骨、金文考释诗义，多所创获，然所持"无念，勿念"说，并不可信。

于省吾先生的主要论证有两点，可归纳如下：

> 第一，诗篇末章"无遏尔躬"句的"无"作"勿"解，"无念尔祖"与之"同在一篇中，同一句法"，故"不应前后互异"。
>
> 第二，《小雅·正月》"无弃尔辅"，《大雅·民劳》"无弃尔劳"，《大明》"无贰尔心"诸句之"无"皆用作否定词。

然此二点逻辑上皆无必然性。以下试述之。

首先，"无"字固然有"否定词"之用，其见于《诗经》者，且不止于上引诸条（试略翻检《诗经》即可知）。尽管如此，并不能由此推出《文王》篇此处"无"字亦为此用。事实上，"无"用为发语词，先秦文献常见，清代学者王引之《经传释词》举《诗经》《尚书》《左传》《国语》《礼记》《管子》共二十例以证之。其中《诗经》5例，除《大雅·文王》"无念尔祖"，其余四例是：

> 《大雅·抑》：无竞维人。（毛传：无竞，竞也。）
>
> 《周颂·执竞》：无竞维烈。（毛传：无竞，竞也。）
>
> 《小雅·小旻》：如彼泉流，无沦胥以败。
>
> 《大雅·抑》：如彼泉流，无沦胥以亡。

---

① 程俊英、蒋见元：《诗经注析》，北京：中华书局，1991，第750页。

② 屈万里：《诗经诠释》，台北：联经出版事业公司，1983，第453页。

前两例，《毛传》皆曰："无竞，竞也。"后两例，王氏出注说：

> 无，发声。"无沦胥以败"，沦胥以败也。言周德日衰，如泉水之流，滔滔不返，无论智愚贤否，将相率而底于败亡也。"无沦胥以亡"，沦胥以亡也。言皇天弗尚，祸乱日生，如泉水之流，滔滔不返，周之君臣，将相率而底于败亡也。《雨无正》（引者按：指《小雅·雨无正》篇）曰："若此无罪，沦胥以铺"，语意正相近。[1]

通行的各类词典如裴学海《古书虚字集释》、何乐士《古代汉语虚词词典》在列举"无"字的"助词"用法时，亦皆引及王氏所举证。[2] 从训诂体例来看，《毛传》"无念，念也"，与《抑》《执竞》二篇"无竞，竞也"相类，盖当时有此通行之格式，故《传》遵用之。

至于第一点，于省吾先生认为"无念尔祖"与末章"无遏尔躬""同在一篇中，同一句法"，训解不应互异，而后者"无"作"勿"解，故"无念"之"无"亦当作"勿"解。（按：训诂实例表明，同篇异训者并不鲜见，以《诗经》论，《大雅·旱麓》二章"瑟彼玉瓒"，五章"瑟彼柞棫"，同在一篇之中，亦同一句法，而前者《郑笺》"瑟，洁鲜貌"，系"璱"之借字，[3] 后者《毛传》"瑟，众貌"，训解不同。即为佳例。[4]）

细按诗篇，即于省吾先生引为旁证的"无遏"句的"无"，亦未必训"勿"。按相关诗句：

---

① 王引之：《经传释词》卷十，南京：江苏古籍出版社，2000，第102页。

② 裴学海：《古书虚字集释》，北京：中华书局，2004，第903页；何乐士：《古代汉语虚词词典》，北京：语文出版社，2006，第425-426页。

③ 马瑞辰：《毛诗传笺通释》，北京：中华书局，1989，第829页。又《周礼·典瑞》郑玄注引《诗》作"卹"，《群经音辨》"卹，玉采也"。瑟、卹古音同部，故可通用，此又一说（见王先谦《诗三家义集疏》）。

④ 战国竹简文献亦有类似情况。清华简《芮良夫毖》"敬哉君子！悟败改繇。恭天之威，载听民之繇"，上"繇"字读"由"，训"式"，法度之意；下"繇"字学者皆读"谣"，歌谣字。参见高中华、姚小鸥：《清华简〈芮良夫毖〉疏证（上）》，《中国诗歌研究》第十四辑。

殷之未丧师，克配上帝。宜鉴于殷，骏命不易。命之不易，无遏尔躬。宣昭义问，有虞殷自天。上天之载，无声无臭。仪刑文王，万邦作孚。

其中若干字句不易解释，如“有虞殷自天”。然大义可知。诗人谓殷人未失众心之前，足配上帝之命。后王不德，坠失天命。故当以殷为鉴。天命不易，必当“无遏尔躬”云云。诗人以殷为鉴，强调“命之不易”，以此告诫周人子孙。“不易”，《释文》“言甚难也”。“命之不易”，故“无遏尔躬”。《毛传》：

遏，止也。

“无”字阙训。《郑笺》：

天之大命已不可改易也，当使子孙长行之，无终女身则止。[1]

以“无遏尔躬”为勿使天命终止于汝身，实解“无”为“勿”。陈奂说：“遏，止也，无止尔躬者，言无于尔躬止也。”[2] 今人程俊英、蒋见元《诗经注析》：“遏，停止，中断。这二句意为，天命是不容易长久保有的，只是不要在你们身上就中断了。”[3] 皆从郑玄。朱子《诗集传》：

遏，绝也。……言天命之不易保，故告之使无若纣之自绝于天。[4]

训诂及说解与郑不同，然基本精神无异。其影从者亦众。[5] 然细绎诗篇文意，郑玄、朱熹之说实有未安。

---

① 郑玄谓“不可改易”，迂曲。然郑亦非谓“天命容易”。这一点在此不必细论。
② 陈奂：《诗毛氏传疏》，滕志贤整理，南京：凤凰出版社，2018，第 792 页。
③ 程俊英、蒋见元：《诗经注析》，北京：中华书局，1991，第 751 页。
④ 朱熹：《诗集传》，北京：中华书局，1958，第 176－177 页。
⑤ 鲁洪生：《诗经集校集注集评》卷十一，北京：现代出版社，2015，第 6863－6865 页。

于鬯《香草校书》的说法值得注意。于氏指出，《毛传》训“遏”为“止”，然此“止”并非前人所谓“止绝”，而是“勉之”之义。于氏说：

> 遏之训止，本是恒训。但如《郑笺》谓“天之大命，当使子孙长行之，无终女身而止”，则以此句为指天命言，语极迂曲。且上句言“命之不易”，不言命之长行，亦不言命之不长。则以此句为承上，义实不相贯也。《毛传》之训“止”，窃疑毛意不尔。上文“亹亹”，《传》云“勉也”。然则皇躬所以克承天命者，勉而已。“止”与“勉”义相反，无止即勉矣。然则“无遏”即“亹亹”矣。故上文云“亹亹文王”，承之曰“令闻不已”。此云“无遏尔躬”，下句亦即曰“宣昭义问”。以此比例，义甚明白（于氏自注：义问即令闻。孔义述毛云：“善声闻于天下。”是也。亦不当如《郑笺》“问老成人”之说）。“无遏尔躬”者，盖戒皇躬之怠止，而策其勤勉也。戒怠止而策勤勉，正以其命之不易，与上句转相承接矣。[①]

于氏从上下文意及诗人笔法入手，指出“无遏”犹“亹亹”。“无遏尔躬”文承“命之不易”，乃“戒怠止而策勤勉”。其剖析文情脉理，曲折入微，较旧解大善。

然该说既据《毛传》训“遏”为“止”，又谓“‘止’与‘勉’义相反，无止即勉”，训诂上略嫌迂曲。

今试读“无”为发语之词，“遏”以音近读“竭”，训“尽”。“无遏尔躬”，犹师訇鼎“克尽乃身”，正策勤勉之意。

师訇鼎 1974 年 12 月出于陕西扶风县法门镇强家村，[②] 系恭王八年器。[③]

---

① 于鬯：《香草校书》卷十六，北京：中华书局，1984，第 323 页。

② 吴镇烽、雒忠如：《陕西扶风县强家村出土的西周铜器》，《文物》1975 年第 8 期。

③ 鼎铭“唯王八祀正月，辰才丁卯”，又“臣朕皇考穆王”，故考定在恭王八年的正月九日。据《年表》，公元前 961 年正月己未朔，九日得丁卯。见《铭文选》三（文物出版社 1988 年版，第 135 页）。

鼎铭19行196字，记师𩛥为王册命故铸鼎纪念。鼎铭载恭王命辞说：

王曰：“师𩛥，女（汝）克尽乃身，臣朕皇考穆王，用乃孔德，琢纯乃用心，引正乃辟安德，惟余小子肇淑先王德，易（赐）汝玄衮、䵼屯（纯）、赤芾、鸾旂、大师金膺、攸勒，用井（刑）乃圣且（祖）考隮明黔辟前王，吏（事）余一人。”①

释为“尽（盡）”的字在第2行第7字，字形“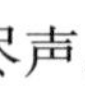”，从二贝，尽声。李学勤先生指出其字应理解为从“䀝”“盡”声，系“賮”字繁文，并读为“忠荩”之“荩”。② 黄德宽先生主编的《古文字谱系疏证》读为“尽（盡）”，注释说：“《广韵·轸韵》‘尽，竭也。’‘克尽乃身’，能够竭尽你的身力。”③

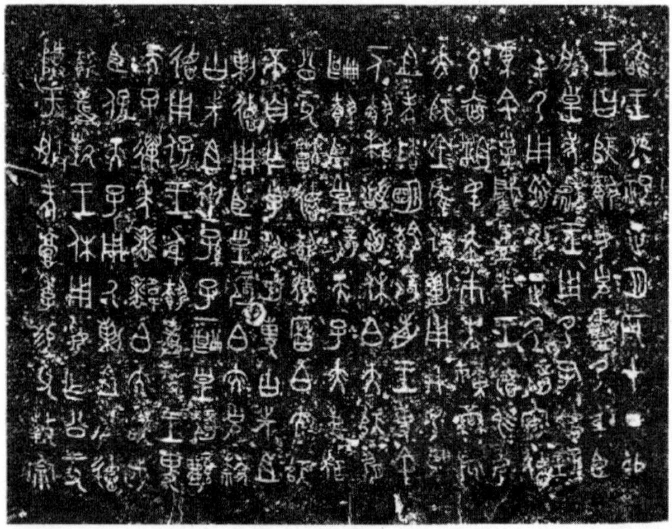

图16　师𩛥鼎铭文④

① 释文参考李学勤先生《师𩛥鼎剩义》、马承源《铭文选》。为便排版，释文尽量使用通行字。

② 李学勤：《师𩛥鼎剩义》，载《新出青铜器研究》（增订本），北京：文物出版社，2016，第80页。

③ 黄德宽：《古文字谱系疏证》四，北京：商务印书馆，2007，第3560页。

④ 据吴镇烽《通鉴》2495号。又著录于《集成》2830，《铭文选》202。

两读虽皆各可通，然从文献用例及古人训诂来看，似仍以读“尽”为胜。[1]王引之《经义述闻》已经指出《诗经·小雅·四月》“尽瘁以仕”及《北山》“尽瘁事国”之“尽”皆“尽力”之意，“尽”“瘁”二字平列，“非谓尽其瘁也”。王氏说：

《北山》篇“或尽瘁事国”，昭七年《左传》引此“尽瘁”作“憔悴”，《正义》曰：“盖师读不同。”臧氏玉林《经义杂记》曰：“据《汉书·五行志》所载《左传》作‘尽顇’，知《左传》古文与毛诗同。杜本作憔，声近之误。”

引之谨案：《周官·小司寇》“议勤之辟”，郑注曰：“谓憔悴以事国。”释曰：案《诗》云“或憔悴以事国”，盖毛诗之“尽瘁”，三家诗有作“憔悴”者，故郑、贾皆用之为说。然则杜本《左传》作“憔”，非声近之误也。又案：憔，亦尽也。郑注《昏义》曰：“酌而无酬酢曰醮。”《正义》曰：“直尽爵而已，故称醮也。”《尔雅》：“水醮曰厬。”郭注曰：“谓水尽醮。”与憔悴声义相近。故李颐注《庄子·盗跖》篇读“醮”为“憔悴”之“憔”。悴亦尽也。《荀子·礼论》篇“利爵之不醮也”，《史记·礼书》“醮”作“啐”。啐之言卒也，卒亦尽也。尽谓之醮，亦谓之卒。尽爵谓之醮，亦谓之啐。尽力谓之憔悴。义相因也。憔悴二字平列，尽瘁二字亦平列，非谓尽其瘁也。《毛传》曰“尽力劳病以从国事”，则亦平列字矣。“或燕燕居息，或尽瘁事国”，燕燕，重语也；尽瘁，双声也；憔悴，亦双声也。《四月》篇“尽瘁以仕”，义亦与此同。

---

① 马承源先生主编《铭文选》将之隶定为𧆨，谓“𧆨”字别体，注释说：“伤痛之意。”（按：谓“𧆨”为伤痛，是依据《说文》。）学者指出《说文》此训本《尚书·酒诰》“民不𧆨伤心”句，因“𧆨”“伤”连用，故云。然据《多友鼎》及相关彝铭，《酒诰》“𧆨”字亦当读“尽”。见马楠：《〈尚书〉金文互证三则》，《中国国家博物馆馆刊》2014 年第 11 期。

《笺》曰"今王尽病其封畿之内以兵役之事"，失之矣。[①]

其说引证详赡，明通可据。由此可知，"尽"有尽力、竭力之义。从语义学的角度来说，力竭则病，马承源训"伤痛"，意亦相成。至于"忠荩"乃本朱子《诗》训，引申的意味更浓。这一点下一节还要讨论。

总之，师訇鼎铭之"克尽乃身"，乃天子戒勉师訇尽力从政。《文王》篇"无遏尔躬"，语意正与之相当，这一点前引于鬯的分析已经表明了。[②]

值得指出，从师訇鼎铭"克尽乃身"之语可知，与之处在同一位置的"无遏尔躬"的"无"字，是含有强调意味的。何乐士先生《古代汉语虚词词典》"无"字下列"语助词"一项，解说道："可用于句首或句中，作语首助词或语中助词，起烘托、加强语气的作用，没有表否定之义。"[③] 这是非常正确的。

（三）何谓"荩臣"？

于省吾先生之所以解"无念"为"勿念"，与他对"荩臣"身份的理解有关。前文已经引到，于省吾先生说"王之荩臣，勿念尔祖"两句句意，谓：

此诗系殷士助祭于周京，既已成为进御于周王的臣属，故周人劝其

---

① 王引之：《经义述闻》卷六，南京：江苏古籍出版社，2000，第153页。

② 陆德明《经典释文》引《韩诗》"遏，病也"，与《毛诗》训"止"不同。陈乔枞《韩诗遗说考》谓："训'遏'为'病'者，遏、曷、害，古以音同通假，害与病义相近。一曰：《广雅·释诂》'瘍，病也。'韩盖以'遏'为'瘍'之假借字。"然何谓"无病尔躬"，陈氏未能说明。从上文的分析看，《韩诗》当亦读"遏"为"竭尽"字，故训为"病"。

③ 何乐士：《古代汉语虚词词典》，北京：语文出版社，2006，第425－426页。

弃旧图新，以不要怀念商人的先祖为言。

又解下章“自求多福”句：

“自求多福”的“自”字，系承“无念尔祖”言之。这是说，你们只要修德事周，自己能够求到多福的享受，不要别有用心。

于省吾先生将“荩臣”指认为“殷士”，是“进御于周王的臣属”。其言下之意乃是，汝等殷士既为胜国残余，今既蒙恩进用为新朝之臣，则不应再生叛心，如此自可安享福禄。在于省吾先生的理解框架中，“殷士”之所以称为“王之荩臣”，乃是因为“既已进御于周王”。于省吾先生解“荩”为“进御于周王”，如前节所引，根据是《郑笺》。然而，《郑笺》的相关解说并不可信。事实上，何谓“荩臣”，是一个长期争议未决的问题。

《毛传》训“荩”为“进”，至于“进”的具体语意，未作明确解说。

《郑笺》：

今王之进用臣，当念女（汝）祖为之法。王，斥成王。

依郑玄所释，“王之荩臣，无念尔祖”两句乃诗人呼成王而告之曰：“王，汝今进用群臣，当念汝祖文王，以汝祖所以进臣之法为法则。”然而这一讲法句法逻辑过于奇特，“王之荩臣”如何可以讲成“王，汝今进用群臣”，实在难以理解。

对郑玄作出反对的可以首先举出朱熹的《诗集传》。朱熹说：

荩，进也。言其忠爱之笃，进进无已也。①

① 朱熹：《诗集传》，北京：中华书局，1958，第176页。

朱熹虽然仍训“荩”为“进”，看似根本古训，然将之引申为“言其忠爱之笃，进进无已”，事实上已经很大程度偏离了毛公本意，因为它强调的是“忠”。清代学者已经指出朱子的这一训释或本于《三国志·董和传》注：“胡济为亮主簿，有忠荩之效”。[①] 朱子的这一讲法宋代以降影响深远。如清代《说文》四大家之一的朱骏声《说文通训定声》便说：“荩，假借为进，进献忠诚。”以“《诗》《书》为人人诵习之书”（王国维先生《与友人论诗书中成语书》语），致“忠荩”一词广为流传，已见上节学者讨论师訇鼎铭之“克尽乃身”时引用。然而“荩”何以有“忠”的内涵，这一点并无坚实的训诂学依据，从字的形音义上找不出毋庸置疑的理由。因此朱子的讲法也受到质疑。如陈启源的《毛氏稽古编》即批评该说过于“拘泥”。

清代学者依据《毛传》“进也”这一训诂，将“荩臣”讲成“进用之臣”，并力图从文字学、文献学的角度进行阐发。可以举马瑞辰的研究为例。马瑞辰《毛诗传笺通释》：

> 《尔雅·释诂》：“荩，进也。”《周书·皇门解》“朕荩臣大明尔德”，孔注：“荩，进也。”荩本草名，训进者，当为逮字之同音假借。《说文》：“逮，自进极也。”逮、进以叠韵为训。《埤苍》云：“逮，至也。”至亦进也。又按《方言》：“孑、荩，余也。”又曰：“孑，俊也。遵，俊也。”则荩与俊亦音近而义通。[②]

马瑞辰所引用《尔雅》以及《逸周书·皇门》孔晁注，前者系辞书，后者是训诂材料，说皆与《毛传》相同。马氏又根据《说文》提出“荩”是“逮”的同音假借字。据《说文》，“荩”是草名，并不训“进”，而“逮”

---

① 胡承珙：《毛诗后笺》卷下，郭全芝点校本，合肥：黄山书社，1999，第1224页。
② 马瑞辰：《毛诗传笺通释》，北京：中华书局，1989，第798－799页。

意“自进极”，与《毛传》“进”训接近。此外《埤苍》训“逮”为“至”，“至”与“进”义亦相近（《埤苍》是三国时魏人张揖编纂的字书），可以佐证《说文》的讲法。总之马瑞辰利用了当时所能利用的材料，试图考察《毛传》训“进”的合理性。不过他同时提出另一种可能的解释，那就是根据《方言》将“荩”训为“俊”，并认为二者“音近而义通”。

郑玄、朱熹以及马瑞辰诸家，尽管立说各有不同，然而基本思路均基于《毛传》。在此问题上别出心裁的是晚清的俞樾，他认为“荩臣”当指“余臣”。俞氏《群经平议》卷十一“王之荩臣，无念尔祖”条：

> 按上方言文王德盛，殷士咸来归之。此忽言今王之进用臣，义不相属。“王之荩臣”，盖即指殷士也。殷士服殷之服来助周祭，文王见而劝勉之曰：“此孰非王之荩臣乎！”王谓殷王也。荩者，婁之假字。《说文·火部》：“婁，火余木也。”经典相承作“烬”。《桑柔》篇“具祸以烬”，《笺》曰“灾余曰烬”是也。引申之凡物之余皆谓之烬。《国语·吴语》曰：“然后安受其烬”，韦注曰：“烬余也。”字亦通作“荩”。《方言》：“荩，余也，秦晋之间炊薪不尽曰荩。”《广雅·释诂》亦曰：“荩，余也。”“王之荩臣”，犹言“王之余臣”，以其从殷而来，故谓之王之余臣，犹曰“波及晋国者，君之余也”。①

俞氏举《说文》《方言》及《广雅》等小学文献为证，谓“荩”为“婁（烬）”之假借，训“余”。故“荩臣”即“余臣”，“以其从殷而来，故谓之王之余臣”。这一讲法有训诂为之根据，文义上亦似可通，有很大的吸引

① 俞樾：《群经平议》卷十一，收入《清经解续编》卷1372，上海：上海书店出版社，2004，第12册第1084页。

力。如孙作云先生即采取此说。[①] 近年有学者根据新出材料也有类似主张。

事实上，早在俞樾之前，明人何楷已经有此说法。按何楷《诗经世本古义》卷十：

> “荩”本草名，《尔雅》训“进”，未详其义。旧说相传皆训为“忠荩”，绝无稽据。按《方言》：“孑、荩，皆余也。周郑之间曰荩，或曰孑。青徐楚间曰孑。自关而西、秦晋之间，炊薪不尽曰荩。”此其说或信。上施草，下施尽。薪者，草之类也。“尽”与“烬”通火之余也。又按：《桑柔》篇“具祸以烬”，陆德明本“烬”作“荩”，则古文“烬”、“荩”通用。益知“荩”之即为“烬”也。“王之荩臣”以目商孙子及殷士，乃胜国余烬云耳。[②]

何楷依据《方言》及《诗经》异文材料得出“荩”“烬”相通的结论。上引俞樾在论据及论证方法上与之基本相同（俞氏且未及《释文》所载《诗经》异文材料）。唯何氏谓“荩臣”为“胜国余烬”，俞氏则以为“自殷而来”，“波及”于周者，与其自持“烬余”之意转而相远，不若何氏训解自洽。

如果何楷等人“荩”为“火余”的训诂可信，那么“荩臣”身份的最大可能自然是“商之孙子”及“殷士”。然而以“荩”为“火余”，最早的训诂依据是《方言》，至于文献依据则要到唐人陆德明所举《诗经》异文材料。因此即便“荩”字可以通借为“烬”，然仍不足以断定《诗经》“荩臣”读“馀臣”。《毛传》《尔雅》皆训“荩”为“进”，作为最早且权威的关于《诗》的训诂材料，应充分考虑到其重要性。

据前引师𩛥鼎铭“克尽乃身”之语，疑《毛传》所谓“进”者，乃

---

① 孙作云：《诗经与周代社会研究》，北京：中华书局，1966，第 349 页。

② 何楷：《诗经世本古义》，文渊阁《四库全书》本，上海：上海古籍出版社，2003，第八十一册第 352 - 353 页。

“尽力”即黾勉义。《史记·乐书》“礼谦而进，去进为文”，裴骃《集解》引郑玄曰：“进者，谓自勉强也。”郭店简《尊德性》“进善”，谓“勉力为善”。[①] 要特别提出的是，新出文献多见“荩臣”之语，依“余民”“遗臣”讲，不尽洽切；依“勉力”义讲，则无不谐。

可以首先举出的是清华简《芮良夫毖》篇。《芮良夫毖》是一篇对于诸侯及朝臣的诰毖之辞。[②] 前面谈《蓼莪》时已经引过这篇竹简文献。该篇同样出现“荩臣”一词，相关内容是这样的：

凡百君子，及尔𦘒（荩）臣。胥收胥由，胥谷胥均。（简9）

“𦘒臣”，整理者注正确指出即《诗经·文王》之“荩臣”（同时使用了朱熹的注释意见：“荩，进也。言其忠爱之笃，进进无已也。”）[③] 芮良夫希望“凡百君子”及其“荩臣”，都能相“收”相“由”，相“谷”相“均”。

“凡百君子”与“及尔荩臣”连言，用来指称训导对象，这一句式使人容易联想到《尚书·大诰》篇的如下表述：

（1）王若曰：“猷，大诰尔多邦，越尔御事，……”

（2）“义尔邦君，越尔多士、尹氏、御事，绥予曰：……”

（3）王曰：“呜呼，肆哉！尔庶邦君，越尔御事，爽邦由哲，……”

“越”，或训“曰”，为句中语助之词；或训“与”，则为连接词。孙星衍《尚书今古文注疏》主前说。[④] 王引之《经传释词》主后说。[⑤] 文义上皆似可通，而以后者为明确。“庶”，训“众”训“多”。“庶邦”犹“众邦”“多

---

① 黄德宽：《古文字谱系疏证》四，北京：商务印书馆，2007，第3552-3553页。
② 高中华、姚小鸥：《论清华简〈芮良夫毖〉的文本性质》，《中州学刊》2016年第1期。
③ 李学勤：《清华大学藏战国竹简（三）》，上海：中西书局，2012，第150页。
④ 孙星衍：《尚书今古文注疏》，北京：中华书局，2004，第343页。
⑤ 王引之：《经传释词》，南京：江苏古籍出版社，2000，第17页。

邦”。“庶士”（见下引）犹“多士”。故“尔多邦，越尔御事”，即“尔多邦，与尔御事”；“尔邦君，越尔多士、尹氏、御事”，即“尔邦君，与尔多士、尹氏、御事”；“尔庶邦君，越尔御事”，即“尔众邦君，与尔御事”。

又或省略“越”后的“尔”字，仍举《大诰》：

(4)“肆予告我友邦君，越尹氏、庶士、御事，曰：……”

(5)“尔庶邦君，越庶士、御事，罔不反曰：……”

用法也是一样。“告我友邦君，越尹氏、庶士、御事”，即“告我友邦君与其尹氏、庶士、御事”；“尔庶邦君，越庶士、御事”，即“尔众邦君与尔庶士御事”。上举5例句法皆相类似，其中第3例“尔庶邦君，越尔御事”可以作为典型代表。“御事”，杨筠如先生说：“谓诸侯执政用事之臣也。”① 该说指出“用事之臣”尤其“臣”这一点，极为宝贵。虽然我们现在不能准确判定《芮良夫毖》“凡百君子”的“君子”具体指哪些人物，但其与“荩臣”之“臣”的身份对举，是明确的。这与《大诰》“邦君”与作为“御事”的“臣”相对举，完全一致。虽然周代社会尤其春秋之前的君臣观念与后世不尽相同，但“臣事”的观念普遍存在。金文多见“臣”某“事”某之语。以前引《师訇鼎铭》为例，天子锡命师訇，曰“汝克尽乃身，臣朕皇考穆王”，曰“用刑乃圣祖考”，“事余一人”。师訇亦自述：“小子夙夕溥由先祖烈德，用臣皇辟”，②“辟”即是“君”。杨宽先生指出，在西周及春秋时代广泛存在的“贽见礼”中，宾主执“贽”相见，“‘贽’的品级及其授受仪式，不仅用来表示来宾的身份，宾主之间的关系，更用来确立亲族

① 杨筠如：《尚书覈诂》，西安：陕西人民出版社，1959，第159页。

② 释文参见前揭李学勤先生《师訇鼎剩义》文。

和君臣关系，成为建立和维护贵族组织关系的一种重要手段。”① 保存在《仪礼》中的《觐礼》即诸侯朝见天子的所谓高级贽见礼。《礼记·乐记》：“朝觐然后诸侯知所以臣。”《祭义》：“朝觐所以教诸侯之臣也。”师𩛥鼎铭所记赐命礼也是表示君臣关系的一种方式。《诗经》“溥天之下，莫非王臣”，绝非仅仅诗人的夸张。无论《芮良夫毖》“凡百君子”与“荩臣”并举，还是《尚书·大诰》“邦君”与“御事”对举，都是上述社会现实的反映。总之，《芮良夫毖》“凡百君子，及尔荩臣”的“荩臣”应即勉力用事之臣。将之讲成“遗民”，是相当勉强的。

这样，我们可以更好地理解关于“荩臣”的相关语例，以下试举三例。

第一例：清华简《皇门》：

> 於乎！敬哉！监于兹。朕遗父兄，眔（训与）朕𰁜臣，夫明尔德，以助余一人忧。

《皇门》为周公大诰群臣之作。其所训诰的对象，当包括上引文中的“遗父兄”与“𰁜臣”。“𰁜臣”，传世《逸周书·皇门》作“荩臣”，故此字的释读绝无疑问。作“𰁜”，较《芮良夫毖》的“𦘒”增“人”旁形符，似较传世本所用从艸的“荩”为合乎造字法。孔晁注《逸周书·皇门》说：“进也，言我进用之臣。”② 传世本此句作“朕维其及朕荩臣”，难以通读。简本作“朕遗父兄眔（及）朕荩臣”，语意便显豁了。整理者训“荩臣”遵从《朱传》，谓：“忠臣，《诗·文王》‘王之荩臣’，朱熹《集传》：‘荩，进也，言其忠爱之笃，进进无已也。’”③ 由上述分析可知，所谓“朕荩臣”即

① 杨宽：《古史新探·“贽见礼”新探》，北京：中华书局，1965。
② 黄怀信：《逸周书汇校集注（修订本）》，上海：上海古籍出版社，2007，第559页。
③ 李学勤：《清华大学藏战国竹简（壹）》，上海：中西书局，2010，第171页。

我黾勉任事之臣。①

第二例：清华简《郑武夫人规孺子》简15：

……为败，姑宁君，是有臣而为暬嬖，岂既臣之获罪，又辱吾先君，曰是其俳臣也？

上引乃郑武公既卒，小祥祭后，大夫聚谋，使边父进言于新即位的庄公。“俳臣”，即“荩臣”，字从人作与清华简《皇门》同。整理者注：“荩臣，《诗·文王》毛传训‘荩’为‘进’。《说文通训定声》：‘荩，假借为进，进献忠诚。’简文是说诸臣为服御先君者。”②（按：此乃群臣自谓当先君新丧之际，未得尽职，实辱及先君，如此岂可谓为先君之黾勉臣乎？故谓“有臣而为暬嬖”。③）整理者注用“服御”一词，近之。唯不必以“进献忠诚”为说。

第三例：2009年随州文峰塔曾侯与墓出土编钟（M1：5）钟铭（见图17）：

［吾］以及大夫，宴乐爰飨，俳（荩）士备御，肃肃锵锵。

谓吾与大夫荩士宴乐，钟镛在御，鸣声锵锵。④《简报》读“俳”为“肆”，

① “遗父兄”与“荩臣”对举，不止一位学者据此认为这里的对举是“荩臣”训“余臣”的有力证据。“遗”，可训“留”，故与“余”对举。此说初看极有理。然“遗父兄”固然可以称之为“朕”之“遗父兄”；“荩臣”若果“遗臣”，系“先王”之遗，似不得冠以“朕”字。又《皇门》“遗父兄”，整理者注：“遗，《诗·鸱鸮》序疏：‘流传致达之称。’”黄怀信先生认为乃《尚书·牧誓》“昏弃厥遗王父母弟不迪”之“遗”，此字屈万里先生训“留”。然《史记》以来，《牧誓》该句已失其读。如太史公读为“昏弃其家国，遗其王父母弟不用”，似训“遗”为“弃”。

② 李学勤：《清华大学藏战国竹简（陆）》，上海：中西书局，2015，第105页。

③ 《诗经·雨无正》有“曾我暬御，惨惨日瘁”，《毛传》：“暬御，侍御也。”则“暬御”为近臣。此处言“暬嬖”与之似有不同，或含贬义。

④ 马楠说大夫、荩士互文。见清华大学出土文献读书会：《清华六整理报告补正》，清华大学出土文献研究与保护中心网站，2016-4-16，http://www.tsinghua.edu.cn/publish/cetrp/6831/2016/20160416052940099595642/20160416052940099595642_.html。

又读“大夫宴乐，爰乡倳士”为句。此处断句从董珊先生。[①] 董珊先生读“倳士”为“进士”，引《礼记·王制》“大乐正论造士之秀者，以告于王，而升诸司马，曰进士。司马辩论官材，论进士之贤者，以告于王，而定其论。论定然后官之，任官然后爵之”，又郑玄注：“进士，可进受爵禄。”李零先生读“荩”，谓“爰飨荩士”乃“大宴忠荩之士”。[②]（按：李零先生读“荩士”不可移，唯据旧说谓为“忠荩之士”，则不可从，说已见上。[③]）“荩士”义同“荩臣”，谓黾勉任事之臣。“荩士”与“大夫”对举，犹《芮良夫毖》“荩臣”与“凡百君子”之对举。

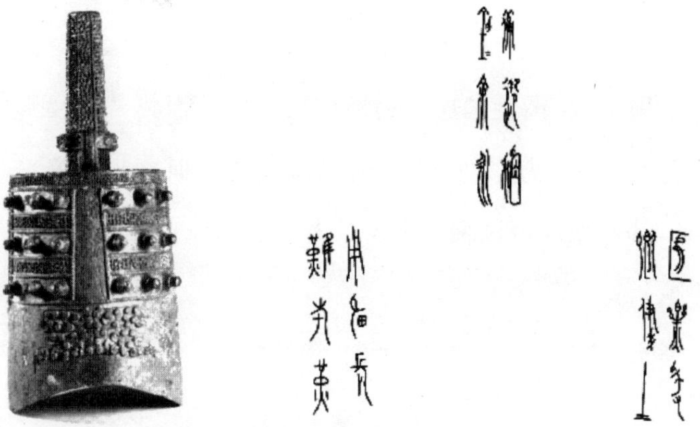

图 17　曾侯与墓 5 号编钟[④]及背面铭文“匽（宴）乐爰乡倳士”摹本[⑤]

① 董珊：《随州文峰塔 M1 出土三种曾侯与编钟铭文考释》，复旦大学出土文献与古文字研究中心网站，2014－10－4，http://www.gwz.fudan.edu.cn/Web/Show/2339。

② 李零：《文峰塔 M1 出土钟铭补释》，《江汉考古》2015 年第 1 期。

③ 钟铭“备御”，前引董珊先生文谓：“指备御非常之人，其与‘进士’联言，二者似分指文士、武士而言。”按：“备御”疑读“服御”。“备”读“服”文献常见。“服”即《文王》“侯服于周”之“服”，事也；“御”即《书·多士》“御事”字。

④ 湖北省文物考古研究所、随州市博物馆：《随州文峰塔 M1（曾侯与墓）、M2 发掘简报》，《江汉考古》2014 年第 4 期，第 32 页，图版四二 编钟 M1：5。

⑤ 湖北省文物考古研究所、随州市博物馆：《随州文峰塔 M1（曾侯与墓）、M2 发掘简报》，《江汉考古》2014 年第 4 期，第 34 页，摹本一二 M1：5 背面铭文。

又清华简《子产》："善君必察昔前善王之法律，求𡛥之贤，可以自分"（简20），"𡛥"，整理者读"荩"，引《逸周书·皇门》孔晁注："荩，进也。"又引朱骏声《说文通训定声》"荩，假借为进，进献忠诚"及《文王》"荩臣"，谓"此字应本有忠诚之义"。[①]（按：从句法看，此处仍宜读"荩士""荩臣"之"荩"，谓其人黾勉尽职，故称"荩之贤"。）"之"为句中助词（参见裴学海《古书虚字集释》卷九"之，语助也"条）。字从女者，盖探下"贤"字类化。"贤"可训好，好莫如女色，故从女。

如上所述，《诗》《书》及他文献所见"荩臣"谓黾勉任事之臣。郑笺所谓"王之进用臣"，并非确解。于省吾先生援用《郑笺》将"王之荩臣"解为"进御于周王"，谓胜国遗臣为新朝所用，从而将"荩臣"坐实为"殷士"，又将"无念"解为"勿念"，用以铸成"劝其弃旧图新，不要怀念先祖"的论断。其迷惑性可说相当大，学者翕然向风，亦不为无因。

（四）余论

需要特别指出的是，即便"荩臣"指殷士，"无念"亦绝不可训作"勿念"。以诫其人勿念先祖，非古人观念所能有。俞樾虽然力主"荩臣"为"余臣"，谓指"殷士"，然犹读"无念"为"念也"，谓当念祖，即为其证。[②]

古人以《诗》《书》并称。《尚书》所载周人情事足以发明诗人心志。《尚书·多士》系周公训诰"殷遗多士"的作品，其反复陈述的，有如下内容：

---

① 李学勤：《清华大学藏战国竹简（陆）》，上海：中西书局，2016，第142页。

② 俞氏说："其人皆商之孙子，故以'无念尔祖'勖之。'尔祖'者，斥殷先哲王也。"见俞樾：《群经平议》，收入《清经解续编》，上海：上海书店出版社，2004，第1084页。

我闻曰：上帝引逸，有夏不适逸，则惟帝降格，向于时夏。弗克庸帝，大淫泆有辞。惟时天罔念闻，厥惟废元命，降致罚。乃命尔先祖成汤革夏，俊民甸四方。

又说：

自成汤至于帝乙，罔不明德恤祀，亦惟天丕建，保乂有殷；殷王亦罔敢失帝，罔不配天其泽。在今后嗣王，诞罔显于天，矧曰其有听念于先王勤家？诞淫厥泆，罔顾于天显民祗。惟时上帝不保，降若兹大降。惟天不畀，不明厥德，凡四方小大邦丧，罔非有辞于罚。……

又：

王曰：猷，告尔多士，予惟时其迁居西尔。非我一人奉德不康宁，时惟天命，无违。朕不敢有后，无我怨。惟尔知，惟殷先人有册有典，殷革夏命。……

言及殷王成汤者再，言先王者一，言先人者一，何曾令其“勿念尔祖”？周人命其听念先人，乃因先王明德受天明命，后嗣王颠倒厥德，坠失帝命，故我周将天明威，致天之罚，是以在此。汝惟念先祖之所以受命及其所以失，谨修厥德，自求多福而已。汝当知汝祖成汤，殷革夏命，亦如我周革殷命。云云故近世以来所谓“勿念尔祖”者，绝不可信。

顺便指出，于省吾先生在论证中也举到《多士》的例子，认为《多士》“比事臣我宗多逊”句中的“比”训“亲”训“近”，句乃“劝殷多士，亲近从事为臣于我宗”云云，[1] 恐怕是不正确的。清代学者孙诒让举《召诰》

① 于省吾：《泽螺居诗经新证》卷中，北京：中华书局，2003，第95页。

“先王服殷御事，比介于我有周御事”，指出“此‘比事’即‘比介御事’，大意谓我所以移汝于远者，使亚副我御事之职”，当可从。训“亲”的异说不知始于何时，要于此经之意无当。①

李炳海教授指出：“先秦时期，数典忘祖被视为人生耻辱，对祖先怀着崇敬心理，是周代礼乐文明的重要特征。很难设想，相传出自周公之手的《文王》一诗，会奉劝殷商遗民不要怀念自己的祖先。”② 又征诸诗篇本文：“殷士肤敏，祼将于京。厥作祼将，常服黼冔”，《毛传》：“冔，殷冠也。”服饰是文化的象征。殷人服祭于周尚且着殷人礼服，示承先王，又怎会被要求忘记先祖呢？

总之，所谓“无念尔祖”，绝非要求“殷士”“勿念”其祖，“告诫殷商旧臣”云云绝非诗篇主旨所在。事实上，通读全篇不难发现，念兹在兹的，唯有“殷鉴”一事而已。文王受命，殷人失命。这一历史教训为周人记取，“殷鉴”成为周人的重要训诫，是有周一代政治生活的重大主题。《大雅·荡》篇：“殷鉴不远，在夏后之世。”《芮良夫毖》：“彼人不鉴，不鉴于夏商。”《大戴礼记·武王践阼》篇载武王席端铭曰：“所鉴不远，视尔所代。”诗人所以历述“文王”之德者，乃在文王有此明德而所以受命造周。诗人述文王之德，则二章之“亹亹”，四章之“穆穆”与“於缉熙敬止”。孔子说，“《文王》，吾美之”，又说“‘文王在上，於昭于天’，吾美之”（上博简《孔子诗论》第21、22简）。其所以美之者，即在此乎！史载刘向谏汉成帝，曰：“孔子论诗，至于‘殷士肤敏，祼将于京’，喟然叹曰：‘大哉天命！善

① 顾颉刚、刘起釪：《尚书校释译论》，北京：中华书局，2005，第1520页。

② 李炳海：《〈诗经·大雅·文王〉的“无念尔祖”发微献疑》，“中国早期书写国际学术研讨会”论文，2018年11月10—11日，北京。并参见拙撰《〈诗经·大雅·文王之什〉与西周礼乐制度》，硕士学位论文，中国传媒大学，2008。

不可不传于子孙，是以富贵无常；不如是，则王公其何以戒惧，民萌何以劝勉？’盖伤微子之事周，而痛殷之亡也。”（《汉书·楚元王传》）一美一叹，尽矣。历来发明此意者，似以朱子为最。谨录其说如下：

今案此诗：一章言文王有显德，而上帝有成命也。二章言天命集于文王，则不唯尊荣其身，又使其子孙百世为天子诸侯也。三章言命周之福，不唯及其子孙，而又及其群臣之后嗣也。四章言天命既绝于商，则不唯诛罚其身，又使其子孙亦来臣服于周也。五章言绝商之祸，不唯及其子孙，而又及其群臣之后嗣也。六章言周之子孙臣庶，当以文王为法，而以商为监也。七章又言当以商为监，而以文王为法也。其于天人之际、兴亡之理，丁宁反覆，至深切矣。故立之乐官，而因以为天子诸侯朝会之乐，盖将以戒乎后世之君臣，而又以昭先王之德于天下也。……然此诗之首章言文王之昭于天，而不言其所以昭。次章言其令闻不已，而不言其所以闻。至于四章，然后所以昭明而不已者，乃可得而见焉。然亦多咏叹之言，而语其所以为德之实，而不越乎“敬”之一字而已，然则后章所谓修厥德而仪刑之者，岂可以他求哉，亦勉于此而已。①

所言明白切著。尤其揭举“所以为德之实，而不越乎‘敬’之一字而已”，盖深得夫子“美之”之意。《大学》开篇称引《文王》，论证人臣之“止于敬”。所论虽不尽诗人本意，然独独拈出一“敬”字，尤可注目。作为《大雅》的第一篇，“敬”被如此隆重提出，成为“仪刑文王”的重要内容，可见周人的基本政治伦理。为孔子所推崇的周代制度，为后世儒家所称扬的先

① 朱熹：《诗集传》，北京：中华书局，1958，第177页。

圣周公，其核心精神于此庶几乎可见，不可不深留意焉。

附：《文王》全文及其注释

文王在上[1]，於昭于天[2]。周虽旧邦[3]，其命维新[4]。有周不显[5]，帝命不时[6]。文王陟降[7]，在帝左右[8]。

亹亹文王[9]，令闻不已[10]。陈锡哉周[11]，侯文王孙子[12]。文王孙子，本支百世[13]。凡周之士[14]，不显亦世[15]。

世之不显，厥犹翼翼[16]。思皇多士[17]，生此王国[18]。王国克生[19]，维周之桢[20]。济济多士[21]，文王以宁[22]。

穆穆文王[23]，於缉熙敬止[24]。假哉天命[25]，有商孙子[26]。商之孙子，其丽不亿[27]。上帝既命，侯于周服[28]。

侯服于周，天命靡常[29]。殷士肤敏[30]，祼将于京[31]。厥作祼将[32]，常服黼冔[33]。王之荩臣[34]，无念尔祖[35]。

无念尔祖，聿修厥德[36]。永言配命[37]，自求多福[38]。殷之未丧师[39]，克配上帝[40]。宜鉴于殷[41]，骏命不易[42]。

命之不易，无遏尔躬[43]。宣昭义问[44]，有虞殷自天[45]。上天之载[46]，无声无臭[47]。仪刑文王[48]，万邦作孚[49]。

【注释】

[1] 文王：周文王，名昌。其子武王伐纣，代商成为天下共主。在上：在天上。古人认为人死之后神魂在天。

[2] 於（wū）：叹词。昭：明。

[3] 旧邦：古老的邦国。周自后稷开国至太王迁往岐山定居建国，经历夏、商二代，故称“旧邦”。

［4］命：指天命。周人认为文王受天命伐纣，所以说“其命维新”。

［5］有：词头，无实义。不：通“丕”，有大的意思。前三章“不”都通作“丕”。不显：光明显赫的样子。

［6］不时：即“时”，谓恰当其时。

［7］陟：升。降：下。“文王陟降”，指文王之神往来于天上人间。

［8］帝左右：上帝，《诗》《书》多见，周人观念中的至上神。

［9］亹亹（wěi）：勤勉的样子。

［10］令：善。闻：声誉。令闻，谓文王有美誉。已：止。

［11］陈：通“申”，一再。锡：通“赐”。《商颂·烈祖》有“申锡亡疆”。“申锡”，言赐之多。哉：始，言始造作。

［12］侯：维，语助词。孙子：子孙后代。

［13］本：树根，喻指周王本宗。支：借为“枝”，指旁系。百：极言其多。《左传·昭公八年》：“盛德者必百世祀。”

［14］士：男子的美称。

［15］不、亦：皆语助词。“不显亦世”，与《大雅·齐思》“不显亦临”句法同。

［16］厥：其，代词。犹：谋划。翼翼：恭敬勤勉的样子。

［17］思：语助词，无实义。皇：美称。士：男子的美称。多士，即下文的“济济多士”。

［18］王国：指周邦。

［19］克：能。

［20］桢：古代筑墙立在两端的木柱，引申为骨干之意。

［21］济济：多且整饬的样子。

［22］宁：安。古人观念，国有大事筮卜以求问先王，先王将以此不能

安宁。《尚书·金縢》武王病重，“二公曰：‘我其为王穆卜。’周公曰：‘未可以戚我先王。’”郑玄注：“戚，忧也。未可忧怖我先王也。”

［23］穆穆：犹“亹亹”“勉勉”，勤勉状。

［24］於（wū）：叹美之词。缉熙：助词，《周颂》多见，旧注“光明也”。止：句尾语助词。

［25］假：大。

［26］有：词头，无实义。有商孙子，犹言“商之孙子”。

［27］不：语助词。丽：数目。古十万为亿。不亿，言其多。其丽不亿，犹言子孙千亿。

［28］侯：维，语助词。服：臣服。侯于周服，向周臣服，犹下章“侯服于周”。

［29］靡常：犹“无常”。

［30］肤：美。敏：勤勉。

［31］祼：又作“灌”，一种祭仪。祭祀开始的时候，在神主前铺上白茅，将名为“鬯”的香酒浇在茅上，像神饮酒。将：进献。京：京师。

［32］厥：其。

［33］黼（fǔ）：绣有黑白相间花纹的礼服。冔（xǔ）：殷人礼冠。

［34］荩（jìn）：尽力，意犹“黾勉”。

［35］无：词头，无实义。无念，即念，有慎思之意。

［36］聿：发语词，无实义。

［37］永：长久。言：语助词，同“焉”。配：对。配命，古人认为命由天降，持此天命不使失坠谓之“配命”。

［38］自求多福：古人观念，祸福皆自己求。意在强调行事的重要，此深戒之辞。

［39］师：众。

［40］克：能。配：匹配。

［41］宜：应该。鉴：镜子，指以之为鉴。

［42］骏：大。不易：言其难。或谓不易，不可慢易。

［43］无：句首语助词。遏（è）：通“竭”，竭尽身力之意。躬：身。

［44］宣：遍，布。昭：明。义：好。问：通“闻”，声闻、名声。宣昭义问，谓广布好名声于天下，与第二章“令闻不已”呼应。

［45］有：通“又”。虞：揆度。

［46］载：事。

［47］臭（xiù）：气味。

［48］仪、刑：皆效法之意。

［49］孚：信。

八、谁是“小子”？——《大雅·抑》篇的言述对象及所谓“刺王”

抑抑威仪，维德之隅。人亦有言，靡哲不愚。庶人之愚，亦职维疾。哲人之愚，亦维斯戾。

无竞维人，四方其训之。有觉德行，四国顺之。订谟定命，远犹辰告。敬慎威仪，维民之则。

其在于今，兴迷乱于政。颠覆厥德，荒湛于酒。女虽湛乐从，弗念厥绍。罔敷求先王，克共明刑。

肆皇天弗尚，如彼泉流，无沦胥以亡。夙兴夜寐，洒扫庭内，维民之章。修尔车马，弓矢戎兵，用戒戎作，用逖蛮方。

质尔人民，谨尔侯度，用戒不虞。慎尔出话，敬尔威仪，无不柔嘉。白圭之玷，尚可磨也。斯言之玷，不可为也。

无易由言，无曰苟矣，莫扪朕舌，言不可逝矣。无言不雠，无德不报。惠于朋友，庶民小子。子孙绳绳，万民靡不承。

视尔友君子，辑柔尔颜，不遐有愆。相在尔室，尚不愧于屋漏。无曰不显，莫予云觏。神之格思，不可度思，矧可射思。

辟尔为德，俾臧俾嘉。淑慎尔止，不愆于仪。不僭不贼，鲜不为则。投我以桃，报之以李。彼童而角，实虹小子。

荏染柔木，言缗之丝。温温恭人，维德之基。其维哲人，告之话言，顺德之行。其维愚人，覆谓我僭，民各有心。

於乎小子，未知臧否。匪手携之，言示之事。匪面命之，言提其耳。借曰未知，亦既抱子。民之靡盈，谁夙知而莫成？

昊天孔昭，我生靡乐。视尔梦梦，我心惨惨。诲尔谆谆，听我藐藐。匪用为教，覆用为虐。借曰未知，亦聿既耄。

於乎小子，告尔旧止，听用我谋，庶无大悔。天方艰难，曰丧厥国。取譬不远，昊天不忒。回遹其德，俾民大棘。

——《大雅·抑》

（一）引子：刘辰翁的疑问

《世说新语·文学》篇：

谢公（安）因子弟集聚，问《毛诗》何句最佳。遏称曰："昔我往矣，杨柳依依。今我来思，雨雪霏霏。"公曰："讦谟定命，远犹辰告。"谓此句偏有雅人深致。①

遏是谢玄的小字。谢玄于《诗经》独喜"昔我往矣，杨柳依依。今我来思，雨雪霏霏"四句。这四句出自《小雅·采薇》，直到今天，也依然为人们喜爱。为江左宰相所称道的"讦谟定命，远犹辰告"，出自《大雅·抑》篇第二章，而刘辰翁以为："非谢公识量，此语沓拖，谁省？"② 刘氏南宋末年人，以刺贾似道得鲠直名。文章亦见重当时，著《须溪集》十卷、《须溪四景诗集》四卷，收入《四库全书》。则非不识文章体法者。然以"沓拖"二字定诗人"讦谟定命，远犹辰告"二句。

①② 刘义庆撰，刘孝标注，朱铸禹汇校集注：《世说新语汇校集注》，上海：上海古籍出版社，2002，第209页。

此二句究竟何意？《毛传》：“讦，大；谟，谋；犹，道；辰，时也。”郑玄《笺》：“犹，图也。大谋定命，谓正月始和，布政于邦国都鄙也；为天下远图庶事，而以岁时告施之。”谓王者以正月布政邦国都鄙，又为天下远图众事，“以岁时告施之”，总之，乃王者之布政告施。如《笺》说，则此二句为王者而发。此汉儒之说。刘辰翁生当南宋末造，所尊或朱子《集注》。[①]《集注》谓：“大谋，谓不为一身之谋，而有天下之虑也。定，审定不改易也。命，号令也。犹，图也。远谋，谓不为一时之计，而为长久之规也。辰，时。告，戒也。辰告，谓以时播告也。”[②] 以“定命”为审定号令，“辰告”为以时播告，与郑玄无大异。果如其说，“讦谟”二句言人君之发令施政，而反复其言，宜乎刘氏以为“沓拖”。

然考诸诗篇上下，此二句句意绝非如郑玄、朱熹所说。尤其二人以为诗篇为君王而发，更属误读。要明确这一点，须由诗篇关键称谓入手。检讨历代诗说，知“小子”一语乃是问题的关键所在。

（二）“小子”是谁

“小子”之所以成为关键，是因为它关系到对诗人言说对象的判定。换言之，“小子”为谁，则诗篇为谁而作。《毛诗序》：

> 《抑》，卫武公刺厉王，亦以自警也。

《毛诗序》两说并举，一以为“刺厉王”，则诗篇似为“厉王”而作，如此，则“小子”当系厉王。郑玄以降的绝大部分学者即持此说。然而该说的漏洞

---

① 淳祐元年（1241年），朱熹从祀孔庙，《诗》学遂宗朱《传》。刘辰翁生于1233，卒于1297年，正当宗朱之时。参见戴维：《诗经研究史》，长沙：湖南教育出版社，2001，第389页。

② 朱熹：《诗集传》，北京：中华书局，1958，第205页。

不少。如朱熹即提出如下意见。他说：

以诗考之，则其曰“刺厉王”者失之，而曰“自警”者得之也。曰“刺厉王”之所以为失者，《史记》卫武公即位于宣王之三十六年，不与厉王同时，一也。诗以“小子”目其君而“尔汝”之，无人臣之礼，与其所谓敬威仪慎出话者自相背戾，二也。厉王无道，贪虐为甚，诗不以此箴其膏肓，而徒以威仪词令为谆切之戒，缓急失宜，三也。诗词倨慢，虽仁厚之君有所不能容者，厉王之暴，何以堪之？四也。或以《史记》之年不合而以为追刺者，则诗所为“听用我谋，庶无大悔”，非所以望于既往之人，五也。曰“自警”之所以为得者，《国语》左史之言，一也。诗曰“谨尔侯度”，二也。又曰“曰丧厥国”，三也。又曰“亦聿既耄”，四也。诗意所指与《淇奥》所美，《宾筵》所悔相表里，五也。①

朱熹反驳“刺厉王”的旧说，举出五大证据。其中非常重要的一点，是指出“诗以‘小子’目其君而‘尔汝’之，无人臣之礼”。果如此说，则即此一点，旧说所谓“斥王”者即当重新考虑。

然而朱子的讲法遭到清代学者的质疑。胡承珙《毛诗后笺》：

或又谓篇中“尔女”、“小子”，非斥王之词，则《天保》《卷阿》皆称“尔女”，至春秋鲁人之歌尚曰“我君小子”。古人称谓质直，本无不宜。②

胡氏力证以“小子”斥王“本无不宜”，无疑是针对朱熹的上述讲法。然，考诸文献及古代制度，胡氏之说实难以成立。

① 朱熹：《诗序辨说》卷下，收入文渊阁《四库全书》本，上海：上海古籍出版社，影印本，第六十九册第37页。

② 胡承珙：《毛诗后笺》卷下，郭全芝点校本，合肥：黄山书社，1999，第1398页。

让我们首先从《诗》《书》经典文献对“小子”的使用谈起。

《诗经》“小子”一词凡十二见，其中《抑》篇四见，此外的八例是：

(1) 肆成人有德，小子有造。(《大雅·思齐》)

(2) 戎虽小子，而式弘大。(《大雅·民劳》)

(3) 老夫灌灌，小子跻跻。(《大雅·板》)

(4) 无曰予小子，召公是似。(《大雅·江汉》)

(5) 闵予小子，遭家不造。(《周颂·闵予小子》)

(6) 维予小子，夙夜敬止。(《周颂·闵予小子》)

(7) 维予小子，未堪家多难。(《周颂·访落》)

(8) 维予小子，不聪敬止。(《周颂·敬之》)

这八例可分为如下三种情况：

第一，自称。第(5)至(8)四例，系周王自称，而且都使用“予小子”这一固定格式。其中见于《周颂·闵予小子》篇的第(5)、(6)两例，乃“嗣王”申告于先人之前。故诗云“於乎皇考”，又“念兹皇祖”，又云“於乎皇王”。[①] 篇中“予小子”系“嗣王”自称，汉唐以降无异辞。第(7)例“维予小子，未堪家多难”出自《周颂·访落》。《毛诗序》：“《访落》，嗣王谋于庙也”，“小子”亦“嗣王”自称。第(8)例“维予小子，不聪敬止”，《毛传》“小子，嗣王也”，清华简本《敬之》相应的句子作“讫我夙夜不逸，敬之”，并无“小子”之称。虽然有此差异，然就文意来看，传世本“小子”亦王者自称是无疑的。至于第(4)例“无曰予小子，召公是似”，这里的“予小子”，或谓宣王自称（朱熹《集传》、陈奂《诗毛氏传疏》等），或谓宣王揣度召伯之情而代称（《郑笺》：“女无自减损曰我

① 姚小鸥：《诗经三颂与先秦礼乐文化的演变》，北京：商务印书馆，2019，第154页。

小子耳”）。无论何种情形，此处“小子”亦皆自称。这从其冠以“予”字亦可确认。①

第二，称呼谈话的直接对象（“面称”）。第（2）、（3）两例属于此类。第（2）例“戎虽小子，而式弘大”，戎，《郑笺》：“犹女（汝）也。”②诗人呼其人而戒之曰：“汝虽小子，然为任重大。”称对方为“小子”，当如李学勤先生在《何尊新释》中所言，是“长上的口吻”。第（3）例“老夫灌灌，小子跻跻”，系诗人告语“同僚”。“老夫”，诗人自称。“灌灌”，犹款款、谆谆。诗人自称“老夫”，言其谆谆告语，而对方听之藐藐，深以为忧。需要指出，第（2）、（3）两例分别出自《大雅·民劳》和《板》两篇。这两篇旧说以为斥王，是错误的（详下节）。

第三，某种特定身份。第（1）例“肆成人有德，小子有造”属于此种情况。这里“小子”的确切含义尚难决定，但无论如何，它不是用于对“王”的称呼。

如上所述，可知《诗经》中的这八例无一可以证实用于人臣之称呼君王。考察《尚书》中的“小子”用例，亦无一用于称呼王王（周王自称者除外）。西周金文的情形也是如此。

李学勤先生在《何尊新释》一文中结合金文及《尚书》等文献用例指出“小子”一词：

> 如系自称，是表示谦卑；如称他人，则是长上的口吻。③

---

① 后说恐得。朱子等以“予小子”宣王自称者，或与《礼记·曲礼下》的说法有关。《曲礼下》“天子未除丧曰予小子”，郑玄注“谦，未敢称‘一人’”；又“君大夫之子不敢自称曰‘余小子’”，郑玄注：“辟（避）天子之子未除丧之名。”

② 《诗经》“戎”用为第二人称“汝”者多见。此篇外，又《大雅·韩奕》“缵戎祖考，无废朕命”，《郑笺》：“戎犹女也。”朱骏声《说文通训定声》：“戎、汝、若、而，皆一声之转。”两篇“戎”字《毛传》皆训为“大”，是错误的。并详见马瑞辰《毛诗传笺通释》，中华书局1989年版第922页。

③ 李学勤：《何尊新释》，《中原文物》1981年第1期。

“称他人”的例证，李先生所举如《尚书》之《康诰》：“汝惟小子，乃服惟弘。”金文材料如《师𬏺簋》：“女（汝）有唯小子，余令女（汝）……”，前者系周王对“其弟”康叔的命诰，后者系伯龢父对师𬏺的命辞。

李学勤先生对于金文及《尚书》材料的分析，与我们对于《诗经》用例的分析结果是相当的。可以进一步追问的是，为什么称他人为“小子”是“长上的口吻”？这与“小子”这一称谓的由来有关。这里应该特别介绍到裘锡圭先生《关于商代的宗族组织与贵族和平民两个阶级的初步研究》（以下简称《宗族》）一文的研究。

裘锡圭先生注意到多件商代晚期铜器是因“小子”受到“子”的赏赐而铸作，如（据《宗族》文移录。为便印制，一般使用通行字，下同）：

（1）甲寅，子赏小子省贝五朋。省扬君赏，用作父己宝彝。（《集成》5394）

（2）子光赏小子冀启贝，用作文父尊彝。（《集成》5965）

裘锡圭先生指出：“铭文里的‘小子’，应该是跟‘子’相对的一种称呼。它们不会是小儿子的意思，也不像是谦称，而应该是一种特定的身份。”基于族长称“宗子”或“子”乃是周代社会的常见现象，[①] 知上举“小子”当指“小宗宗子”。裘锡圭先生举出西周铜器铭文和《尚书》里的大量类似用例，如下举四例：

---

① 裘锡圭先生结合传世文献做了论证，可以抄在下面：

《左传·哀公二十七年》：“悼之四年，晋荀瑶帅师围郑……将门，知伯谓赵孟入之。对曰：‘主在此。’知伯曰：‘恶而无勇，何以为子？’对曰：‘以能忍耻，庶无害赵宗乎！’”知伯问赵孟“何以为子”，意思就是说，你凭什么当赵氏的宗子（即赵族的大族长）。《尚书·洛诰》记周公的话说：“予旦以多子越御事笃前人成烈，答其师，作周孚先。”曾星笠《尚书正读》说：“多子，大小各宗也。”这个解释是很正确的。卿大夫基本上都是族长，所以一般尊称他们为子。例如《左传·哀公十一年》记孔子对冉有所说的话，就称季康子为“子季孙”。

《何尊》：丙戌，王诰宗小子于京室。(《集成》6014)

《不其簋》：伯氏曰：不其，汝小子肇敏于戎工。(《集成》4328)

《尚书·酒诰》：文王诰教小子、有正。

《尚书·多士》：王曰：告尔殷多士……今尔惟时宅尔邑，继尔居，尔厥有干有年于兹洛，尔小子乃兴从尔迁。

裘锡圭先生指出，上举“小子”的含义，以曾运乾先生《尚书正读》的解释为最合理。曾注《酒诰》“文王诰教小子、有正”：“小子，盖同姓小宗也。”注《多士》“尔小子乃兴从尔迁”说：“小子，同姓小宗也。此篇诰多士，盖诰殷士大夫为大宗者。大宗既往，小宗乃兴，所谓宗以族得民也。周迁殷民，皆以族相从，若《左传》分鲁卫以殷民六族七族是也。”《宗族》文指出，《何尊》“王诰宗小子于京室”的“小子”当解为“属于周王的小宗宗子”。《不其簋》铭的“伯氏”当是器主的宗子，器主当是小宗之长，所以被伯氏称为小子。而前引两例商代青铜器铭（1）、（2）中的“子”，则“显然是指族中地位最高的族长，即大宗宗子。小子则应是从属于他的小宗之长”。裘锡圭先生还指出，（1）中的“小子”称“子”为“君”，也是当时社会的常见现象。[①]

裘锡圭先生的论证充分证明了，“小子”是宗法制度背景下产生的一个专用称谓，指的是“小宗宗子”（即“小宗家族之长”）。如所周知，由于宗族组织内部存在严格的等级结构，小宗对大宗在政治上绝对服从，故“小子”一词在不作为宗族长的专用称谓时，可用为长上的口吻以称呼他人。这应当说是语义演变过程中的正常现象。[②] 到后来“小子”成为带有轻视意味

① 裘锡圭：《关于商代的宗族组织与贵族和平民两个阶级的初步研究》，载《文史》第十七辑，北京：中华书局，1983年。

② 姚小鸥：《诗经三颂与先秦礼乐文化的演变》，北京：商务印书馆，2019，第152页。

的称谓，也是这一演变线索发展的结果。

现在，让我们分析《抑》篇中的“小子”。《抑》篇“小子”凡四见：

六章：惠于朋友，庶民小子。子孙绳绳，万民靡不承。

八章：投我以桃，报之以李。彼童而角，实虹小子。

十章：於乎小子，未知臧否。匪手携之，言示之事。匪面命之，言提其耳。

十二章：於乎小子，告尔旧止。听用我谋，庶无大悔。

根据上文的分析，第六章“惠于朋友，庶民小子”的“小子”，应属裘锡圭先生所说的特定身份，即“小宗宗族长”。需要指出，这里的“庶民”并非今天所理解的平民。“庶”训“众”“多”，“民”即“人”。[①] 第十、十二章“於乎小子”，“小子”是诗人的面称对象，第八章“彼童而角，实虹小子”的“小子”，郑玄认为也是面称对象。根据前述分析，这两例皆难以指实为周王。[②] 郑玄据《礼记·曲礼》谓“天子未除丧称小子”，并不可靠。依郑之说，则诗篇必作于厉王在丧期间，而这与诗篇作者卫武公的活动年代不能相合。[③]。

前引胡承珙的论证提到春秋鲁人之歌“我君小子”，似乎称“君”为“小子”亦“无不宜”。然而仔细考察，问题并不如此简单。按《左传·襄公四年》：

---

① “朋友”亦亲族称谓，这一点我们在本书的其他部分已经指出了。颇疑“庶民”与“百生”之义近似，指诸族而言。拟专文另布。

② 需要指出的是，前引李学勤先生文已经指出，先秦文献所见“小子”“幼子”，“不一定指年龄的幼小”。《抑》篇既以长上的口吻感叹“於乎小子”，又说对方“亦聿既耄”（第十一章），并无矛盾。

③ 胡承珙《毛诗后笺》的讨论。

> 冬十月，邾人、莒人伐鄫。臧纥救鄫，侵邾，败于狐骀。……国人诵之曰："臧之狐裘，败我于狐骀。我君小子，朱儒是使。朱儒朱儒，使我败于邾。"

杜预注："襄公幼弱，故曰小子。臧纥短小，故曰朱儒。"杜预认为"襄公幼弱，故曰小子"，对此清代学者沈钦韩有不同意见。沈氏《春秋左氏传补注》卷六："《抑》之诗'实虹小子''於乎小子'，皆称厉王也。《郑笺》云'天子未除丧称小子'。按晋有小子侯，襄公在定姒之丧故也。"[①] 杨伯峻先生非杜是沈。[②]

检沈氏的举证是郑玄注《抑》篇所引《礼记·曲礼》"天子未除丧称小子"。前文已引及。这里要指出的是，《曲礼》原文是"天子未除丧曰予小子"，郑玄注"谦，未敢称'一人'"；又"君大夫之子不敢自称曰'余小子'"，郑玄注："辟（避）天子之子未除丧之名。"所谓"余小子""予小子"，正是李学勤等先生已经讨论过的自称则示谦。这与鲁人称其君的性质是不同的，沈氏的论证并不可靠。

我们认为，从文化性质上，《左传》此处所载"国人诵之"云云属于民间的文化行为，它与以《诗》《书》为代表的周代礼乐文化经典在文化性质上存在较大差异。[③] 民间称谓等文化现象逸出礼制框架之外，是可以理解的。然而以之律《诗经》尤其《大雅》和《颂》诗部分，恐不尽妥当。所谓雅俗有别，朱熹注意到"小子"称谓与"人臣之礼"与诗篇本身所强调的"敬威仪慎出话"之间的"自相悖戾"，应属正确的观察。事实上，遍检文献，胡氏仅能举出《左传》这一条材料，于《诗经》《尚书》未能一举证，已经说明问题了。

---

① 沈钦韩：《春秋左氏传补注》卷六，清功顺堂丛书本。据爱如生中国基本古籍库。

② 杨伯峻：《春秋左传注》，北京：中华书局，1990，第 940 页。

③ 姚小鸥：《成相杂辞考》，《文艺研究》2000 年第 1 期。

总之，《抑》篇的“小子”确非“斥王”之词。接下来要讨论的，是“尔”与“女”。

（三）“尔女”非“斥王之词”

如前所引，胡承珙在《抑》篇说：

> 或又谓篇中“尔女”、“小子”，非斥王之词，则《天保》《卷阿》皆称“尔女”，至春秋鲁人之歌尚曰“我君小子”。古人称谓质直，本无不宜。①

又胡氏于《大雅·民劳》篇说：

> 又以诗中“尔女”似非斥王之词耳。不知称谓古今递变。三代质直，“尔女”之称，尊卑上下皆可施用。《诗》中此类甚多。《孟子》乃云：“人能无受尔女之实。”盖至战国时，始以“尔女”为尊于卑、上于下轻忽之词耳，不可以律《诗》《书》也。②

胡氏以为“尔女”之称，“尊卑上下皆可施用”，并非事实。语言学家的研究表明了这一点。洪波先生就《左传》中的用例做了全面统计，有如下列表（逗号前是用例数，后是百分比数）：③

---

① 胡承珙：《毛诗后笺》卷下，郭全芝点校本，合肥：黄山书社，1999，第 1398 页。

② 胡承珙：《毛诗后笺》卷下，郭全芝点校本，合肥：黄山书社，1999，第 1373 – 1374 页。

③ 洪波：《先秦汉语对称代词“尔”“女（汝）”“而”“乃”的分别》，《语言研究》2002 年第 2 期。

表3 《左传》中“尔”“女”两字用例

用字	尊卑关系	长幼关系	平等关系	卑尊关系	幼长关系
尔	18，45.0%	6，15.0%	15，37.5%	1，2.5%	0
女	40，64.5%	5，8.1%	16，25.8%	1，1.6%	0

如表3所示，“尔”与“女”用于卑者对尊者的，各仅一例，其余皆用于尊者对卑者，长者对幼者，或者平辈之间。仔细分析，这仅见的“一例”，又各有其具体语境，不可简单地视为“卑对尊”。

关于“尔”字的一例，见于《左传·襄公十八年》：

（晋）献子以朱丝系玉二珏而祷曰：“……齐环怙恃其险，负其众庶，弃好背盟，陵虐神主。曾臣彪将率诸侯以讨焉。其官臣偃实先后之。苟捷有功，无作神羞，官臣偃无敢复济。唯尔有神裁之！”①

关于“女（汝）”字的一例，见于《左传·哀公十七年》：

初，（卫庄）公自城上见己氏之妻发美，使髡之，以为吕姜髢。既入焉，而示之璧，曰：“活我，吾与女璧。”己氏曰：“杀女，璧其焉往？”遂杀之而取其璧。②

以下试作分析。《左传·襄公十八年》的“尔”字，用于晋献子的祷神活动，其呼“尔有神”，是以“尔”呼“神”。人神关系一定程度上与卑尊关系相当，故洪文将之归为“卑对尊”的用例。但应注意，此处系祷神之辞，并非出自晋献子之口，而是由“祝史”代为之。我们知道，古代社会中，“祝”的职责之一，便是“祷”。《周礼·大祝》掌“作六辞以通上下亲疏远近，一曰祠，二曰命，三曰诰，四曰会，五曰祷，六曰诔”，郑玄注引郑众

① 《春秋左传正义》，载阮元刻《十三经注疏》，北京：中华书局，1980，第1965页。
② 《春秋左传正义》，载阮元刻《十三经注疏》，北京：中华书局，1980，第2179页。

说："祷，谓祷于天地、社稷、宗庙。"[①] 欲"祷"神者虽系晋献子，但具体执行这一操作的是祝官。故"祷辞"是以祝官，而非晋献子的口吻撰作。上引祷辞，于齐君、晋君皆直呼其名，所谓"齐环""晋彪"。杜预注："环，齐灵公名。彪，晋平公名。"晋平公为晋献子的主君，由此也可证明祷辞确以祝官口吻为之，而非晋献子。祝官可以直呼君主的名字，乃由其身份决定。我们知道，祝是神职人员，主通神人。《说文》"祝"字从示从人口，段玉裁注："此三字会意，谓以人口交神也。"[②] 上引祷辞呼诸神为"尔有神"，用一"尔"字，略示敌体，正因为其出自祝官之口的缘故。《尚书·金縢》载周公问神，由史逸册祝，祝辞曰"惟尔元孙某"、"若尔三王"，[③] 呼已逝先王而用一"尔"字，亦以史官的身份使然。总之，襄公十八年的这一例并不足以证明"尔"字可用于"卑尊关系"。

至于哀公十七年，己氏呼卫庄公为"女（汝）"，则以彼时己氏行将弑君，心中无君，口中亦无，遂不用尊称，径呼以"女"。故该例亦不足以证成"女"字的用于"卑尊关系"。

总之，"尔""女"在《左传》中并无用于卑对尊或下对上的实例，而皆用于尊者对卑者或敌体之间。古代社会中，称谓是礼的重要表现形式之一。《左传》是重要的先秦典籍。《左传》"尔""女"的上述用法，当是有周一代礼制的体现。作为周代礼乐文化的产物，《诗经》尤其《雅》《颂》中的称谓规则当与之基本相合。

胡氏在《民劳》篇下说："三代质直，'尔女'之称，尊卑上下皆可施用。《诗》中此类甚多。"其谓"《诗》中此类甚多"，然未能举证。就胡氏所讨论的《民劳》篇"王欲玉女（汝）"句来说，句中之"女（汝）"，亦

① 《周礼注疏》，载阮元刻《十三经注疏》，北京：中华书局，1980，第809页。
② 段玉裁：《说文解字注》，上海：上海古籍出版社，1988，第6页。
③ 《尚书正义》，载阮元刻《十三经注疏》，北京：中华书局，1980，第196页。

并非如胡氏所言斥王。必须指出，关于“王欲玉女”一句，存在广泛误解，应予辨明。

“王欲玉女”出自《大雅·民劳》最末一章。《民劳》全篇五章，各章结构基本相同。通篇述民人困顿，为政者当恤图之，惠施止虐，俾民稍息。诗篇末章说：

> 民亦劳止，汔可小安。惠此中国，国无有残。无纵诡随，以谨缱绻。式遏寇虐，无俾正反。王欲玉女，是用大谏。

“王欲玉女”句，毛氏无说，《郑笺》：

> 玉者，君子比德焉。王乎！我欲令女如玉然，故作是诗，用大谏正女。此穆公至忠之言。

细绎《郑笺》，不难看出，在“王欲玉女”句的解说上，郑玄采用了非常规的读法，即将“王欲玉女”一句读成上下两个分句：“王！（我）欲玉女（汝）”，为此，郑玄在下一分句“欲玉女”之前添设了一个“我”（诗人自称）作主语，以使句法正常化。虽然诗的句法与散文句法有别，然而郑玄在此处的非常规读法仍然令人感觉突兀。试吟诵诗篇即不难体会。

孔颖达对此未提出新的意见，但同时也未作一字疏解，与其体例不甚相合。这一点值得注意，似乎暗示其与郑玄实意见相左，出于某种考虑，未便明白说出。

朱熹《诗集传》明确提出与郑玄完全不同的解释，他说：

> 玉，宝爱之意。言王欲以女（汝）为玉而宝爱之，故我用王之意，大谏正于女。盖托为王意以相戒也。①

---

① 朱熹：《诗集传》，北京：中华书局，1958，第200页。

朱子指出“王欲玉女”应解为“王欲以女（汝）为玉而宝爱之”，“王”为主语，“欲”“玉”为并列动词谓语，“女（汝）”作宾语，这一读法完全符合该诗句的正常语序，较《郑笺》为合理，故得到多数学者的认同。其不从朱子而遵郑玄者，亦未能提出新的有力论证。①

有清一代考据学大兴，阮元乃为专文讨论此事。阮氏《毛诗王欲玉女解》：

> 许氏《说文》“金玉”之“玉”无一点，其加一点者解云：“朽王也，从王。”有点读若“畜牧”之“畜”。是“王”与“玉”音义迥别矣。《毛诗》“玉”字皆“金王”之“王”，惟《民劳》篇“王欲玉女”，“玉”字专是加点之“玉”，后人隶字混淆，始无别矣。《诗》言“玉女”者，“畜女”也。“畜女”者，“好女”也。“好女”者，臣说君也。召穆公言：王乎，我正惟欲好女畜女，不得不用大谏也。②《孟子》曰：“为我作君臣相说之乐。其诗曰：‘畜君何尤。’畜君者，好君也。”《孟子》之“畜君”，与《毛诗》召穆公之“玉女”无异也。后人不知“玉”为假借字，是以《郑笺》误解为“金王”之“王”矣。

阮氏据《说文》谓《诗》“玉女”之“玉”当读“畜”，“畜女”即《孟子》之“畜君”。阮氏又据文献“考”“畜”“好”的同音义近现象进一步论证“玉”读为“畜”：

> 盖玉、畜、好、丂、九古音皆同部相假借。《淮南·说林篇》曰：“白璧有考。”《氾论篇》曰：“夏后氏之璜，不能无考。”考即朽，朽即玉，谓王（引者按：即金玉字）之衅也。王有衅，即是有孔。故《考

① 鲁洪生：《诗经集校集注集评》卷十二，北京：现代出版社，2015，第7869－7871页。

② “王乎我正惟欲好女畜女不得不用大谏也”，原误标点作“王乎我正，惟欲好女，畜女不得，不用大谏也”。今正。

> 工记》《尔雅》皆以璧之孔为好。好即玉。《吕览·适成篇》："民善之，则畜也。"注："畜，好也。"《说苑》："尹逸对成王曰：'民善之，则畜也。'"此"畜"字即"玉女""玉"字也。《说文》："嫱，媚也。"孟康注《汉书·张敞传》云："北方人谓媚好为诩畜。""畜"与"嫱"通也。《礼记·祭统》云："孝者畜也。"《释名》云："孝，好也。爱好父母如所说好也。"是爱于君亲者皆可云"畜"也。畜即好也，好即玉也。畜与旭同音。故《诗》"骄人好好"，《尔雅》作"旭旭"。郭璞读"旭旭"为"好好"。凡此皆"王"字加点之"玉"字与"畜"、"好"相通相同之证也。①

按《说文》有"王"（金玉字）旁加点的"玉"，大徐本作"琇"（音 xiù），段玉裁注本改"玉"，谓"朽玉也。从王（金玉字）有点，读若畜牧之畜"②。阮氏指《诗》"玉女"之"玉"即此加点的"朽玉"字，又据《说文》读若谓即"畜牧"字的假借（阮氏"相通""相同"不别）。从古文字材料看，加点的"朽玉"字的最早确切材料见于汉代（《汉印征》）。秦陶文加点之"玉"是否"朽玉"字，尚难决定。③且秦汉上据《民劳》的西周晚期已数百年，又从何得知《民劳》"玉女"果然"朽玉"字而非"金玉"字乎？阮氏的结论不能坚牢。何况《诗经》他篇"玉"字皆系"金玉"字，独此一篇作"朽玉"，亦大可疑。

阮氏的第二步论证是：《民劳》"玉女"读为"畜女"，而"畜女"与《孟子》所引古诗"畜君何尤"之"畜君""无异"。《孟子》"畜君"既为"好君"之意，则《民劳》"玉女"亦为此意，故"王欲玉女"者，乃"臣

---

① 阮元：《揅经室一集》卷四，北京：中华书局，1993，第 76－77 页。

② 段玉裁：《说文解字注》，上海：上海古籍出版社，1988，第 11 页。

③ 季旭昇：《说文新证》，台北：艺文印书馆，2014，第 55 页。

说（悦）君”之辞。这一点在阮氏的整个论证逻辑中至关重要，但该论证是不充分的。因为即便“玉女”读“畜女”，《孟子》有“臣说君”的“畜君”之辞，亦无从确断《民劳》“玉女”为“臣说君”之辞。且依照阮氏逻辑，臣说君可用“畜”字，君之说臣又何必不然？

阮元虽然主张“玉女”乃“畜好”字，指《郑笺》读“金玉”字为误，但对句意的基本理解实与郑玄无异，这从他对全句的串讲中可以看出。阮氏说“王乎，我正惟欲好女畜女，不得不用大谏也”，与《郑笺》“王乎！我欲令女如玉然，故作是诗，用大谏正女”，训释结构完全相同。也正因此，郑玄训解所存在的两大问题：句式的非常规性，添设主语“我（诗人自我）”的增字解经问题，阮氏并未解决，且增添了训诂的不确定性这一新问题。

虽然如此，阮元的说法仍为其后诸多学者如以《诗》学名家的马瑞辰①、陈奂②等人遵从。马瑞辰更由阮说引申说：“因思《礼记》‘请君之玉女’，玉女亦当读畜，即好女，犹云淑女也。”

《民劳》篇“尔”与“王”对举，第二章“无弃尔劳，以为王休”，诗人戒此人黾勉从政，以为天子休美，足见“尔”并非“王”。“尔”既为诗人所直面告语者，则“王”非所直呼如郑、阮所说。结合前文对于“尔”“汝”字的使用环境来看，郑玄、阮元将“女”理解为“王”，实在难于成立。无独有偶，《民劳》篇亦有“小子”一语，第四章“戎虽小子，而式弘大”，“戎，犹女（汝）也”（郑笺），前文已经证明“小子”并非指周王，则诗人非呼“王”而告语，亦由此可知。朱子释“王欲玉女”句为“言王欲以女为玉而宝爱之”，③ 实平允近情。

---

① 马瑞辰：《毛诗传笺通释》，北京：中华书局，1989，第923页。
② 陈奂：《诗毛氏传疏》，滕志贤整理，南京：凤凰出版社，2018，第905页。
③ 朱熹：《诗集传》，北京：中华书局，1958，第200页。

如上所述，《民劳》所称之“女（汝）”绝非斥王之辞如胡承珙《后笺》所言。此外胡氏认为《小雅·天保》与《大雅·卷阿》之“尔女”皆斥王，亦非事实。检《卷阿》篇第二、三、四章屡见“尔”字。其中第二章“伴奂尔游矣，优游尔休矣。岂弟君子，俾尔弥尔性，似先公酋矣”（第三、四章结构相同），据郑玄所释，乃言天子“任贤”，“贤者既来，王以才官秩之，各任其职。女则得伴奂而优自休息也。乐易之君子来在位，乃使女终女之性命，无困病之忧，嗣先君之功而终成之”，“尔”指贤者。故“尔”为“斥臣”之辞，而非“斥王”。朱熹以“尔”为“贤人”未必确当，然而指出是王的口气，则是正确的。至于《天保》篇之“尔”虽或指君王，然通篇皆以尸祝之口说出，所谓“君曰卜尔，万寿无疆”，《毛传》：“君，先君也。尸所以象神。卜，予也。”尸以先君口气赐福，谓使汝等万寿无疆。这与前举《左传·襄公十八年》称先祖为“尔”，亦尸祝为之的情形相类。总之，《天保》《卷阿》两篇亦不足以支撑胡氏论断。胡氏谓“《诗》中此类甚多”，实不然也。

胡氏还提到所谓“三代质直”的问题以为称谓上的尊卑界限未必谨严。其实，“质直”只是问题的一个方面，近年的研究表明，西周鼎盛时期，王室权威之大，以致拥有干预诸侯国事务的能力，绝非东迁之后可比。[①] 所谓“周室之日衰”，主要反映的是春秋以降的情势。即便如此，诸侯名义上仍尊崇天子，故穆叔聘晋，不敢当《文王》，以其为两君相见之乐；三家分晋，赵魏韩仍以取得王命为其合法性之保障。

总之，《抑》篇并非卫武公“进谏”厉王之诗，诗人于篇中所称呼的“小子”“尔”“女”，亦皆非指天子。以此通读全篇，则诗篇文意涣然，否则窒碍难通，“王欲玉女”句的解释足以表明这一点。其实，清代学者不敢

① 李学勤：《论士山盘》，载《遯亨集》，长春：吉林大学出版社，2003；又《绛县横水二号墓卣铭释读》，《晋阳学刊》2014 年第 4 期。

突破郑玄解释框架的根本原因还在于，未能正确理解《毛诗序》的“刺王”，误将“刺王”等同于“谏王”。我们曾经指出，所谓“刺王”，“乃是汉儒基于特定理念所立《诗》说。若据此将诗篇坐实为进谏天子，则属误解。”① 历史学者对这一问题间有涉及，其中不乏启示性的意见。如张秉楠先生在《商周政体研究》一书中说：“美刺，就是对时事的称颂与批评”。② 根据这一思路，不难理解，《毛诗序》的“美某王”或“刺某王”，应该理解成“美某个时代”或“刺某个时代”。其背后的理念乃是“一国之事，系一人之本”（《毛诗序》）。《大雅》的《民劳》与《板》《抑》三篇，《毛诗序》俱言“刺厉王”，郑玄皆以为“谏王”。实则《民劳》与《板》皆“同列相戒之辞”，朱子已经指出③，《板》篇明言“我虽异事，及尔同僚”，尤为明证。《抑》篇亦非谏王，余培林即指出“此诗当与《民劳》《板》篇相同，亦告诫同僚之诗”④。近年新出简帛文献有与诸篇类似的诗篇，足见当时类似性质的诗篇大量存在。学者受传统说法的影响，亦将之归为“谏王”的“献诗”，是错误的，这里就不展开了。⑤

---

① 高中华、姚小鸥：《清华简〈芮良夫毖〉疏证（上）》，载《中国诗歌研究》第十四辑，北京：社会科学文献出版社，2017。

② 张秉楠：《商周政体研究》，沈阳：辽宁人民出版社，1987，第184页。

③ 朱熹：《诗集传》，北京：中华书局，1958，第200页。按《板》八章，全篇如下：

上帝板板，下民卒瘅。出话不然，为犹不远。靡圣管管，不实于亶。犹之未远，是用大谏。
天之方难，无然宪宪。天之方蹶，无然泄泄。辞之辑矣，民之洽矣。辞之怿矣，民之莫矣。
我虽异事，及尔同寮。我即尔谋，听我嚣嚣。我言维服，勿以为笑。先民有言，询于刍荛。
天之方虐，无然谑谑。老夫灌灌，小子跻跻。匪我言耄，尔用忧谑。多将熇熇，不可救药。
天之方懠，无为夸毗。威仪卒迷，善人载尸。民之方殿屎，则莫我敢葵。丧乱蔑资，曾莫惠我师。
天之牖民，如埙如篪，如璋如圭，如取如携。携无曰益，牖民孔易。民之多辟，无自立辟。
价人维藩，大师维垣，大邦维屏，大宗维翰。怀德维宁，宗子维城。无俾城坏，无独斯畏。
敬天之怒，无敢戏豫。敬天之渝，无敢驰驱。昊天曰明，及尔出王。昊天曰旦，及尔游衍。

④ 余培林：《诗经正诂》，台北：三民书局，2005。

⑤ 有兴趣的读者可以参看我们的文章（高中华、姚小鸥：《论清华简〈芮良夫毖〉的文本性质》，《中州学刊》2016年第1期）。

（四）回应刘辰翁

《抑》篇既非“谏王”之作，“讦谟定命，远犹辰告”两句便不能解为以天子为主体发出的行动如《郑笺》所说“布政”、“告施”了。

“讦谟定命”：

> 《毛传》：“讦，大。谟，谋。”
>
> 《郑笺》：“大谋定命，谓正月始和，布政于邦国都鄙也。”
>
> 《诗集传》：“大谋，谓不为一身之谋，而有天下之虑也。定，审定不改易也。命，号令也。”

“远犹辰告”：

> 《毛传》：“犹，道。辰，时也。”
>
> 《郑笺》：“犹，图也。为天下远图庶事，而以岁时告施之。”
>
> 《诗集传》：“犹，图也。远谋，谓不为一时之计，而为长久之规也。辰，时。告，戒也。辰告，谓以时播告也。”

据上引注解尤其郑玄与朱熹所注，则“命”与“犹”一为政命，一为规划，并无明显区别。“定命”，郑玄说“布政于邦国”，朱熹说“命，号令也”；“犹”，朱熹谓“长久之规”。如此，王者之“政”与“号令”，与王者之“规”，二者有何本质区分？而反复其辞。宜乎刘氏以为“沓拖”。

然而考校文献，“定命”之“命”，恐非如郑玄及朱子所释。传世先秦文献“定命”一语凡两见，而皆不谓号令或政令。《左传·成公十三年》载刘康公论成子之“不敬”，说：

> 吾闻之：民受天地之中以生，所谓命也。是以有动作礼义威仪之则以定命也。能者养以之福，不能者败以取祸。是故君子勤礼，小人尽力。勤礼莫如致敬，尽力莫如敦笃。……

谓“民受天地之中以生”者谓之“命”，“动作礼义威仪之则”乃所以“定命”者。杨伯峻先生注：“命谓生命。”①

又《尚书·洛诰》：

> 周公拜首稽首，曰：“朕复子明辟，王如弗敢及天基命定命，予乃胤保，大相东土，其基作民明辟。……”

此周公摄政七年欲返政成王，面致天子之辞。朕，周公自称。周公之意若曰：“我将返政于子，王如不敢自比文王基命、武王定命，予乃保安胤嗣，大相视此东土，王其始作民明君矣。”“及天基命定命”，孙星衍疏引江声曰：“《诗·大明》‘有命自天，命此文王’，《毛诗序》云：‘文王有明德，故天复命武王也。’又《下武序》云：‘武王有圣德，复受天命。’是文王为基命，武王为定命也。”② 是“基命定命”指“天命”言。“基命”又见《诗经·周颂》“昊天有成命，二后受之，成王不敢康，夙夜基命宥密。於缉熙，单厥心，肆其靖之”，谓成王继文武之后，不敢康宁，夙夜基定此“命”，庶几天下安靖也。

上引两处关于“定命”的用例，一谓生命，一谓受天命为王之命，具体内涵或有不同，但皆以“命”为“天”所降。故《左传·成公十三年》说“民受天地之中以生，所谓命也”，《洛诰》言“及天基命定命”。“命自天

---

① 杨伯峻：《春秋左传注》，北京：中华书局，1990，第860页。
② 孙星衍：《尚书今古文注疏》，北京：中华书局，2004，第402－403页。

降”，是古代社会的基本观念。郭店楚墓竹简《性自命出》篇：“喜怒哀悲之气，性也。及其见于外，则物取之也。性自命出，命自天降。道始于情，情生于性。始者近情，终者近义。”（简2－3）①

故《抑》之“订谟定命”，乃谓大谋以定天命，此正为大臣者日思夜想、殚思竭虑之事。师询簋铭所谓“用夹诏厥辟，奠（训定）大命”者也。从逻辑上讲，“政令”随时损易，不可能如朱子所言“不改易”。所期望于“不易”者，唯先王所受之“天命”。

至于“远犹辰告”，谓远谋而以时告之。辰，时也，依时、相时之意。为大臣者必“远犹”。《左传·襄公二十八年》：“荣成伯曰：‘远图者，忠也。’”《大雅·板》篇“犹之未远，是用大谏”，执政者未能远图，故为诗以谏。“远图”而必时告之者，乃常人所难。《易传》屡屡称说“时之义大矣哉”，《孟子》谓孔子为“圣之时者也”（《万章下》），即此之故。

如上所述，可知“订谟定命，远犹辰告”二句乃谓：必大谋以定天命，远虑以时上告。因而谢安于《诗》独称此二句，以为“偏有雅人深致”。由此看来，他对于诗篇原意是有正确理解的。谢安六朝人，六朝《诗》说存世者仅见。唐人孔颖达正义乃是在六朝疏作的基础之上删改而成。然于此处则云：“又言施教之法，当豫大计谋，定其教命，为长远之道，而以时节告民，施之王之朝廷。”解为“施教之法”，承郑玄思路。这一解释多大程度上代表了六朝人的观念，值得进一步考虑。

总之，所谓“订谟定命”云者，正是为人臣者所必备的政治品德。谢安身处乱世而为大臣，其念兹在兹，日夜惕厉的，无非此而已，故于此二句感慨独深。据《晋书》本传，谢安经年栖迟，年四十始有仕进志。桓温请为司

① 荆门市博物馆：《郭店楚墓竹简》，北京：文物出版社，1998，第179页。

马，将行，人或戏之曰：“卿累违朝旨，高卧东山，诸人每相与言，安石不肯出，将如苍生何！苍生今亦将如卿何！”史臣记：“安甚有愧色。”亦可见其心志。

附：《抑》篇全文及其注释

抑抑威仪[1]，维德之隅[2]。人亦有言，靡哲不愚[3]。庶人之愚[4]，亦职维疾[5]。哲人之愚，亦维斯戾[6]。

无竞维人[7]，四方其训之[8]。有觉德行[9]，四国顺之[10]。訏谟定命[11]，远犹辰告[12]。敬慎威仪，维民之则[13]。

其在于今，兴迷乱于政[14]。颠覆厥德[15]，荒湛于酒[16]。女虽湛乐从[17]，弗念厥绍[18]。罔敷求先王[19]，克共明刑[20]。

肆皇天弗尚[21]，如彼泉流，无沦胥以亡[22]。夙兴夜寐[23]，洒扫庭内[24]，维民之章[25]。修尔车马，弓矢戎兵[26]，用戒戎作[27]，用逖蛮方[28]。

质尔人民[29]，谨尔侯度[30]，用戒不虞[31]。慎尔出话[32]，敬尔威仪[33]，无不柔嘉[34]。白圭之玷[35]，尚可磨也[36]。斯言之玷[37]，不可为也。

无易由言[38]，无曰苟矣[39]，莫扪朕舌[40]，言不可逝矣[41]。无言不雠[42]，无德不报[43]。惠于朋友[44]，庶民小子[45]。子孙绳绳[46]，万民靡不承[47]。

视尔友君子[48]，辑柔尔颜[49]，不遐有愆[50]。相在尔室[51]，尚不愧于屋漏[52]。无曰不显[53]，莫予云觏[54]。神之格思[55]，不可度思[56]，矧可射思[57]。

辟尔为德[58]，俾臧俾嘉[59]。淑慎尔止[60]，不愆于仪[61]。不僭不贼[62]，鲜不为则[63]。投我以桃，报之以李[64]。彼童而角[65]，实虹小子[66]。

荏染柔木[67]，言缗之丝[68]。温温恭人[69]，维德之基[70]。其维哲人，告之话言，顺德之行[71]。其维愚人，覆谓我僭[72]，民各有心。

於乎小子[73]，未知臧否[74]。匪手携之[75]，言示之事。匪面命之，言提其耳。借曰未知[76]，亦既抱子。民之靡盈[77]，谁夙知而莫成[78]？

昊天孔昭[79]，我生靡乐[80]。视尔梦梦[81]，我心惨惨[82]。诲尔谆谆[83]，听我藐藐[84]。匪用为教[85]，覆用为虐[86]。借曰未知，亦聿既耄[87]。

於乎小子，告尔旧止[88]，听用我谋，庶无大悔[89]。天方艰难，曰丧厥国[90]。取譬不远，昊天不忒[91]。回遹其德[92]，俾民大棘[93]。

【注释】

［1］抑抑：缜密的样子。“抑”是一种美德。清华简《周公之琴舞》：“德元维何？曰渊亦抑。”威仪：仪容。古人认为外在的威仪是内在德性的反映。

［2］隅：宫室的边角。《郑笺》：“如宫室之制，内有绳直，则外有廉隅。”

［3］靡：无。哲：智者。《论语·公冶长》：“子曰：宁武子，邦有道则知，邦无道则愚。其知可及也，其愚不可及也。”

［4］庶：众。庶人，指普通人。

［5］职：主。维：是。疾：病患。

［6］斯：此。戾：反，指违反常理。

［7］无：发语词，无实义。竞：强。维：句中助词，犹“其”。

［8］训：通“顺”，谓顺服。

［9］有：句首助词，无实义。觉：通“梏”，直，谓正直。“有觉德行”，与上“德之隅”呼应。

［10］四国：犹“四方”。

［11］讦（xū）：大。谟（mó）：谋略。命：指天命。

［12］犹：通“猷”（yóu），谋略。辰：时，适时。

［13］则：法则。

［14］兴：起。

［15］颠覆：犹言颠倒。厥：其。德：指典章法度。

［16］湛（dān）：沉湎。

［17］女：汝。虽：通“唯”。虽（雖）、唯字形相近。从：犹“纵”。

［18］弗：不。绍：继。谓承继先人事业。

［19］罔：不。敷求：广求。先王：指先王的典章制度。

［20］克：能。共：执持。刑：法，指法度。

［21］肆：承接连词，有“所以”的意思。尚：佑助。

［22］无：发语词，无实义。沦胥：犹言相率。

［23］夙：早。兴：起。寐：睡。夙兴夜寐，谓黾勉从事。

［24］庭：又作“廷”，堂前的平地。

［25］章：表率。

［26］戎兵：兵器。

［27］用：句首连接词，有“以”的意思。下句“用”字同。戒：戒备。戎：战事。作：发生。

［28］逖：远，使之远离。蛮方：泛指异族。

［29］质：治理。

［30］谨：慎。侯：语词，无实义。度：法度。

［31］戒：备。虞：度。不虞，指意料之外的事。

［32］出话：犹出言。

［33］敬尔威仪：犹“敬慎威仪”，用“尔”字，是直面的口气。

［34］柔：和。嘉：美。

［35］圭：古礼器，上圆（或剑头形）下方，多玉制。玷（diàn）：玉上的瑕疵。

［36］尚：尚且。磨：治玉工序之一，用砺石磨去玉上瑕疵或使之成为特定形状。

［37］斯：此。

［38］易：轻率。由言：指不加考虑随口而说。

［39］苟：苟且。

［40］莫：无人。扪（mén）：持。朕：我，诗人自称。莫扪朕舌，谓无人执持我舌。

［41］逝：逮，及。

［42］雠（chóu）：应答。无言不雠，谓言必报，我出善言，人则报以善言；出恶言，人亦报以恶言。

［43］德：犹“行”。

［44］惠：爱。朋友：指族人。春秋以前的“朋友”多指族人。

［45］庶：多。民：人。“庶民”当指诸宗族成员而言。小子：是一种特定身份，指小宗宗族的族长。

［46］绳绳：延绵不绝的样子。

［47］靡：无。承：继。

［48］视：犹“示”。

［49］辑：和。辑柔，温和之意。

［50］不：发语词。遐：远。有：助词。愆（qiān）：过失。

［51］相（xiàng）：省察。

［52］尚：庶几，含祈请、希冀意。屋漏：指室西北角之神。古代宫室西北角开天窗，以便阳光射入，称之为“屋漏”。不愧于屋漏，犹言不愧于神明。

［53］无曰：不要说。不显：隐蔽。

［54］莫：无定代词，无人。予：我。云：语助词，无实义。觏（gòu）：看见。“莫予云觏”即“莫觏予”。以上两句是说不要以为身处隐蔽，无人能见。

［55］格：至。思：句尾语助词，无实义。下“思”字同。神之格思，谓鬼神将临。

［56］度（duó）：揣测。

［57］矧（shěn）：何况。射（yì）：怠倦之意。

［58］辟：君。尔：你。德：指法度。

［59］俾（bǐ）：使。臧（zāng）：善。嘉：美。

［60］止：容止，谓言谈举止。

［61］愆（qiān）：过失。仪：威仪，

［62］僭（jiàn）：差。贼：当作“忒”，错。

［63］鲜（xiǎn）：少。则：法则。

［64］报：答。“投之以桃，报之以李”，言善往则善来，亦“无德不报”之意。成语“投桃报李”源于此。

［65］童：无角的小羊。彼童而角：无角小羊而自以为有角，自以为是之意。

［66］虹：通“讧”（hòng），溃乱。小子：年轻人。

［67］荏（rěn）染：柔软的样子。

［68］缗（mín）：弦，这里做动词，安弦。丝：指琴瑟等丝乐器的弦。琴瑟均为古乐器，是古代礼制的重要组成部分。

［69］温温：柔和的样子。恭人：心怀恭敬的人。

［70］基：墙的根脚，引申指事物的素地。

［71］顺：遵循。德：指准则。

［72］覆：反。僭：差忒。

［73］於乎：叹词，即“呜呼”。

［74］臧（zāng）：善。否（pǐ）：不善。

［75］匪：通“非”，不仅。

［76］借：假设。“借曰未知，亦既抱子”，谓如若自称无知，实已身为人父。

［77］靡：不。盈：满。

［78］夙：早。莫：通“暮”，晚。成：成就。

［79］孔：很。昭：明。

［80］靡：不。乐：快活。

［81］梦梦：昏昏然不明事理的样子。

［82］惨惨：忧闷不乐的样子。

［83］诲：教。谆谆（zhūn）：言辞恳切的样子。

［84］藐藐：漫不经心的样子。

［85］匪：通“非”，不是。

［86］覆：反。虐：通“谑”，戏谑。“匪用为教，覆用为虐”，谓不以我所说的为教导遵从，反视同儿戏。

［87］聿：句中助词。耄（mào）：八十岁，指老。“借曰未知，亦聿既耄”，意谓你说自己懵懂无知，实际也已七老八十了。

［88］旧止：指先王旧典。

［89］庶：庶几，祈请、希冀之意。悔：指过失。

［90］曰：发语词。丧：亡。厥：其。

［91］忒（tè）：差错。昊天不忒，谓上天赏罚不爽。

［92］回：违。遹（yù）：不正。回遹，邪僻不正之意。

［93］棘（jí）：树名，棘树多刺，喻指危急困迫的处境。

下编： 颂

九、“予”非“我”——《周颂·敬之》与周人的敬畏慎独

敬之敬之！天维显思，命不易哉！无曰高高在上，陟降厥士，日监在兹。

维予小子，不聪敬止。日就月将，学有缉熙于光明。佛时仔肩，示我显德行。

——《周颂·敬之》

（一）引子：《诗序》、郑玄以及疑问的发生

《毛诗序》：

《敬之》，群臣进戒嗣王也。

据此，则《敬之》主题乃“群臣进戒嗣王”。《毛诗序》的表述至为明白，并无任何含混之处。故孔颖达疏说：

《敬之》诗者，群臣进戒嗣王之乐歌也。谓成王朝庙与群臣谋事，群臣因在庙而进戒嗣王也，诗人述其事而作此歌焉。

然而，考察诗篇文义，则与上说似乎并不相合。事实上，从郑玄开始，已有所异议。郑玄在经文的训释中指出：诗篇前六句为“群臣进戒嗣王”如《诗序》所说，然后六句则系嗣王之答词。换言之，所谓“臣戒王”者唯有前六句。宋代学者基本承继了郑玄的这一意见。朱子《诗集传》即分全篇为二，谓前半乃“成王受群臣之戒而述其言”，后半乃王“自为答之之言”。朱子将诗篇前半主旨由“群臣”之戒改为“成王述臣之戒”，当是考虑到叙事统一性的问题。下文的分析将表明，统一叙事主体这一思路是完全正确的。

所以知道诗篇后半部分并非“臣戒王”而是成王之辞，林义光先生的分析可以作为说明。林氏《诗经通解》：“诗言‘维予小子’，又言‘示我显德行’，则是嗣王告群臣，非群臣戒嗣王也。”① 这样看，诗篇的言说主体似乎应属成王无疑，“维予小子”乃是再明白不过的口气标志（参见中编《抑》篇）。然而，新发现的战国竹简写本此处出现了异文，其中并没有所谓“维予小子”字样。

（二）予非我

这里要说的竹简写本出自2012年刊布的一篇战国竹简文献，即《清华大学藏战国竹简》第三辑的《周公之琴舞》篇（见图18）。《周公之琴舞》含周公与成王所作歌诗两组。其中周公所作仅存残篇，成王所作歌诗九篇皆存，其第一篇即相当传世《诗经·周颂·敬之》篇，可称为“简本《敬之》”。两者对勘，存在不少异文，我们即将要讨论到的，乃是传世本“维

① 林义光：《诗经通解》，上海：中西书局，2012，第411－412页。

予小子不聪敬止”句，简本异文作“讫我夙夜不逸敬之”。

学者普遍注意到“不聪”与“不逸”这一对异文及两者句式的差异，这一点我们稍后再谈。这里要说的，乃是一关乎诗篇主旨而尚未引起重视的异文，那就是传世本的“予”，简本作“我”。这意味着什么呢？

图18　清华简《周公之琴舞·敬之》篇①

如前所引述，学者怀疑《毛诗序》“群臣进戒嗣王”说的一个主要根据，乃是诗篇“维予小子”一句的称谓指向。“小子”这一称谓的内涵，我

① 李学勤：《清华大学藏战国竹简（叁）》，上海：中西书局，2012，第53－54页。

们在本书“中编”已有涉及。这里可以进一步明确，“予小子”（或“余小子”）连文，在目前所见传世及出土文献中，皆系自称，且往往用于王者，如前已举到的例证：

（1）闵予小子，遭家不造。（《周颂·闵予小子》）

（2）维予小子，夙夜敬止。（《周颂·闵予小子》）

（3）维予小子，未堪家多难。（《周颂·访落》）

诗人既自称“予小子”，则系周王口吻，应属“嗣王告群臣”，如前引林义光先生所说。然而，“我”的用法则与予（余）大不同。尤其殷代及周初。陈梦家先生曾经指出一个重要现象，即卜辞第一人称代词“我”和“余”存在一个重要区分，即：

> 主宾格“余”“我”之分在“余”只用于少数而“我”则少数、多数、主格、客格都同样适用。①

张玉金先生《西周汉语代词研究》一书对陈梦家先生的这一卓见作了进一步分析。② 张玉金先生的分析中有两点尤其值得注意。

第一，卜辞贞人、殷王用“我”指称“殷族、朝廷、殷邦”以及包括殷王在内的多数人员，如：

丙子卜，韦贞：我受年？（《合》③ 5611）

甲辰卜，争贞：我伐马方？（《合》6664）

---

① 陈梦家：《殷虚卜辞综述》，北京：中华书局，2004，第96页。

② 张玉金：《西周汉语代词研究》，北京：中华书局，2006，第372－376页。以下所引张玉金先生关于卜辞部分的论述皆据该处，不另出注。

③ 书中《合》《合集》均指的是《甲骨文合集》，下不另出注。

> 壬子卜，壳贞：我作邑？（《合》13491）
>
> 甲辰卜，宾贞：我征人？（《合》9811 正）

张玉金先生指出上述诸例中的“我”均“指代殷族殷邦”，而不是“贞人自称”。之所以如此说，主要根据是，“‘我’后的动词，表示的是一种集体行为，而不是个人行为。像‘作邑’这样的事，绝不是单个人能办的。贞人的占卜，一般都是为殷族殷邦或者殷王而进行的，而不能为了自己的事情占卜，他们没有这个资格，所以在贞问时，贞人只能说我们如何如何（贞人是殷族或殷邦中的一员），而不能说我如何如何”。上举诸辞，贞人在贞问时用“我”指“殷族殷邦”，当其指称殷王时，则一般用“王”，如“辛巳卜，争贞：今者王勿比望乘伐下危？”（《合》6487）

与此同时，殷王自己充当贞人时，也可以使用代词“我”。如：

> 乙亥卜，王贞：我取唐禦？（《合》1294）
>
> 丁亥卜王：我惠三十鹿逐？（《合》10950）

上举两辞中的“我”亦是指代“包括殷王在内的一些人，这是因为‘我’后动词所表示的祭祀、田猎等事项，显然不是殷王一个人所能够做得了的”。

有些辞例中的“我”看似表示单数，如“我亡囚”“大甲其害我”（《合》1473）、“王亥求我”（《合》7352 正），尤其将之与如下诸例“余一人亡囚”（《英》1923）、“祖辛害余”（《合》1740）、“羌甲求余”（《合》1803）相比较的情况下。张玉金先生指出这其实是误解，并举“我亡囚”与“余一人亡囚”两例进行说明：“我亡囚”的贞人是“争”，而“余一人亡囚”的贞人是“王”。容易理解，殷王自贞时，可以询问自己未来有无忧患，而贞人则不可如此，只能贞问殷邦殷族或殷王有无忧患。故为殷王贞问时，即称之为“王”；为殷族殷邦贞问，即用代词“我”。因此，上举“我亡囚”中的“我”同样应译为“我们”。

第二，张玉金先生指出，“殷王、族长（子）在说话时，是用代词‘余’或‘朕’来指代说话者自己的，而从不使用‘我’”。相关例证可以参看张著，这里便不详细举证了。

在关于卜辞“余”和“我”数格的争议中，有一种观点认为“余”也可以指代复数，论据是某些“余”字之后所接的动词所表示的并不仅仅是殷王个人的事，或者所说事项并非殷王一人所能办，如：

余其作邑。(《合》13503)

余受年。(《合》21747)

正因如此，上述辞例中的“余”可用“我”替换，如：

我作邑。(《合》13491)

我受年。(《合》5611)

这一现象是否可以说明“余”也指代复数呢？回答是否定的。张玉金先生指出，“殷王地位尊贵，他能够也有权代表他的宗族、朝廷和邦国”，“殷王一人的行为就是其宗族邦国的行为。故而当殷王为殷族殷邦的事进行占卜时，可以使用代词‘我’，说我们如何如何；也可以使用‘余’，说我怎样怎样。”这一分析是合理的。

上述论证归结起来就是，“余”用来指称单数，“我”则用于指称复数。换言之，“余”译为“我”，而“我”应译为“我们”。这是殷商卜辞的情形。那么西周时期又如何呢？张玉金先生考察了出土及传世文献代词“我”在称数方面的演变情况，关于传世文献的使用情况，张氏有如下列表（见表4）[①]：

表4 “我”在文献中称数方面演变情况

时期		西周早期	西周中期	西周晚期	合计
指称单数	出现次数	65	9	206	280
	占比	28.4%	75%	87.7%	
指称复数	出现次数	164	3	29	196
	占比	71.6%	25%	12.3%	

综合前述卜辞中的使用情况，可以看到“我”的指称复数的百分比呈如下序列（见表5）：

表5 “我”在不同时期指称复数占比情况

时期	殷商时期	西周早期	西周中期	西周晚期
占比	100%	71.6%	25%	12.3%

与此同时，“我”指称单数的百分比却逐渐增多（见表6）：

表6 “我”在不同时期指称单数占比情况

时期	殷商时期	西周早期	西周中期	西周晚期
占比	0%	28.4%	75%	87.7%

总之，可以清楚看出，“我”在称数方面与“余”是存在区分的，尤其殷商以及西周初年，区分尤其明显。

近年，有学者提出不同意见，认为西周金文中“余”亦有“指代复数”者，以此否定“余”和“我”在数格上的区分。反对者所举例证是《散氏盘铭》（《集成》10176）。按铭文：“唯王九月辰在乙卯，夨卑（俾）鲜、且、𩁹、旅誓曰：‘我既付散氏田器，有爽，实余有散氏心贼，则爰千罚千，传弃之。’鲜、且、𩁹、旅则誓。迺卑（俾）西宫襄、武父誓曰：‘我既付

① 张玉金：《西周汉语代词研究》，北京：中华书局，2006，第84页。

散氏隰田、牆田，余有爽竊，爰千罚千。’西宫襄、武父则誓。”该文认为，盘铭“立誓的有鲜、且、𢍰、旅和西宫襄、武父多人，誓词中既用‘我’，又用‘余’。这里的两个‘余’跟两个‘我’一样，也都是指代复数。这样看来‘余’和‘我’的差异不是单数和复数，那么‘余’和‘我’的区别就跟数没有关系。”① 该说法存在问题。铭文“我”和“余”各出现两次，其使用的具体场景有显著分别，即“我”指“付”散氏田者，“余”指违誓者，是否可以笼统地讲“既用‘我’，又用‘余’”，是值得商榷的。且即如其说，《散氏盘铭》的时代属西周晚期，亦未超出张玉金先生的结论范围。

总之，简本“我”的异文提示我们，《敬之》的主题可能确实并非“群臣进戒嗣王”，郑玄以降将诗篇后半六句解为“成王”口吻，较《毛诗序》已为准确。“我”字若果然可靠（从清华简《周公之琴舞》全篇的古奥及简本异文往往较传世本为胜来看，这一点是极为可能的②），则诗篇所显示的，乃是以成王为首的周代贵族阶层对于“敬”的集体自觉，所谓“迄我夙夜不逸敬之”。就思想史的角度而言，揭示这一点是重要的。不过请允许我们另择时机处理这一重大课题。接下来我们将继续解读诗篇文本本身。

（三）后半部分的重新梳理

诗篇后半部分“维予小子，不聪敬之，日就月将，学有缉熙于光明。佛

---

① 朱其智、朱学斌：《西周金文第一人称代词“余”“朕”和“我”的区别与混用》，《中国语文》2017 年第 2 期。

② 当然，我们需要区分“小序”和诗篇正文本身。参见姚小鸥、孟祥笑：《试论清华简〈周公之琴舞〉的文本性质》，《文艺研究》2014 年第 6 期。

时仔肩，示我显德行”六句，《郑笺》以下多将之解为成王对于群臣的回答。《郑笺》：

> 群臣戒成王以“敬之敬之”，故承之以谦云：我小子耳，不聪达于敬之之意。日就月行，言当习之以积渐也。且欲学于有光明之光明者，谓贤中之贤也。辅佛是任，示道我以显明之德行。

其中“维予小子，不聪敬止”两句，郑玄解为“不聪达于敬之之意”，清代学者已经指出“文意迂曲”[①]。然究竟如何解释，向无明通之说。简文作“讫我夙夜不逸，敬之”，出现重要异文，可以帮助我们重疏文意。

按讫，义同“其”，[②] 句首发语词，含希冀意。夙夜，《诗经》成语，敬慎不怠之意。[③]

“逸”，简本字形作。整理者隶定为“兔”，谓“疑为‘逸’之省形”。不少学者都指出该字形与一般的“兔”字形体显然有别。[④] 李锐先生

---

① 胡承珙：《毛诗后笺》，郭全芝点校本，合肥：黄山书社，1999，第1565页。

② 讫，整理者谓“句首语气词，疑读为‘遹’或‘聿’”。陈致“同意‘讫’为虚词、义与‘遹’相类的说法，但是不必视其字为‘遹’字。‘讫’字本身就有虚词的用法，义同‘其’，系一种推测的语气。”并举王引之《经传释词》“汔，其也”的相关分析，认为“‘讫’‘汔’‘迄’及‘仡’，均有推测之义，用法即如‘其’”（陈致：《读〈周公之琴舞〉札记》，“清华简与《诗经》研究国际会议”，香港，2013/11/1—3。）

③ 王克家：《清华简〈敬之〉篇与〈周颂·敬之〉的比较研究》，载《中国诗歌研究》第十辑，2014。

④ 鸤鸠：《清华简〈周公之琴舞〉初读》第6楼，简帛论坛2013年1月14日；黄甜甜：《清华简“诗”文献综合研究》，2014年清华大学博士学位论文。又季旭昇先生认为虽然如此，“此字仍可隶为‘兔’作‘象’（战国文字兔、象形体极近）”。见季旭昇：《〈毛诗·周颂·敬之〉与〈清华三·周公之琴舞·成王作敬毖〉首篇对比研究》，载《古文字与古代史》第四辑，台北：中研院史语所，2015。

认为系“象”字形讹，且将之读为音近的“聪”。[①] 李守奎先生读“豫”。[②]（按：从字形观察，此字或即“象”字。清华简《殷高宗问于三寿》简 28“楑中而象常”句，“象”，字形，[③] 与本篇的“”可谓全同。）虽然如此，考虑到战国文字“象”“兔”两形常相混讹，这里的“”仍然可能是“兔”的形讹字，整理者读“逸”可从。“讫我夙夜不逸，敬之”，言我等皆当夙夜不懈，敬慎无怠。此乃成王自陈并代“多子”述心志于先王之前。如大多数论者所指出的，简本文意顺畅，胜于传世本。

由上述分析可知，诗篇下半部分的语意乃成王的自我敬戒且兼戒多子，其隐含的言说对象乃是“在上”的“古之人”（见《周公之琴舞》成王所作第二启）或曰“在上”者（第七启）或者“文人”（第三启、第六启），而非郑玄所理解的“群臣”。明了这一点，可以帮助我们重新理解诗篇的后半段。首先可以指出的，是“日就月将，学有缉熙于光明”两句。

如前所引，郑玄将此二句解为：“日就月行，言当习之以积渐也。且欲学于有光明之光明者，谓贤中之贤也。”以为诗言成王学于“光明之光明者，谓贤中之贤”，所谓“贤中之贤”，指向“群臣”。郑玄将诗篇后半理解为嗣王答群臣，故有此说。然如上所述，诗篇后半实乃成王自陈并代群臣陈不逸之志于文人之前，则其说已难以成立。事实上，清代学者如马瑞辰等人已经指出“学于有光明之光明者”在表述上“不词”。

按“学有缉熙于光明”，《毛传》：“光，广也。”《郑笺》：“缉熙，光明也。

① 廖名春：《清华简〈周公之琴舞〉与〈周颂·敬之〉篇对比研究》，载《深圳大学学报》（人文社会科学版）2013 年第 6 期。

② 李守奎：《〈周公之琴舞〉补释》，载《出土文献研究》第十一辑，上海：中西书局，2012。

③ 李学勤：《清华大学藏战国竹简（伍）》，上海：中西书局，2015，图版第 100 页，释文第 151 页。

且欲学于光明之光明者，谓贤中之贤也。”马瑞辰《毛诗传笺通释》卷三十：

> 《尔雅·释诂》：“缉熙，光也。”光、广古通用。《周语》叔向释《昊天有成命》诗曰：“缉，明；熙，广也。”广即光也。此《传》又以光为广，广犹大也。“学有缉熙于光明”若释之曰“学有光明于光明者”，则不词。《说文》：“缉，绩也。”绩之言积，缉熙当谓积渐广大以至于光明，即《大戴礼》所云“积厚者其流光”也。《说文》：“配，广𦣞也。”引申为凡广之称。熙即配之假借也，故训广，又训光。缉熙与光明散文则通，对文则缉熙者积渐之明，而光明者广大之光明也。《笺》言“欲学于有光明之光明者”，失之。①

马瑞辰尽可能地辨析《郑笺》训释的不合理之处，自属难能可贵，但所说“积渐广大以至于光明”者，文义上仍不顺畅。尤其对于整句诗的逻辑“学于贤中之贤”，即成王的“学”于群臣这一根本逻辑困难并未触及。

清华简《周公之琴舞》的异文则并没有出现令人困惑的“缉熙”字样，也不存在学于群臣的逻辑困难。按《周公之琴舞》简3：

> 日就月将，孝其光明。

整理者说：

> 孝，楚简中多读为“教”，疑读为“效”。②

① 马瑞辰：《毛诗传笺通释》，北京：中华书局，1989，第1097－1098页。

② 李学勤：《清华大学藏战国竹简（叁）》，上海：中西书局，2012，释文第133页、注释第136页。

“教”“学”“效”等是授受同辞，皆同源词。李学勤先生括读为“学”。（按：读为“学”，文意顺畅。）“日就月将，学其光明”，乃成王自言当日月征行，积学而期[①]于光明。或读为“效”，则谓效“在上”者之光明。亦通。无论如何，“学其光明”，与王者的学于“贤中之贤者”，并无关联。换言之，诗人此处所要强调的，并非君臣之间的相处，而是居于下土的人们对于位处上天的“文人”亦即先人精神的追慕与效仿。“文人”一语在以《敬之》为首的成王所作九篇歌诗中反复出现，并非偶然。

（四）关于“陟降厥士”

《毛诗序》说《敬之》篇旨是“群臣进戒嗣王”，郑玄指出前半群臣进戒嗣王，后半则是王者的答词。郑玄以降的学者根据“维予小子”诸句否认《毛诗序》说，同样主要针对诗篇后半部分，对于前半部分的内容未能论及。这些上文已经述及。下面将要讨论的是诗篇前半部分的争议焦点之一“陟降厥士”一句。[②]

“无曰高高在上，陟降厥士，日监在兹”，《郑笺》解释说：

> 无谓天高又高在上远人而不察也。天上下其事，谓转运日月，施其所行，日日[③]瞻视，近在此也。

① “其”有祈望意，故译为“期”。

② 本节内容参考拙文《试说〈周颂·敬之〉篇的一处讹误》，载赵平安：《讹字研究论集》，上海：中西书局，2019。

③ “日”原作“月”，据阮校改。阮元《校勘记》：“《正义》云：‘日月视人，其神近在于此。’又云：‘日日瞻视，其神近在于此。’是‘月’字乃涉上而误耳。今闽本以下并《正义》中尽改为‘日月’，误之甚矣。考文古本作‘日’，采《正义》。”

郑玄将“陟降厥士”解释成“天上下其事”，又引申作“转运日月，施其所行”，辗转迂曲，不可信据。

问题的解决可以从“士”字入手。关于“士”字，历来有不同讲法，概括起来主要分为两派。

一派训“士”为“事”。这一意见源于《毛传》，此后《郑笺》、宋代朱熹《诗集传》俱从之。唐孔颖达《毛诗正义》试图改训为“察”，并敷衍出“察理众事”之说，遭到学者的批评。如清人李黼平谓：“士之训事，正训也，不必援士师察理众事为说。”[①] 尽管如此，孔氏此举，表明其对于毛传以来的旧训有所疑虑。

另一派认为“士”字指人。明代学者姚舜牧《诗经疑问》：“士者，丈夫之通称。”[②] 清人马瑞辰《毛诗传笺通释》：“士当读如士民之士。”[③] 高亨先生《诗经今注》：“士，指上帝的使者。”[④] 以上三家说法虽不尽相同，然就其区别于《毛传》一派的训“事”而言，则显系一脉。

两派意见始终未能统一，而以《毛传》为代表的训“事”者为主流。

清华简《周公之琴舞》本《敬之》作“陟降其事”。“其”是“厥”字的后起惯用字。“士”作“事”，音近通用，也是常见的文献现象，如“卿士”与“卿事”互作等。[⑤]

基于此类考虑，不少学者认为，简本作“事”的本子，对《毛传》一

---

① 李黼平：《毛诗紬义》卷二十三，收入《清经解》本。黄焯《诗疏平议》即援据李说（上海：上海古籍出版社，1985，第623页）。

② 姚舜牧：《诗经疑问》卷十一，文渊阁《四库全书》本。

③ 马瑞辰：《毛诗传笺通释》，北京：中华书局，1989，第1097页。

④ 高亨：《诗经今注》，上海：上海古籍出版社，1980，第499页。

⑤ 白于蓝：《战国秦汉简帛古书通假字汇纂》，福州：福建人民出版社，2012。

派的说法给予了支持。如顾史考先生即持此说。[①] 但更多的学者表示情况依旧复杂。因为，“士”字无论解作“人”，抑或“事”，于诗义皆不能通讲。何以如此？问题的关键在“陟降”一词上。

“陟降”一词，《诗经》多见，就字面意思来说是“升降”，《尔雅·释诂》：“陟，升也”，《说文》“降，下也”。故郑玄解为“上下”。然该词属于前人所说“成语”。“成语”是王国维先生在《诗》《书》训诂上提出的重要概念。王国维先生指出，成语的意义不能以“其中单语分别之意义”比附，而一般应由前代书中“成语之数数见者，得比较之而求其相沿之意义”，因《诗》《书》本身乃最古之书，其中“成语”无由从前代典籍考知其义，故必须以“《诗》《书》本文比较知之”，“旁见彝器者，亦得比校而定其意义”。[②]

“陟降”不见于《尚书》。《诗经》凡四见，除《敬之》篇外，其余三处分别见于《大雅》和《周颂》：

> 《大雅·文王》：文王陟降，在帝左右。
>
> 《周颂·闵予小子》：念兹皇祖，陟降庭止。
>
> 《周颂·访落》：绍庭上下，陟降厥家。

此外，金文三例：

> 㾓钟（《集成》247）：大神其陟降。
>
> 五祀㝬钟（《集成》358）：前文人……受皇天大鲁令，文人陟降，降余黄烝。

---

① 顾史考：《清华简〈周公之琴舞〉成王首章初探》，载中国古文字研究会、中山大学古文字研究所编：《古文字研究》第30辑，北京：中华书局，2014，第398页。

② 王国维：《与友人论诗书中成语书》，载《观堂集林》卷二，北京：中华书局，1959。

㝬簋（《集成》4317）：用康惠朕皇文列祖考，其格前文人，其濒在帝廷陟降。

清代学者马瑞辰在讨论《大雅·文王》篇的“陟降”时有一个重要意见，可以作为进一步讨论的基础。按《文王》“文王陟降，在帝左右”，《毛传》：“言文王升接天，下接人也。”朱熹《诗集传》：“盖以文王之神在天，一升一降，无时不在上帝之左右。”马瑞辰《毛诗传笺通释》以为：

《集传》之说是也。《墨子·明鬼》篇下引《诗》“在帝左右”，言：“若鬼神无有，则文王既死，彼岂能在帝之左右也?”是墨子以诗为文王既没，其神在帝左右矣。古者言天及祖宗之默佑，皆曰陟降。《敬之》诗曰“无曰高高在上，陟降厥士，日监在兹”，此言天之陟降也。《闵予小子》诗曰：“念兹皇祖，陟降庭止。”《访落》诗曰“绍庭上下，陟降厥家”，此言祖宗之陟降也。天陟降，文王之神亦随天神为陟降，故曰“文王陟降，在帝左右”。①

马瑞辰指出《文王》篇“文王陟降”指“文王既没，其神在帝左右”，是正确的。又谓《闵予小子》及《访落》言“祖宗之陟降”，也是正确的。唯谓“天陟降”，则恐非是。金文所见之“陟降”无一例外皆指先人言。从常理上说，“天”恒“在上”，无从“陟降”。李守奎先生即认为《敬之》“陟降”指“神灵在天地之间的升降往来”，且对“天陟降”的说法表示怀疑②。

了解到这一点，就能明白，《敬之》通篇的活动场景在宗庙之中（参看

① 马瑞辰：《毛诗传笺通释》，北京：中华书局，1989，第794页。
② 李守奎：《〈周公之琴舞〉补释》，载《出土文献研究》第十一辑，上海：中西书局，2012，第11页。

清华简《周公之琴舞》“服在清庙”诸语)。所谓“无曰高高在上，陟降厥士，日监在兹”，乃成王君臣以先人之“监”而自惕惧，故下文接之以“讫我夙夜不逸，敬之”(从简本)，自陈不敢逸豫之志。

从上引《诗经》及金文文献容易看出，从语法学的角度讲，“陟降”属于不及物动词，换言之，“陟降”之后不接宾语。《大雅·文王》“文王陟降”、《五祀㝬钟铭》“文人陟降”，以及《㾓钟》“大神其陟降”，三者句法相同，都以“陟降”收尾，不接宾语。其余三例，接地点作补语。《周颂》“陟降庭止”“陟降厥家”，即“陟降于庭”“陟降于厥家”，介词“于”字省略。《㝬簋》“其频在帝廷陟降”句法类似，唯地点“帝廷”置于“陟降”之前，充当状语。前辈学者余培林先生曾指出：

> 《诗》凡言“陟降”，其下皆接处所词。此诗(引者按：即《周颂·敬之》篇)“陟降厥士”，士字无论如《传》训事，如《通释》训士民，皆非处所，义颇难通。[①]

余培林先生指出“陟降”之后绝无后接人或事作宾语的用例，其论不移。[②]事实上，王国维所列举的“陟降”一语的同族连绵字，也都具备这一特征。[③]

初步总结一下，从词义上说，“陟降”表示“祖先神灵在天地之间的升

---

① 余培林：《诗经正诂》，台北：三民书局，2005，第670页。

② 有学者将《㾓钟铭》的这一句与下面的“严祜”两字连读，读成“大神其陟降严祜”(张亚初《殷周金文集成引得》，中华书局2001年版，第12页)，恐怕是不妥当的。这一点季旭昇先生的文章已经指出了。

③ 王国维所举有：“陟各”(《左传·昭七年》叔父陟恪，在我先王之左右)、“登假”(《曲礼》天王登假；《庄子·德充符》彼且择日而登假；《大宗师》是知之能登假于道也)、“登遐”(《墨子·节葬》秦之西有仪渠之国者，其亲戚死，聚柴薪而焚之，熏上则谓之登遐)，以及“昭登”(《书·文侯之命》昭登于上)、“昭假”(《诗·大雅》昭假于下)。参见《观堂集林》，中华书局1959年版，第77－78页。

降往来”；就语法功能而言，“陟降”乃不及物动词，其后不接宾语。因此，无论将《敬之》篇“陟降厥士”的“士”理解成人或者“事”，都不符合该词的使用习惯。

讨论进行到这里，似乎陷入僵局。应当指出，关于《敬之》篇“陟降厥士”的“士”，有一个被忽视的意见，即“士”字或系“土”之形讹。这一意见，最早的公开发表当是2001年出版的罗克先生编著的《诗经注译》。该书于《敬之》篇注释说：

> “陟降厥士”中的“士”可能是“土”。陟降厥土，类似前首诗（引者按：指《周颂·访落》）中的“陟降厥家”，指神灵光临于他的家园领土。[①]

上引罗克先生的注释有若干不甚准确的地方，如将“厥家”译为“家园领土”，但其提出“士”字可能是“土”，又将之与《周颂·访落》的“陟降厥家”联系考虑，俱属有见。惜乎未作进一步论证。

《敬之》篇“厥士”当作“厥土”，这一见解，在2009年的王克家先生的学位论文中曾做出论证。[②] 这个意见吸收进她的《清华简〈敬之〉篇与〈周颂·敬之〉篇对比研究》一文，在2013年举办的“《清华大学藏战国竹简》与先秦经学文献国际学术研讨会”上作了宣读，[③] 文章经修订发表在

① 罗克：《诗经注译》，北京：现代出版社，2001，第720页。该材料由沈培先生文章得知。见沈培：《〈诗·周颂·敬之〉与清华简〈周公之琴舞〉对应颂诗对读》，载《出土文献与古文字研究》第六辑，2015。

② 王克家：《〈诗经·周颂·闵予小子之什〉研究》，硕士学位论文，中国传媒大学，2009（指导老师：姚小鸥）；参看同年出版的姚小鸥教授的《诗经译注》在该条的注释（当代世界出版社2009年版，第629页）。

③ 王克家：《清华简〈敬之〉篇与〈周颂·敬之〉篇对比研究》，“《清华大学藏战国竹简》与先秦经学文献国际学术研讨会”论文，中国传媒大学，2013年。

《中国诗歌研究》第十辑。文章说：

> 今本“厥士”原当作“厥土”。《周颂·桓》篇“保有厥士”句，高亨先生指出，“士，当作土，形似而误”。《敬之》篇中此句与之情况类似。“厥土”指周人保有的天下。“陟降厥土”与《周颂·闵予小子》“陟降庭止”以及《访落》“陟降厥家”用法、意义皆相近。①

文章将《敬之》篇与《周颂》其他两篇文例进行比较，且又援据《诗经》中类似形讹之例，结论应属可信。按《周颂·桓》篇“保有厥士”，所谓“士”字，高亨先生指出乃是“土”字的“形似而误”，② 王克家先生的文章已经引及。按高亨先生的意见当来自清代学者马瑞辰。马瑞辰《毛诗传笺通释》说：

> “保有厥士”，《传》：“士，事也。”瑞辰按：士与土形近，古多互讹。《吕刑》“有邦有土”，《史记》作士；《周礼·大司徒》“其附于刑者归于士”，注：“或谓归于圜土。”是其证也。此诗当作“保有厥土”，与“克定厥家”为韵。保土犹言保邦也。作士者，盖以形近而讹。《毛传》遂以事释之，误矣。③

《周颂·桓》篇“士”字为“土”字之讹，清初惠栋已有此说，见其《九经古义》卷六。惠氏之后，清人牟应震《诗问》也持此意见。牟氏乾隆癸卯（1783）举人，稍长于马瑞辰（1777—1853），被称为“清代诗学中之思辨

---

① 王克家：《清华简〈敬之〉篇与〈周颂·敬之〉的比较研究》，载《中国诗歌研究》第十辑，北京：社会科学文献出版社，2014，第33页。

② 高亨：《诗经今注》，上海：上海古籍出版社，1980，第506页。

③ 马瑞辰：《毛诗传笺通释》，北京：中华书局，1989，第1120页。

一派”。[1]《桓》篇讹字的识别，代表了有清一代说《诗》诸家的多数看法。高亨先生外，近代学者林义光的《诗经通解》亦采取此说。[2]

查惠栋《九经古义》，所举“士”“土”互讹的例子，《尚书·吕刑》外尚有：

> 《吕览·任地》云：“后稷曰：子能使吾士靖而甽浴士乎?”高诱曰：“士当为土。”[3]

查其注《周礼》，还举有：

> 《世本·作篇》云“相士作乘马”，即相土也。[4]

引到《世本》和《吕览》。顺便指出，惠栋还引及金文文献，所谓“周牧敦亦以士为土”。（按：惠氏所说牧敦，即“牧簋”，收入《殷周金文集成》，著录号4343。）该器最早著录于北宋吕大临的《考古图》，稍后南宋薛尚功的《历代钟鼎彝器款识法帖》录有铭文。所谓“以士为土”者，指的是簋铭“王若曰：牧，昔先王既令女作司士……”的“司士”当为“司土”。不过刘雨先生指出簋铭“司士”即《礼记·曲礼》的“司士”，[5] 并非“司土”之讹。

从字形上看，金文“土”字上面一横作一肥点，与“士”字的作两横

---

① 洪湛侯：《诗经学史》，北京：中华书局，2002，第530页。
② 林义光：《诗经通解》，上海：中西书局，2012，第417页。
③ 惠栋：《九经古义》卷六，文渊阁《四库全书》本。
④ 惠栋：《九经古义》卷七，文渊阁《四库全书》本。
⑤ 刘雨：《西周金文官制研究》，北京：中华书局，1986，第38－39页；李学勤：《四十三年佐鼎与牧簋》，《中国史研究》2003年第2期。

分别清楚。[①] 战国文字中，“土”字虽还存留古传写法，但绝大多数情况，上面一点被拉平，与底下的一横平行，与“士”字相近而容易混淆。如望山简 1. 54 的（土），与包山简 2. 158 （士）[②]。程燕先生认为“壮”字，战国文字从“土”，至小篆则误作从“士”，[③] 也可参考。

又石鼓诗《灵雨》篇“徒御”字作“”（郭沫若摹本）[④]，先锋本作“”，残泐，然右上“土”形仍清晰，与《说文》“士”字小篆“”，及《克钟》“”、《诅楚文》“”字[⑤]无甚差别。第八篇“徒”字亦然。

关于“士”与“土”字的混讹，上引马瑞辰《毛诗传笺通释》所举有《周礼·大司徒》与《尚书·吕刑》两例。《周礼·大司徒》：

> 凡万民之不服教而有狱讼者，与有地治者听而断之，其附于刑者，归于士。

郑玄注引或说曰：

> 或谓归于圜土，圜土谓狱也，狱城圜。

孙诒让《周礼正义》指出：

---

① 严一萍：《王皇士集释》，《中国文字》第七期，转引自李圃主编：《古文字诂林》第一册，上海：上海教育出版社，1999，第 316－317 页。

② 李守奎：《楚文字编》，上海：华东师范大学出版社，2003，第 762、31 页。

③ 程燕：《诗经异文辑考》，合肥：安徽大学出版社，2010，第 32 页。

④ 《石鼓文研究》，载《郭沫若全集·考古编》第九卷，北京：科学出版社，1982，第 46 页。先锋本拓片见 186 页。

⑤ 字形取自王大炎编《甲金篆隶大字典》第 23 页。

> 此兼存别本别说，谓书或作归于土地，义则与《司救》“三罚而归于圜土”同也。①

则郑玄时《周礼》当有作“土”之本。《吕刑》“有邦有土”，《史记》或本作“士”。皮锡瑞《今文尚书考证》注《吕刑》篇云：“汉隶字土、士不别”，举《韩敕礼器碑》“四方士仕”作“土仕”为证。② 主要考虑到隶书。北大汉简《老子》“古之善为士”的“士”，即下横略长，与“土”字混讹。③ 亦可为皮说佐证。从上引文献可以知道，战国时期“士”“土”形讹即已经发生。汉魏以下“士”“土”形讹更其常见。《诗经·召南·摽有梅》“求我庶士”，“士”，敦煌卷子伯 2529 作“土”。《邶风·日月》“照临下土”，斯 789 作“士”。例多不备举。④

总之，《周颂·敬之》篇的“士”乃“土”字形讹，该说可以解决包括诗篇上下文义在内的诸多矛盾与困难，尤其能将之与“陟降”一语作贯通的解释，可说是目前的最佳选择。“无曰高高在上，陟降厥土，日监在兹”，乃成王告诫众人，勿要以为先王高居天上（无所闻知），其神灵实往来人间，临视下土。

我们知道，古人的观念，祖先神魂在天。若是先王，其神长伴上帝左右；若是卿士大夫，则在先王左右。《大雅·文王》“文王在上，于昭于天”，“文王陟降，在帝左右”，《逸周书·祭公》“朕魂在于天昭王之所”，《左传·昭公七年》载周天子追命晋襄公，“叔父陟恪，在我先王之左右，以佐事上帝”，

---

① 孙诒让：《周礼正义》，北京：中华书局，1987，第 764 页。

② 皮锡瑞：《今文尚书考证》，北京：中华书局，1989，第 449 页。

③ 北京大学出土文献研究所编：《北京大学藏西汉竹书（贰）》，（原大图版），上海：上海古籍出版社，2012，第 23 页。

④ 参见程燕：《诗经异文辑考》，合肥：安徽大学出版社，2010，第 32、46 页。敦煌本《诗经》“士”“土”形讹者甚多，不备举。

皆为明证。《敬之》篇的活动场景在“清庙”①。依据古注，“清庙”乃祭祀文王的所在。在这样的场景中，写到先王神灵升降，是很自然的。②

总之，《敬之》全篇的逻辑，是以“天命”的不易与“在上”者之“监”为依据，推导出“敬”的集体自觉与要求。这是《周颂》也是周人思想世界中非常重要的内容。《颂》诗尤其《周颂》绝非如人们习常所理解的，仅仅“美盛德之形容”（甚至被误解为“歌功颂德”）而已。

附：《敬之》全文及其注释

敬之敬之！天维显思[1]，命不易哉[2]！无曰高高在上，陟降厥士[3]，日监在兹[4]。

维予小子，不聪敬止[5]。日就月将[6]，学有缉熙于光明[7]。佛时仔肩[8]，示我显德行[9]。

【注释】

［1］维：句中助词，无实义。显：显赫、光明貌。思：句末助词。

［2］命：天命。不易：犹言不可慢易。“命不易”，清华简本作“文非易”，或说“文”指“前文人”之“文”，乃“德之总名”。

［3］陟降：指先王之神往来人间。厥：其。士：疑“土”字形讹。

［4］日：犹言日日。监：视。兹：此。

［5］止：句末助词。“维予小子，不聪敬止”，清华简本作“讫我夙夜不逸，敬之”，于义为顺。

① 这从篇中成王第六启“维余冲人，服在清庙”等内容可以知道。

② 可以指出的是，《敬之》篇的“士”若果然“土”字之讹，则表明这一讹误发生较早而且久已流传，因为简本的作“事”，显然是基于作“士”的误本之上的。

［6］将：奉行。“日就月将”，又见于西周史惠鼎铭。犹言“日月征行”（含力学不止之意）。

［7］缉熙：语助词。“学有缉熙于光明”，清华简本作“学其光明”。

［8］佛：通“弼”，辅弼。时：是。肩：任。仔：当系误字。“佛时仔肩”，清华简本作“弼时其有肩”。

［9］显：光明。德：法度。句谓希望先王指示以光明的法则。

一〇、集蓼之鸟——《周颂·小毖》与王者的求助

予其惩而，毖后患。莫予荓蜂，自求辛螫。

肇允彼桃虫，拚飞维鸟。未堪家多难，予又集于蓼。

——《周颂·小毖》

（一）引子

《毛诗序》：

《小毖》，嗣王求助也。

绎读诗篇文句，《毛诗序》说不误。然而嗣王为谁？又如何求助？则未作明确解说。此后郑玄有所申说，然往往失误。诗篇大旨似显而晦，诗人心志沉埋不彰。《小毖》是《颂》诗中少有的抒情之作，前人或称之为“哀音动人”。短短八句之中，多次使用比兴手法，更属罕见。在普遍忽视《颂》诗艺术价值的时代，这一篇诗特别值得介绍给读者。因此之故，我们试图尽可能清除可能的文本障碍，以求抵达诗人心志，努力搞清楚，诗篇所以动人的“哀音”究竟何在？

（二）“莫予荓蜂”——求助，抑或敕戒？

要首先解决的，是诗篇前半部分的四句：

予其惩而[1]，毖后患。莫予荓蜂，自求辛螫。

第一、第二两句“予其惩而，毖后患”，乃诗人自言当惩其过往而慎戒后患，此开篇总叙。《毛传》“毖，慎也”系先秦旧说，“毖后患”即戒慎后患。成语“惩前毖后”源出于此。其义较为显豁。

“莫予荓蜂，自求辛螫”两句释义纠缠。

《毛传》：“荓蜂，摩曳。”

《郑笺》：“始者管叔及其群弟流言于国，成王信之而疑周公。至后三监叛而作乱，周公以王命举兵诛之，历年乃已。故今周公归政，成王受之，而求贤臣以自辅助也。曰：我其创艾于往时矣，畏慎后复有祸难。群臣小人无敢我摩曳，谓为谲诈诳欺不可信也。女如是，徒自求辛苦毒螫之害耳，谓将有刑诛。”

《毛传》释“荓蜂”为“摩曳”，乃依据《尔雅·释言》。然而，《郑笺》的解说引致极大困惑。如郑说，则“莫予荓蜂”乃成王戒“群臣小人无敢”

---

[1] “予其惩而毖后患”七字多作一句读。“而”下绝句，说见段玉裁《毛诗训诂传定本》、胡承珙《毛诗后笺》等。段玉裁《毛诗训诂传定本》：

《疏》于“而”字绝句。各本皆云“小毖一章八句”（《清经解》卷627，上海书店出版社2004年版，第4册第167页）。

胡承珙《毛诗后笺》（黄山书社1999年版，第1568页）引段说，进一步论证：

《释文》亦以“惩而”作音，是陆、孔章句正同。《唐石经》于“毖”下旁添“彼”字，或当时别有本作“毖彼后患”，郑覃等因据以旁注，未必只缘《正义》有“慎彼在后”之文遂臆增经字也。

云云，此等口气，岂是“求助”之辞？如清代学者汪龙《毛诗异义》所说，如此：

> 则是敕戒之词，非求助矣。①

问题的关键在“荓蜂”一词上。《毛传》训“摩曳”。《郑笺》谓“群臣小人无敢我摩曳，谓为谲诈诳欺不可信也”，是郑以“荓蜂”为“谲诈诳欺”。这是错误的。

“荓蜂”双声连绵字，又作“甹夆”（《尔雅》）、“德夆”（《说文》）、“併蜂”（《潜夫论·慎微》）。“莫予荓蜂”，当如《孔疏》所引孙毓说“群臣无肯牵引扶助我”，及王肃“莫之藩援”。“荓蜂”乃佐助之意。典籍常以引车喻说辅佐。《左传·襄公十四年》载卫侯出居，或谓其不得入，鲁大夫臧孙以为：“卫君必入。夫二子者，或挽之，或推之，欲无入，得乎？”

那么，是否可以从文字和训诂的角度论证这一点呢？于省吾先生《诗经新证》引郭沫若说，谓“荓”乃“屏”字之借：

> 班簋和番生簋均有“甹王位”之语，毛公鼎作“甹朕位”，甹与甹即甹字的古文。郭沫若《两周金文辞大系考释》谓甹“乃假为屏”，并引《左传》“俾屏予一人以在位”及此诗“莫予荓蜂”为证。按荓与屏从并声，故可通借，郭说甚确。《荀子·儒效》“周公屏成王而及武王”，凡三见；又《逸周书·尝麦解》“尔弗敬恤尔执，以屏助予一人”，均可以补证郭说。②

按郭沫若先生《两周金文辞大系考释》释《班簋》铭：

① 胡承珙：《毛诗后笺》，郭全芝点校本，合肥：黄山书社，1999。

② 于省吾：《泽螺居诗经新证》，北京：中华书局，2003，第113－114页。

> “⿱⿰由由丂王位”，语亦见《番生簋》，又《毛公鼎》云“⿰口⿱⿰由由丂朕位”。孙诒让《毛公鼎考释》初以为《说文》⿰彳甹夆字所从之⿰讠甹字，后又改释为⿱由血，云：“⿰讠甹无义，此云‘⿰口甹朕位’，疑与⿱由血通。《说文》血部‘⿱由血，定息也，从血甹省声，读若亭’，言定朕位也。”
>
> 案：仍当以释⿰讠甹为是。《说文》虽无⿰讠甹、⿰口甹字，乃偶夺佚也。本器与《番生簋》之⿱⿰由由丂，正分明甹之繁文，乃假为屏。《左传》哀十六年“闵天不吊，不慭遗一老，俾屏予一人以在位”，句法与此相近。又⿰彳甹夆字《周颂·小毖》“莫予荓蜂”作“荓蜂”，《毛传》作荓夆，《尔雅·释训》作甹夆。荓亦正从并声，故知器铭甹、⿰口甹均假为屏也。①

郭沫若先生从辞例及句法比堪的角度，指出毛公鼎、班簋、番生簋盖三器的“⿱⿰由由丂王位”“⿰口⿱⿰由由丂朕位”与《左传》哀公十六年之“俾屏予一人以在位”相近。又从字形上指出“⿱⿰由由丂”“⿰口⿱⿰由由丂”皆“甹之繁文”，亦即《说文》之“⿰彳甹夆”与《尔雅》之“甹夆”，亦《周颂·小毖》之“荓蜂”。且荓从并声，与屏正同。由此推断器铭“⿱⿰由由丂”即文献之“屏”。其说有据。

查《新金文编》，西周金文“甹”字除上举毛公鼎、班簋、番生簋三器外，又见于②：

> 《逆钟》：敬乃夙夜，用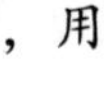（屏）朕身。（《集成》63）
>
> 《㾜钟》：上帝降懿德大（屏），匍有四方……（《集成》251）
>
> 《史墙盘》：上帝降懿德大（屏），匍有上下……（《集成》10175）

① 郭沫若：《两周金文辞大系考释》，载《郭沫若全集·考古编》第八卷，北京：科学出版社，2017，第59－60页。

② 董莲池：《新金文编》，北京：作家出版社，2011，第552－553页。

《逆钟》辞例“屏朕身”与上举诸例相类。《癲钟》与《史墙盘》皆言“上帝降懿德大屏”，辞例相同。“屏”为可降之物，盖其初必为一具体事物，又抽象为藩屏意。

此外，又有“騁”字，见《金文编》[1]，系人名。从并，乃后起之声符。这一字例为金文“甹”即文献之“屏”增加了新的证据。

如上所述，“荓蜂”之“荓”可读作屏。但金文只单说一个“屏”字。“蜂”字如何理解？于省吾先生提出一个意见，认为“蜂”当与“旁”相通。他说：

> 蜂应读作旁字的去声，蜂、旁双声。古韵蜂属东部，旁属阳部，东阳通谐。《史记·项羽本纪》的蠭（同蜂）午，《汉书·霍光传》作旁午，是蜂、旁字通之证。《楚辞·惜诵》“曰有志极而无旁”，王注谓“旁，辅也”。总之，荓蜂应读作屏旁，屏旁应训作屏藩辅助，与前文引《逸周书》所说的“屏助”为同义语。

蜂、旁语音虽然相近，然“屏旁”连言不见于文献，应予解释。我们认为可以从连绵字的特点考虑。连绵字的特点是可以使用双音节，也可以用单音节，即仅仅使用一个汉字。[2] 如“窕窈”族的连绵字，既可以作“夭绍”，也可以单用一个“夭”字。以此类推，“荓蜂”，可以写作“甹夆”，似亦也可单用一个“甹”即“屏”字，而无损其意义。

“辛螫”，清代学者指出犹言“辛劳”。“辛螫”，《释文》引《韩诗》作“辛赦”，谓“赦，事也”。马瑞辰认为“赦”训“事”者，盖以为“敕”之同音假借，是“辛勤、辛苦”之意。

---

① 容庚：《金文编》，北京：中华书局，1985，第 320 页。

② 殷焕先：《联绵字简论》，载《殷焕先语言学论文集》，北京：商务印书馆，2015。

> 按赦《说文》训置，不是训事，赦即螫字省其半耳。训事者，盖以螫为敕之同音假借。《尔雅·释诂》："敕，劳也。""事，勤也。"勤、劳同义，故敕可训劳，即可训事……则辛螫犹言辛勤、辛苦耳。《毛诗》作"螫"者，同音假借字也。《笺》训为毒螫，失之。[1]

"自求辛螫"，乃谓所以有现在的辛苦，皆自取之而已。戴震《毛郑诗考正》："言我无牵挽，使失行而致辛毒，徒自求得之耳。"[2]《潜夫论·慎微篇》引此诗"莫与併蜂，自求辛螫"，谓"祸福无门，惟人所召"。[3]《诗经·大雅·文王》"自求多福"，《孟子·公孙丑上》"祸福无不自己求之者"，古人观念如此。

总而言之，"莫予荓蜂，自求辛螫"，言无人牵挽于我，惟自求此辛苦。亦追悔之辞，蕴"求助"之意。郑玄所释不可据。

（三）"拚飞"者为谁

"肇允彼桃虫，拚飞维鸟"二句，郑玄的解说同样错误。《郑笺》：

> 肇，始。允，信也。始者信以彼管蔡之属虽有流言之罪，如鷦鸟之小，不登诛之，后反叛而作乱，犹鷦之翻飞为大鸟也。鷦之所为鸟，题肩也，或曰鸮，皆恶声之鸟。

郑玄认为"桃虫"为"鷦鸟之小"，譬"管蔡之属虽有流言之罪"，然其罪小；"拚飞维鸟"则指"管蔡反叛而作乱"，"犹鷦之翻飞为大鸟"。如此，

---

① 马瑞辰：《毛诗传笺通释》，北京：中华书局，1989，第1100页。

② 戴震：《毛郑诗考正》，载《清人说诗四种》，武汉：华中师范大学出版社，1986，第100页。

③ 王符著，汪继培笺，彭铎校正：《潜夫论笺校正》，北京：中华书局，1985，第150页。"莫予"，《潜夫论》引作"莫与"。马瑞辰谓"予"是"与"之借，恐未必。"莫予"云云，系古人常语，《大雅·抑》"无曰不显，莫予云觏"。

两句乃言成王不慎小罪终成大祸。郑玄又据之解说篇名“小毖”之“小”，谓“天下之事，当慎其小。小时而不慎，后为祸大”，孔颖达已经指出，“此意出于‘允彼桃虫，翻[①]飞维鸟’而来”。

管蔡流言反叛周室乃周初大事，所谓“鷦之翻飞为大鸟”又似有本（《传》“桃虫，鷦也，鸟之始小终大者”），兼“慎小”为古人的重要思维方式，所谓“绵绵不绝，蔓蔓奈何？豪毛不伐，将用斧柯”（《史记·苏秦列传》引《周书》），《易传》“积善之家，必有余庆；积不善之家，必有余殃。臣弑其君，子弑其父，非一朝一夕之故，其所由来渐矣，由辨之不早辨也。《易》曰‘履霜，坚冰至’，盖言顺也”（《易·坤·文言传》），故此郑玄的上述解读极少被怀疑。以哲思见长的宋代学者说此篇名篇之意：“小毖者，谨之于小也。谨之于小，则大患无由至矣”，[②] 即本郑玄。

清代学者在这一问题上并未得出超出前人的结论，其基本思路是尽量论证“鷦也，鸟之始小终大者”之说的可信。如胡承珙引唐人笔记《大唐新语》“崔希高转并州兵曹，厅前丛苇有小鸟如鷦鷯，来巢孕卵，五色如鸡子。数日壳毁雏见，已大于母。月余五色成文，大如鹅，人到今号为兵曹鸟”，谓“此亦可见物类之变，自有此种”。[③] 马瑞辰据《广雅疏证》所引或说“布谷生子，鷦鷯养之”，谓：“古云鷦鷯生雕，盖即谓鷦鷯取布谷之子养之，化为雕鹗，故《方言》说巧妇之名或谓之过蠃，犹桑虫之化螟蛉亦名果蠃也。”[④] 似亦不无理致。

然而，仔细考虑，即便“桃虫”确系“鸟之始小终大者”，然又何以知“桃虫”譬“管蔡流言，如鷦鸟之小”，而“为鸟”指“反叛作乱”？从古人

---

① 阮元《校勘记》：“‘翻’字出《笺》。郑意以‘拚’为‘翻’之假借，故于训释中竟改其字，而《正义》依之。”

② 朱子《集传》引苏辙说。见朱熹：《诗集传》，北京：中华书局，1958，第233页。

③ 胡承珙：《毛诗后笺》，郭全芝点校本，合肥：黄山书社，1999，第1570－1571页。

④ 马瑞辰：《毛诗传笺通释》，北京：中华书局，1989，第1101页。

记叙来看，于“管蔡流言”并未小视。《尚书·金縢》：“武王既丧，管叔及其群弟乃流言於国，曰‘公将不利于孺子’。周公乃告二公曰：‘我之弗辟，我无以告我先王。’周公居东二年，则罪人斯得。”古文《孔传》：“辟，法也。告召公、太公，言我不以法法三叔，则我无以成周道告我先王。周公既告二公，遂东征之，二年之中，罪人此得。”① 准此，所谓“虽有流言之罪，如鷦鸟之小，不登诛之”，并非事实。

在“肇允彼桃虫”二句的解释上，提出创造性见解的是高亨先生。高亨先生说：

> 允疑当作似，篆形相近而误，或二字古本一字也（说见《时迈》）。《说文》：“似，象也。”《毛传》：“桃虫，鷦也。”孔疏引陆玑《草木鸟兽虫鱼疏》云：“今鷦鷯是也。微小于黄雀。”《尔雅·释鸟》：“桃虫，鷦鷯。”郭注：“鷦鷯，桃雀也，俗呼为巧妇。”《荀子·劝学篇》：“南方有鸟焉，名曰蒙鸠，以羽为巢，而编之以发，系之苇苕，风至苕折，卵破子死，巢非不完也，所系者然也。”桃虫即蒙鸠也。王先谦曰：“《文选》谢瞻《咏张子房诗》李注引薛君《韩诗章句》曰：‘翻，飞貌。’据此知韩拚作翻。”林义光曰：“拚读为翻。”按：《广雅·释训》：“翻翻，飞也。”此成王自言初如桃虫，虽翻飞为鸟，而仍是一微小之鸟，以喻其幼冲也。②

高亨先生指出“彼桃虫”二句乃“成王自言初如桃虫，虽翻飞为鸟，而仍是一微小之鸟，以喻其幼冲”，谓句乃成王自譬，于旧解绝异。然细绎诗篇上下文句，知其说不可易（详下）。唯相关训释可作进一步讨论。

“允”，高亨先生以为“似”字之误，谓“篆形相近而误，或二字古本

① 孙星衍：《尚书今古文注疏》，北京：中华书局，2004，第331－332页。
② 高亨：《周颂考释（下）》，《中华文史论丛》1965年第6辑。

一字也”。《周颂·时迈》“允王唯后”句，高亨先生注释说：

> 《说文》：“佀，象也。从人，㠯声。允，信也，从人，㠯声。”据此似允皆人㠯之合体，形相近，古或本一字也。[①]

根据百年来的古文字研究成果，“允”字字形演变可归纳如下（见图19）[②]：

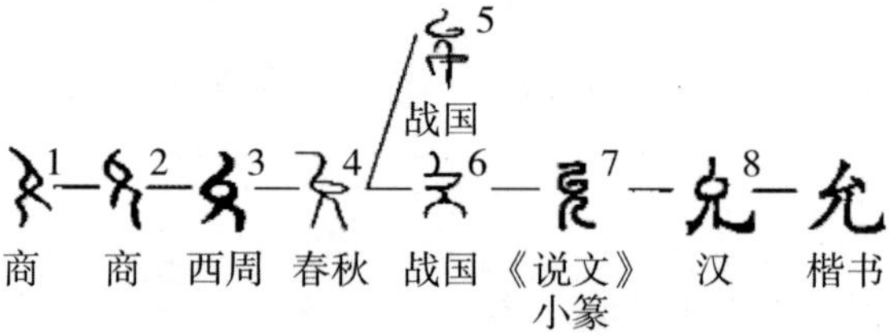

图19 “允”字字形演变

周宝宏先生引用于省吾主编《甲骨文字诂林》“允”字条姚孝遂按语：“篆文允字从㠯，乃形体之讹变。金文、石鼓文已讹为从㠯。段玉裁以为㠯非声，是也。但谓‘㠯，用也，任贤勿贰，是曰允，此会意字’，徐灏已非之。卜辞皆用为验辞，其义为信。”然后说：“信，为确实之义。甲骨文允字习见，皆用为确实之义。西周金文、西周文献允字也用为确实之义，如班簋铭文‘允才（哉）’，《诗·大雅·公刘》‘度其夕阳，豳居允荒’，《诗·周颂·时迈》‘允王维后’。可见，允字用为‘确实’之义是商周时代已经通行的词义，而且是最早的词义。也许‘允’字的原始构形之义与‘确实’、‘诚实’之义有关，但无法证实。允字甲骨文形体上部所从确实不是㠯（㠯、以）字，构形之义不明，西周早期金文开始向㠯（以）形体讹变，西周晚期

---

① 高亨：《周颂考释（上）》，《中华文史论丛》1963年第4辑。

② 据李学勤主编：《字源》，第757页。该词条周宝宏先生负责编写。图中阿拉伯数字分别代表：1、2《甲文编》362－363页；3、4《金文编》614页；5、6《战文编》592页；7《说文》176页；8《篆隶表》614页。

至春秋时代的允字上部确实已讹变为㠯，应该承认《说文》篆文允的形体确实是从㠯声的形声字，是直接继承春秋秦国金文形体而来。”① 至于“似”字的古文字材料，目前似尚未发现（《字源》未收此字古文字材料）。高亨先生主张“似”“允”本或一字的说法，还有商榷的余地。郑玄训“信”，从文义上看，或不误。

桃虫，《毛传》“鷦也，鸟之始小终大者”。《传》说与《尔雅》相应。《尔雅·释鸟》：“桃虫，鷦，其雌名鴱。”郭璞注：“鷦鷯，亡消反。桃雀也。俗名为巧妇。”陆玑《疏》同，云：“今鷦鷯是也。微小于黄雀。”《方言》说巧妇之名，“自关而东谓之桑飞，或谓之工雀，或谓之过羸，或谓之女匠；自关而西谓之桑飞，或谓之韈雀。”郭璞注云：“即鷦鷯。”并见《正义》所引。今吾乡洞庭湖畔华容县有名“麻雀”者，或即《方言》“韈雀”之音转。总之“桃虫”小鸟，乃力弱之谓。

拚飞，今作翻飞。“拚飞维鸟”，姚小鸥先生指出犹“拚飞其鸟”，其说曰：

> 旧注训“维”作“为”，有“化为”的意思。这一误解乃因上句“肇”字误训所致，实应解作“其”。“维”字的这一用法《诗经》常见。“十千维耦”（《周颂·噫嘻》）、“不显维德”（《周颂·烈文》）等句中，“维”皆作“其”解。②

“肇”，高亨先生《周颂考释》从郑玄训“始”，后著《诗经今注》谓“发语词”，未作具体论证。③ 按“肇”之为发语词，杨树达先生曾作论证。④

① 李学勤：《字源》，天津：天津古籍出版社，2012，第757页。
② 姚小鸥：《诗经三颂与先秦礼乐文化的演变》，北京：商务印书馆，2019，第165－166页。
③ 高亨：《诗经今注》，上海：上海古籍出版社，1980，第500页。
④ 杨树达：《肇为语首词证》，载《积微居小学述林全篇》，上海：上海古籍出版社，2007，第373页。

近年朱凤瀚先生比勘金文相关词例，从音形义的角度重申了“始”这一古训。[①] 这一问题有待进一步讨论。

如上所述，“肇允彼桃虫，拚飞维鸟”二句的基本意义当如高亨先生所说乃诗人自喻，而非指管蔡情事。诗篇上言“自求辛螫”，与此“翻飞”之劳苦相应。更重要的，唯有如此解释，下文“予又集于蓼”的“又集”才能得到合理解释。

（四）“予又集于蓼”

诗篇最末两句“未堪家多难，予又集于蓼”，看似语意显豁，仔细考察则不然。其中关于“集”字的训解即不无疑问。

> 《毛传》：“我又集于蓼，言辛苦也。”
>
> 《郑笺》：“集，会也。未任统理我国家众难成之事，谓使周公居摄时也。我又会于辛苦，遇三监及淮夷之难也。”

《毛传》谓“我又集于蓼，言辛苦也”，于“集”字未作明确解释。郑玄训“集”为“会”（据孔疏乃“逢遇”之意），与“集”字常训不合，这一点少有人提出正面讨论。

按《说文》“集”为“雧”之省，谓“群鸟在木上也”，段玉裁注：“引伸为凡聚之称。”[②]《诗经》言鸟之“集”木，《毛传》训“止”，见《唐风·鸨羽》“肃肃鸨羽，集于苞栩”，《传》：“集，止也。”因此，从训诂的角度说，郑玄训“集”为“会”（“逢遇”），并非确诂。故后代学者或改训

---

① 朱凤瀚：《论周金文中“肇”字的字义》，《北京师范大学学报（人文社会科学版）》2002年第2期。

② 段玉裁：《说文解字注》，上海：上海古籍出版社，1988，第148页。

“栖止”（明何楷《诗经世本古义》）。从古人注释常例看，训“集”为“栖止”已经基本符合训诂的标准。但从上下文意及诗人笔法考虑，仍不够明晰。

寻检《诗经》相关篇目，不难发现，凡述及鸟之“集”者，往往先言其“飞”，如下举：

《周南·葛覃》：黄鸟于飞，集于灌木。

《小雅·四牡》：翩翩者鵻，载飞载下，集于苞栩。

翩翩者鵻，载飞载止，集于苞杞。

《小雅·鸿雁》：鸿雁于飞，集于中泽。

《小雅·采芑》：鴥彼飞隼，其飞戾天，亦集爰止。

《大雅·卷阿》：凤皇于飞，翙翙其羽，亦集爰止。

《鲁颂·泮水》：翩彼飞鸮，集于泮林。

此外，《唐风·鸨羽》“肃肃鸨羽，集于苞栩。肃肃鸨翼，集于苞棘。肃肃鸨行，集于苞桑”，虽然没有直接写其“飞”，然而“羽”“翼”“行（通翮）”次序而下，言其羽翼，则飞亦含蕴其中。

何以鸟之“集”多承其“飞”为言呢？一方面，从常理考虑，“止”是“飞”的合情理的后续动作。另一方面，近年的古文字研究表明，“集”字的古文字形兼含“降落”与“栖止”诸象。刘钊教授在《“集”字的形音义》一文对此做了详细研究。刘钊教授利用甲骨文、金文等材料指出“集”字一词有“降落（下落）”“栖止（停留）”“聚集（集合）”三个义位，分别对应三种字形，可表列如下①：

① 此表据刘钊教授文制作。表中字形分别取自《新甲骨文编》及《殷周金文集成》。“《合》”指《甲骨文合集》，“《集成》”指《殷周金文集成》。

表7 “集”字字形与义位

<table>
<tr><th>组</th><th colspan="3">字形</th><th>义位</th></tr>
<tr><td rowspan="2">组1</td><td></td><td></td><td></td><td rowspan="2">降落（下落）</td></tr>
<tr><td>《合》15664</td><td>《合》17455</td><td>《合》17867 正</td></tr>
<tr><td rowspan="2">组2</td><td colspan="3"></td><td rowspan="2">栖止（停留）</td></tr>
<tr><td colspan="3">《合》18333</td></tr>
<tr><td rowspan="2">组3</td><td colspan="3"></td><td rowspan="2">聚集（集合）</td></tr>
<tr><td colspan="3">《集成》6450・2</td></tr>
</table>

刘钊教授指出上述三组字形所表现的含义有别：组1“像鸟降落于树”，故有“降落、下落”之意；组2“像鸟降落于树并停留”，故有“栖止、停留”之意；组3“像众鸟降落于树”，故有“聚集、集合”之意。他认为：“如果把‘集’字字形所表现出的以‘鸟’为主体发出的三个动作或动态描绘成一幅动画，即像一群鸟从空中落下，栖止、聚集于树上。那么‘降落’、‘停留’、‘聚集’就是以这幅动画为对象，从不同角度记录下的三个不同的画面。”① 刘钊教授据此指出，早期典籍中“集”字的用例，传统注疏大多将之训为“止”或“安集”，其实它们“既可以训为‘下落’，也可以训为‘停留’，又可以训为‘聚集’”，而且其中个别用例还显示必须将之与传统训“止”的解释区分开来。如《大雅・卷阿》与《小雅・采芑》都说到“亦集爰止”，刘钊教授指出，在“亦集爰止”句中，“‘集’和‘止’对文，正说明‘集’和‘止’可能在意蕴上有差别。如果将‘集’训为‘下降’，则‘亦集爰止’描绘的正是鸟从天而降并停留在树木上的两个连续动作的动态过程。”这一观察是完全正确的。

① 刘钊：《“集”字的形音义》，原刊《中国语文》2018年第1期，载《书馨集续编》，上海：中西书局，2018，第253页。

“降落”是介于“飞”之后、“止”之先的中间状态。从这一角度考虑，可知《小毖》“予又集于蓼”之句正是呼应其上“拚飞维鸟”句的。“集”字正兼“降”“止”二意。这也进一步证明了高亨先生的前述解说思路。

基于上述分析，可知诗篇后四句皆系成王自喻，与管蔡之事无关。“未堪家多难，予又集于蓼”，堪，《毛传》训“任”。予，《毛传》：“我也。”蓼，高亨先生说：“蓼，水草名，高二三尺，茎有节，秋天开红白花，根茎叶均有辣味。”① 诗人自言遭家多难，又降集于此蓼株之上，处飘摇之境。姚小鸥先生如是评论诗人笔法：“成王以鸟儿栖居蓼草弱枝比喻自己处在风雨飘摇的困境中。末句尤为点睛：蓼为草名，生长水边，植株细且长，鸟儿集于其上，必随风飘摇。诗篇文字洗练，情感真挚，形象生动，信为三百篇中之上品。人们以往认为《颂》诗尤其《周颂》，皆形式板滞，语言单调，对《小毖》内容的这些分析将有助于对《周颂》艺术特点重新审视。”②

值得指出，《诗经》中另有一篇以鸟儿口吻自喻的诗篇。即《豳风》的《鸱鸮》。《鸱鸮》篇中，诗人将自己比喻成一个风雨飘摇中努力维护窝巢保护幼子的鸟儿。③ 据《尚书·金縢》等可靠文献记载，《鸱鸮》乃周公所作而致成王。《小毖》则成王所作，以倾诉于先人神灵之前。其间的关系，可说是耐人寻味的。

附：《小毖》全文及其注释

予其惩而，毖后患[1]。莫予荓蜂[2]，自求辛螫[3]。

肇允彼桃虫[4]，拚飞维鸟[5]。未堪家多难[6]，予又集于蓼[7]。

---

① 高亨：《诗经今注》，上海：上海古籍出版社，1980，第500页。

② 姚小鸥：《诗经三颂与先秦礼乐文化的演变》，上海：商务印书馆，2019，第166页。

③ 诗云：“鸱鸮鸱鸮，既取我子，无毁我室。恩斯勤斯，鬻子之闵斯。/迨天之未阴雨，彻彼桑土，绸缪牖户。今女下民，或敢侮予。/予手拮据，予所捋荼，予所蓄租，予口卒瘏，曰予未有室家。/予羽谯谯，予尾翛翛，予室翘翘，风雨所飘摇，予维音哓哓。”

【注释】

[1] 予：我。惩：有所创而知戒止。毖（bì）：戒慎。或“惩而”下断读。

[2] 莫：无人。予：我。荓（píng）蜂：双声连绵字，又作“甹峰”（《尔雅》）、“德夆”（《说文》），牵挽扶助之意。

[3] 辛：劳苦。螫（shì）：《韩诗》作“赦”，训为“事”，劳苦之意。

[4] 肇：始，动词，为初作某事之意。如“肇作”，言初作某器；“肇贾”，言初营商事。桃虫：一种体型极小的鸟，又名“鹪”。

[5] 拚：《韩诗》作“翻”。维：句中助词，犹言“其”。“拚飞维鸟”，与“不显维德”（《周颂·烈文》）句法相当，“维”作“其”解。“肇允彼桃虫，拚飞维鸟”，其意若曰：且看那桃虫小鸟，正上下翻飞。言其勤苦。

[6] 堪：承受。家多难：武王去世不久，即发生三监之乱及与淮夷的战争，长年战乱不安，故言“多难”。

[7] 集：鸟儿下落到草木之上。蓼（liǎo）：草名，生长水边，植株细且长。成王自言如小鸟降集蓼株之上，处境飘摇。

一、"思无邪，思马斯徂！"——《鲁颂·駉》篇的祈请与梦想

駉駉牡马，在坰之野。薄言駉者，有驈有皇，有骊有黄，以车彭彭。思无疆，思马斯臧！

駉駉牡马，在坰之野。薄言駉者，有骓有駓，有骍有骐，以车伾伾。思无期，思马斯才！

駉駉牡马，在坰之野。薄言駉者，有驒有骆，有駵有雒，以车绎绎。思无斁，思马斯作！

駉駉牡马，在坰之野。薄言駉者，有骃有騢，有驔有鱼，以车祛祛。思无邪，思马斯徂！

——《鲁颂·駉》

（一）引子

《鲁颂》的《駉》篇是否合乎"颂"体，至晚唐代的孔颖达已提出异议。《毛诗序》：

《駉》，颂僖公也。僖公能遵伯禽之法，俭以足用，宽以爱民，务农重谷，牧于坰野，鲁人尊之，于是季孙行父请命于周，而史克作是颂。

明言《駉》属于“颂”。《毛诗序》定义“颂”诗名义，谓“美盛德之形容，以其成功告于神明”，可见《毛诗序》以之为“告神之歌”，态度是明确的。然而一贯尊重古注的孔颖达对此表示反对。他说：

此虽借名为颂，而体实国风，非告神之歌，故有章句也。

孔颖达认为《駉》体实国风，因此有“章句”（《駉》四章章八句），否认其“告神之歌”的性质。按孔颖达将有无“章句”作为是否“告神之歌”的标准，从今天的学术视野来看，是不充分的。因为孔氏的比较标准是《周颂》，《周颂》三十一篇，俱不分章。然而从近年发现的清华简《周公之琴舞》可知，这一体式乃传《诗》者编排的结果，并非《周颂》原貌。其实，即便没有新出文献的佐证，就《鲁颂·駉》篇本身的体式特征及文化内涵来看，《駉》的作为“告神”，亦毫无疑问。姚小鸥教授曾经从古代制度及文化精神的角度予以阐述。① 我们将试图从诗篇“思”字的使用切入这一话题。

（二）“思”与祈请

《駉》篇在语言形式上有一个显著特点，那就是大量使用“思”字句，见本章开头所引。按“思”字，《毛传》无释。《郑笺》于首章“思无疆”串讲曰“思遵伯禽之法，反覆思之，无有竟已”云云，可知郑读“思”为“思虑”字。孔颖达遵用郑玄无异辞，朱子《诗集传》谓“思无疆，言其思之深广无穷也”，解“无疆”为“深广无穷”与郑之“无有竟已”微异，至于以“思”为“思虑”则与郑玄全同。总之，以“思”为“思虑”，是古代

① 姚小鸥：《〈鲁颂·駉〉篇与周礼的关系及其文化意义》，《文学遗产》2002年第6期。

尤其汉唐以至宋元学者的主流讲法。

然而，这一为多数学者遵用的讲法，并不可靠。清代学者已经认识到，这里的“思”字并非实词，而是“语助”，或者“发语词”。王引之《经传释词》卷八列举“思”字作为“虚词”的三类用法，其中第二种为“发语词”。王氏写道：

> 思，发语词也。《车舝》曰“思娈季女逝兮”，《文王》曰“思皇多士”，《思齐》曰“思齐大任”，又曰“思媚周姜”，《公刘》曰“思辑用光”，《思文》曰“思文后稷”，《载见》曰“思皇多祜”，《良耜》曰“思媚其妇”，《泮水》曰“思乐泮水”，“思”字皆发语词。①

并指出《郑笺》读“思”为“思虑”字者，皆失之。

陈奂《诗毛氏传疏》卷二十九释《駉》篇“思”字说：

> 思，皆为语助。臧，善也，以言马之善也。“思马斯臧”，与“於万斯年”、“则百斯男”、“于胥斯原”、“有秩斯祜”，上一字为语助，此其句例。解者俱以“思”为“思虑”之“思”，失之。②

清代学者通过句法比勘指出“思”字并非实词，而是虚字，是“发语词”（或“语助”），较郑玄旧解是绝大进步。尽管如此，仍未全面揭示该字的最终秘密。这一切需要从周原卜辞的发现说起。

1977 年春，陕西岐山县凤雏村西周遗址发现甲骨 17 000 余片，其中有字卜甲 292 片。此后扶风县齐家村又陆续发现有字甲骨若干。总计凤雏、齐

---

① 王引之：《经传释词》，南京：江苏古籍出版社，2000，第 78 页。
② 陈奂：《诗毛氏传笺》，滕志贤整理，南京：凤凰出版社，2018，第 1078 页。

家两处发现有字甲骨共计 298 片。[1] 其中一个频繁出现的“囟”字引起学者注意。相关辞例如：

囟又（有）正　　H11：1

囟亡眚　　H11：20

囟亡咎　　H11：28、35、77、96

囟克事　　H11：21

这个“囟”字，周原考古队或释“惠（义同惟）”，或释“迺”。[2] 1979 年 11 月 30 日召开的中国古文字研究会第二届年会上，李学勤、王宇信两位先生提交的《周原卜辞选释》一文指出释“惠”或“迺”于字形不符，此字应即《说文》“囟”字，读“思”或“斯”，西周金文《师訇簋铭》“訇其万囟年子子孙孙永宝用”之“其万囟年”，与《诗经·下武》“於万斯年”文例相当，可以为证。[3] 李学勤先生发表于 1986 年的《续论西周甲骨》一文进一步指出“亡咎”与《周易》习见的“无咎”“亡眚”意义相近。文章指出，“囟”字是“义为‘庶几’的命令副词”：

> 《左传》《国语》所载卜筮命辞，辞的末句常冠以“尚”字，“尚”当依《尔雅》训为“庶几”，杨树达先生认为是命令副词。西周卜辞的“囟（斯）”字应训为“其”，也是义为“庶几”的命令副词。[4]

所说《左传》《国语》所习见之卜筮命辞末句的“尚”字，如《左传·昭公五年》：

---

① 陈全方：《周原与周文化》，上海：上海人民出版社，1988，第 101－107 页。

② 陕西周原考古队：《陕西岐山凤雏村发现周初甲骨文》，《文物》1979 年第 10 期。

③ 李学勤、王宇信：《周原卜辞选释》，载《古文字研究》第四辑，北京：中华书局，1980。

④ 李学勤：《续论西周甲骨》，《人文杂志》1986 年第 1 期。

冬十月，楚子以诸侯及东夷伐吴，……吴子使其弟蹶由犒师。楚人执之，将以衅鼓。王使问焉，曰："女卜来吉乎?"对曰："吉。寡君闻君将治兵于敝邑，卜之以守龟。曰：'余亟使人犒师，请行以观王怒之疾徐，而为之备。尚克知之。'龟兆告吉，曰：'克可知也。'……"

楚人联合诸侯伐吴，吴君命其弟犒师借以探察敌情，行前卜以守龟，命龟之辞说："尚克知之。"杨伯峻先生注："尚，庶几也。"①

《国语·晋语》晋公子重耳筮得国：

公子亲筮之，曰："尚有晋国。"得贞屯悔豫，皆八也。筮史占之，皆曰："不吉。闭而不通，爻无为也。"司空季子曰："吉。是在《周易》皆利建侯。不有晋国以辅王室，安能建侯？我命筮曰'尚有晋国'，筮告我曰'利建侯'，得国之务也，吉孰大焉！……"

徐元诰《国语集解》引吴曾祺注："尚，庶几也。"②

诸家训"庶几"，乃本《尔雅·释言》。《释言》："庶几，尚也。"这一点李学勤先生已经指出了，并引杨树达先生说以为"命令副词"③。至于西周甲骨的"思"字，在语法地位及使用功能上与上举《国语》《左传》的"尚"字显然相当。故此也应是义为"庶几"的命令副词。李学勤先生括注为"斯"，主要依据是《师询簋铭》的"万囟（斯）年"。

关于周原甲骨的""字，夏含夷先生做了系列研究。其中发表于《古文字研究》第 17 辑的《试论周原卜辞字》一文，针对周原考古队释"惠"或"迺"的意见，指出"惠"或"迺"字的标准写法在周原卜骨中均

① 杨伯峻：《春秋左传注（修订本）》，北京：中华书局，1990，第 1271 页。
② 徐元诰：《国语集解（修订本）》，北京：中华书局，2002，第 340 页。
③ 杨树达：《词诠》，北京：中华书局，2004，第 239－240 页。

出现，或与“囟”字在同一片卜辞而写法不同（如 H11：124；H31：4），据此知原释不可从。

至于卜辞“思”字的具体意义，夏含夷先生引《大雅·文王》“思皇多士”之《郑笺》“思，愿也”，认为“应该为动辞，即‘愿’之意思”，并将“囟有正”“囟无咎”“囟克事”分别译为“愿意是正确的”“愿意没有灾难”“愿意能够做到”。[①] 在《再论周原卜辞由字与周代卜筮性质诸问题》一文中，强调“‘尚’是‘庶几’的意思，亦即‘愿望之辞’、或者‘心所希望’，‘思’是正如郑玄所谓‘思，愿也’的意思”[②]。

如上文所述，周原卜辞“思无咎”诸例中的“思”与《左传》《国语》诸命辞的“尚”的意义相当，这是从两者的语法地位及使用功能上做出的判断。李学勤与夏含夷两先生在讨论中都对“尚”字予以特殊重视，正是因此之故。《尔雅·释言》“庶几，尚也”，《说文》“尚，庶几也”，两者互训。至于“尚”或者“庶几”的具体含义，似乎确当如夏文所引邢昺《尔雅注疏》及《仪礼正义》为“心所希望也”或“愿望之辞”。这意味着，该语词内涵强烈的情感色彩。古书中类似的表达如“庶几乎”，可译为“希望如此！”或者“希望如此吧！”应当注意的是，“愿望之辞”与用为具体动作的“愿”，并不完全等同。《大雅·文王》“思皇多士，生此王国”，《郑笺》“思，愿也。又愿天多生贤人于此邦”。此“思”字即便从郑注训“愿”，从语气体会，也与卜筮命辞的“尚”的“庶几”之意有别。综合种种考虑，我们以为，周原卜辞“思无咎”的“思”仍以训“庶几”为妥当。

---

① 夏含夷：《诗论周原卜辞囟字——兼论周代贞卜之性质》，载《古文字研究》，北京：中华书局，1989，第 17 辑。据夏含夷先生说，该论文曾在 1983 年加州大学举办的“卜筮与符瑞”研讨会上介绍。见夏氏著《再论周原卜辞由字与周代卜筮性质诸问题》。

② 夏含夷：《再论周原卜辞由字与周代卜筮性质诸问题》，载《兴与象：中国古代文化史论集》，上海：上海古籍出版社，2012，第 63 页。

图20　周原卜辞 H11：1①

要特别指出的是，夏含夷先生在讨论周原卜辞的“思”字时，引用到《鲁颂·駉》篇，指出两者“思”字的用法类似，并摘录诗篇相关句子，使两者之间的关系非常容易地显示出来。夏文所摘录的内容如下：

> 駉駉牡马，……思无疆，思马斯臧。
>
> 駉駉牡马，……思无期，思马斯才。
>
> 駉駉牡马，……思无斁，思马斯作。
>
> 駉駉牡马，……思无邪，思马斯徂。

如前所述，清代学者如王引之、陈奂等已经指出郑玄读“思”为“思虑”字的错误。现在，由于有了周原卜辞的实例，我们意识到，《駉》篇“思无疆”诸句的“思”的语义与《左传》《国语》诸“尚”字相当，它含有明

① 图片据曹玮编著：《周原甲骨文》，北京：世界图书出版公司，2002，第1页。最右一行为“思又（有）正”三字。

显的“祈请”的情感，而不能简单视为“语助”。当然，我们认为，仅仅据此似乎还不足以将《駉》全篇认定为“祝词”。因为尽管每一章的最后两句在结构与形式特点和卜筮“命辞”的结尾相类，但每章前六句（如首章“駉駉牡马，在坰之野。薄言駉者，有驈有皇，有骊有黄，以车彭彭”）与卜筮之“命辞”不能简单等同。毋宁说，是诗篇的作者借用了卜筮系统中的若干语词而化成诗篇之文辞，使诗篇呈显出祝祷的气氛。《駉》篇的作者如《诗序》所言乃“史克”。孔颖达的疏引到文十八年《左传》“季文子使大史克对宣公”事。按古代史官多兼掌卜筮，《左传》《国语》习见，如《左传·僖公十五年》载晋献公筮嫁伯姬于秦，遇《归妹》之《睽》，“史苏占之曰：不吉……”。作为鲁国史官的“大史克”在其所作诗篇中运用卜筮的文句形式是不难理解的。①

可以补充说明的是，近年展出的一片周公庙“薄姑”卜辞，辞尾云“囟亡处（咎）”，与前举凤雏等地卜辞格式完全一致，足见其为周人所通用。②

（三）四“思”释义

前节已经讲到“思”训“庶几”，是“愿望之辞”。这一节我们具体讨论《駉》篇所“愿望”四“思”的具体含义：

思无疆

思无期

思无斁

思无邪

① 汉人或谓《鲁颂》公子奚斯作，不可信。见孔颖达《鲁颂谱》疏。

② 李学勤：《论周公庙“薄姑”腹甲卜辞》，《文博》2017年第2期。

如前所述，“思”字的句式特点，即其句式结构与句法位置和卜筮命辞最末一句的“思”字类似。这一特点的揭示，可以帮助我们更好地理解上引文句的含义。

让我们先看《毛传》和《郑笺》。

> 无疆：《传》无文。《笺》：“无有竟已。”
>
> 无期：《传》无文。《笺》无文。
>
> 无斁：《传》无文。《笺》：“斁，厌也。思遵伯禽之法无厌倦也。”
>
> 无邪：《传》无文。《笺》：“专心无复邪意也。”

“无期”，《毛传》《郑笺》俱无说，于省吾先生以为与“无疆”同例。“无斁”，郑玄以为“无厌倦”，于省吾先生以为“无度”，“犹言无数”。“无邪”，于省吾先生以为“无圉”，“犹言无边”。关于这一组语词，于省吾先生有许多新见，互有得失，故引用在此。

关于“无期”，于省吾先生论证说：

> 无疆与无期同例。金文期字多作㫷、碁、諆、諅。师寰簋叙征伐淮夷说：“折首执讯无諆。”翁同书谓“諆读若记，古其、諆、諅、㫷字并通，无记犹言无算也。”翁说至确。齐侯盘、庆吊[1]匜并言“男女无碁”，无碁犹言无算，无算极言男女之多，多父盘称“百子千孙”，𡢁生盨称“其百男百女千孙”，是其例证。仲师父鼎称“眉寿无彊（疆）”、沇儿钟称“眉寿无諆”，虢季盘称“万年无疆”，王孙寿甗称“万年无諆”。无疆与无期语例相仿，即无止已和无算之义。本诗之无疆和无期，是指牧马繁多，不可胜数为言。[2]

---

① 引者按：古叔字。原误排作“吊”。

② 于省吾：《泽螺居诗经新证》，北京：中华书局，2003，第116页。

于省吾先生从金文辞例及语音角度论证“无疆与无期语例相仿”，可信。唯谓二语“指牧马繁多，不可胜数”则不尽确当。如上节所言，句首“思”字义“庶几”，为“愿望之辞”，因此准确地讲，“无疆”“无期”乃祈望“马儿大蕃息万千无算”，讲成“牧马繁多”，则是指实之言，与诗人之意不尽相符。

“无斁”，旧注以为“无厌倦”，于省吾先生以之为“无度（犹言无数）”，恐未当。“斁”“度”固然有音近字通的例证，然此处未必通读。“无斁”是《诗经》的常见辞例，共五见：

（1）《周南·葛覃》：是刈是濩，为絺为绤，服之无斁。

（2）《大雅·思齐》：古之人无斁，誉髦斯士。

（3）《周颂·振鹭》：在彼无恶，在此无斁。

（4）《鲁颂·駉》：思无斁，思马斯作。

（5）《鲁颂·泮水》：戎车孔博，徒御无斁。

又作“无射”，凡三见：

（6）《小雅·车辖》：式燕且誉，好尔无射。

（7）《大雅·思齐》：不显亦临，无射亦保。

（8）《周颂·清庙》：不显不承，无射於人斯。

《周南·葛覃》“服之无斁”，《礼记·缁衣》引作“无射”。出土文献亦多见，如西周金文如下之例：

（9）毛公鼎：肆皇天亡斁，临保我有周。（《集成》2841）

（10）师询簋：肆皇帝亡斁，临保我有周。（《集成》4342）

（11）梁其钟：降余大鲁福亡斁。（《集成》188）

“亡斁”即“无斁”。近年所出战国竹简材料：

（12）清华简《厚父》：天则弗臭（斁），永保夏邦。

（13）清华简《周公之琴舞》：假哉古之人，夫明思慎，用仇其有辟，允不承不显，思攸亡睪（斁）。

前揭“斁”字，金文多作“”（毛公鼎）、（师询簋）、“”（梁其钟）；上部作日或白，下部多谓为矢形。楚简作“”（清华简《厚父》）、“臭”（上博简《缁衣》引《诗》），与金文字形相近；又作“”（清华简《周公之琴舞》），下部矢形变为幸，上半形体亦有变化。

前辈学者姜昆武先生根据《诗经》及金文材料认为“无斁一词，乃贵族阶级歌颂其德行隽美，承业事君无怠及上天无怠其国祚福禄之常命之专用成词”。[①] 这一释义事实上分为两个义项：一为贵族阶级的“德行隽美，承业事君无怠”；一为“上天无怠其国祚福禄”。两者在言说的主体及具体含义上皆不尽相同。

上举文例的多数都可以归入这两种情况。其中称说“德行隽美，承业事君无怠”者，有（1）《周南·葛覃》：“是刈是濩，为絺为绤，服之无斁。”此外，（8）《周颂·清庙》：“不显不承，无射於人斯。”依古注亦可归入此类。又（13）清华简《周公之琴舞》：“假哉古之人，夫明思慎，用仇其有辟，允不承不显，思攸亡睪（斁）。”句式、用语与（8）《清庙》相当，整理者注引《葛覃》“服之无斁”比较，亦可归入其类。

言“上天无怠其国祚福禄”者，如下举三例：

（9）毛公鼎：肆皇天亡斁，临保我有周。（《集成》2841）

① 姜昆武：《诗书成词考释》，济南：齐鲁书社，1989，第80页。

（10）师询簋：肆皇帝亡斁，临保我有周。(《集成》4342)

（12）清华简《厚父》：天则弗臭（斁），永保夏邦。

三者句式、语意全然相同。皆言上天保民无倦。据此可知如下两例语义亦相近似：

（2）《大雅·思齐》：古之人无斁，誉髦斯士。

（7）《大雅·思齐》：不显亦临，无射亦保。

其中第（2）例《思齐》的主语乃“古之人”，指先王。考虑到先王之神在上，与上天临保下土性质类似，因此可以归为一类。此外，从宽泛的意义上讲，（11）梁其钟：“降余大鲁福亡斁”，言先王降福无斁，似亦可归入此类。按《说文》“斁”下列一说曰“终也”，学者或据之以说金文“亡斁”，谓“终止之义”，[①] 于义似亦可通。至于（6）《小雅·车辖》“式燕且誉，好尔无射”，施此无厌倦之意于男女情好，当属引申的用法。

此外，1976年陕西扶风庄白村西周窖藏所出恭王时器墙盘铭“昊𥏻亡□（斁）”，语义尚不十分清楚。《铭文选》读“昊昭无斁”，解释为：“昊天昭临而不厌弃”，乃推《毛公鼎》《师询簋》铭之意为说。[②]

值得特别注意的是如下两例：

（3）《周颂·振鹭》：在彼无恶，在此无斁。

（5）《鲁颂·泮水》：戎车孔博，徒御无斁。

此两例中的“斁”疑读《说文》训“败”之“殬”。《说文》卷四《歺（音è）部》：“殬，败也。”段玉裁注：

① 陈英杰：《西周金文作器用途铭辞研究》，北京：线装书局，2008，第490页。

② 马承源：《商周青铜器铭文选》三，北京：文物出版社，1988，第156页。

经假斁为殬。《云汉》郑笺云“斁，败也”，孔颖达引《洪范》“彝伦攸斁”。①

《洪范》“彝伦攸斁”，《说文》引亦作“斁”，段玉裁谓“盖汉人以今字改之”。如此《周颂·振鹭》“在彼无恶，在此无斁”，“无斁”与“无恶”相对，恶谓咎恶，斁训败，相类。《鲁颂·泮水》“戎车孔博，徒御无斁”，“孔博”言戎车之攻致，“无斁”指师徒之无亏。

从以上分析来看，文献“无斁”一语的含义较为复杂，目前所见材料似乎并不支持作统一的解说。《鲁颂·駉》篇“无斁”或读“斁”训“败”，即属前举最后一种情况。“思无斁”，乃祈望牧事无所亏败。从前引周原卜辞相当位置命辞多作“亡咎”“亡眚”来看，这一训释的合理性似不容否认。

最后试略讨论“无邪”的语义。旧说以“无邪”为“无复邪意”（《郑笺》），甚至以为“有劝戒之义”（陈奂《诗毛氏传疏》），固不可据。于省吾先生谓“无邪即无圉，无圉犹言无边”，亦难以信从。于省吾先生说：

邪应读作圄，圄通圉。从牙从吾古字通，《仪礼·聘礼》称“宾进讶”，郑注谓“今文讶为梧”；《山海经·海内北经》的“驺吾”，《史记·滑稽列传》作“驺牙”；《公羊传》文二年称“战于彭衙”，《释文》谓“衙本或作牙”，是其例证。圄与圉古通用，《说文》“圉，囹圉，所以拘罪人，从幸从口。一曰，圉，垂也”，段注谓“他书作囹圄者，同音相假也”。《左传》隐十一年“亦聊以固吾圉也”，杜注谓“圉，边垂（陲）也”。然则无邪即无圉，无圉犹言无边，无边指牧马之繁多言之。②

① 段玉裁：《说文解字注》，上海：上海古籍出版社，1988，第163页。
② 于省吾：《泽螺居诗经新证》，北京：中华书局，2003，第117页。

于省吾先生据牙、吾古通，又圄、圉古亦通用，谓邪当读圉，无邪即无圉，犹言无边。其说恐难信据，一方面辗转相借通假，过于曲折；另一方面从语源上“邪”训“不正”，而“思正”“思有正”乃卜辞成语，与“思无邪”之语正相比类，较“无圉”之释为可依据。前面已经引到周原卜辞 H11：1：

> 囟又（有）正

此外，H11：14，H11：130 有“囟（思）正”之语。刘钊先生在讨论卜辞“正雨”的时候指出卜辞多见“又正”一语，如：[①]

> 三报二示卯，王祭于之，若，又（有）正。（《合》27083）
>
> 惠（惟）兹册用，又（有）正。（《合》30674）
>
> ……三牢用，有正，王受又。（《合》30706）
>
> 于且（祖）丁岁，又（有）正，王受之。（《屯南》613）
>
> 贞惠（惟）乙未卜彭，又（有）正。（《合》30814）

又有“不正”：

> 贞设隹（惟）㞢（又）不正。（《合》10131）

上引“又正”“不正”一般也位于辞尾，与周原卜辞的情形相当。卜辞祈“雨”之正，《駉》祝马以“无邪”，其间逻辑正相类似。《新书·道术》：“方直不曲谓之正，反正为邪。”《素问·藏气法时论》“夫邪气之客于身也”，王冰注：“邪者，不正之目也。”[②]凡此皆可考见“邪”字意蕴。

---

① 刘钊：《卜辞“雨不正”考释》，《殷都学刊》2001 年第 4 期。
② 书证取自宗福邦等主编：《故训汇纂》，北京：商务印书馆，2003，第 2320 页。

（四）何以为“颂”

如上可知，《駉》诗通篇所述乃是鲁国牧马之盛。牧马而备列于“颂”，乃是因为“马是国之大用”，对于这一点，古人已经不尽了解。《毛诗序》：

《駉》，颂僖公也。僖公能遵伯禽之法，俭以足用，宽以爱民，务农重谷，牧于坰野，鲁人尊之，于是季孙行父请命于周，而史克作是颂。

《毛诗序》以诗篇篇旨在“颂僖公”，而僖公所以堪“颂”者，乃因其“遵伯禽之法，俭以足用，宽以爱民，务农重谷”云云。孔颖达已经指出，所谓“俭以足用，宽以爱民，务农重谷”，“于经无所当”，换言之，这些内容并不见于诗篇。而《毛诗序》必如此立说者，《孔疏》解释说：

僖公之爱民务农，遵伯禽之法，非独牧马而已。以马畜之贱，尚使思之善，则其于人事无所不思明矣。

孔疏所谓“马畜之贱云云”，是错误的。其所以有此误解，一方面固然出于对“思”字的误训，然考察其内在的深层原因，则在于对马政在古代社会中的重要性不尽得其情实。恰恰这一点对于《駉》篇的解读至关重要。

古人治军赋，数甲兵、马政为其首务，见于《司马法》《管子·乘马篇》等。据李学勤先生的研究，可以列表如下[1]：

---

① 李学勤：《〈管子〉“乘马”释义》，载《古文献丛论》，北京：中国人民大学出版社，2010。

表 8　甲兵、马政情况

土地	车	马	牛	人	兵器
《管子·乘马》方 6 里	1 辆	4 匹		甲 28 蔽 20 白徒 30 } 78 人	
《司马法》方 8 里	1 辆	4 匹	12 头	甲士 3 步卒 72 } 75 人	戈、楯具备

由表 8 可以清楚看出国家兵力与马匹的数量直接相关。故此马匹的饲养、蕃育及训练，乃是古代社会生活的重要内容。这一点在礼典上有突出反映。其中“执驹”礼见于传世及出土文献，是古代重要的礼典之一。传世文献如：

《周礼·校人》：春祭马祖，执驹。

《周礼·庾人》：掌十有二闲之政教，以阜马、佚特、教駣、攻驹，及祭马祖，祭闲之先牧，及执驹，散马耳、圉马。

出土材料有 1955 年陕西眉县出土之盠尊、1984 年西安张安坡西周墓地出土之达盨盖。两器器铭皆记周王亲行“执驹”之礼。

《盠尊铭》：唯王十又二月，辰在甲申，王初执驹㡯……（《集成》6011）

《达盨盖铭》：唯三年五月既生霸壬寅，王在周，执驹于滆应（《近出》506）

图21　盠尊及尊铭（部分）[1]

关于“执驹”礼的具体仪节与内涵，杨宽先生认为是：“二岁的小马离开母马而升入王闲为服马时，初系马具所行之礼。”[2] 沈文倬先生则认为：“幼马到一岁至一岁半时，要断乳，离开其母，开始套上笼头，在笼头上结上綮，正式编入王的六闲或十二闲，登记上王的财产簿籍。”[3] 无论如何，周王亲行此礼，足见重要。杨宽先生还认为“执驹”的地点“厈（岸）”乃“辟雍中大池之岸”。“辟雍”见于《诗经·大雅·灵台》等先秦可靠典籍及出土文献，是周人的重要典礼场所。[4] 果如其说，更可见该典礼之受重视程度。

据学者统计，《诗经》言马的篇章多达46篇。[5] 其中《小雅·鸳鸯》“乘马在厩，摧之秣之”之言养马，《小雅·车攻》“我车既攻，我马既同”之言田猎毛马，《小雅·吉日》“吉日维戊，既伯既祷”之言祭马祖，《鄘风·定之方中》等皆涉马政，从不同角度展现了马匹在古代社会生活中的参与度。《駉》篇以咏马为主题，被编为《鲁颂》的第一篇，绝不是偶然的。如姚小鸥教授所说：

① 据吴镇烽《金文通鉴》第11812号。
② 杨宽：《西周史》，上海：上海人民出版社，2003，第828页。
③ 沈文倬：《“执驹”补释》，载《菿暗文存》，北京：商务印书馆，2006。
④ 杨宽：《我国古代大学的特点及其起源》，载《古史新探》，北京：中华书局，1965。
⑤ 江林：《〈诗经〉与宗周礼乐文明》，上海：上海古籍出版社，2010。

《駉》篇之所以列为颂诗，是因为它符合礼制社会对国家主政者的布政要求。从《鲁颂》的作者与编者的角度来看，鲁君这方面的成就足以告慰先人。所以，虽然《駉》篇并非战争时期之告成诗，但它所反映的鲁国国家军力的成就，就其性质来说，与“以其成功告于神明”的《周颂》略可相当。①

对于《駉》篇所蕴含的文化精神及其所以备列《颂》诗的原因分析，是完全正确的。

附：《駉》篇全文及其注释

駉駉牡马[1]，在坰之野[2]。薄言駉者[3]，有驈有皇[4]，有骊有黄[5]，以车彭彭[6]。思无疆[7]，思马斯臧[8]！

駉駉牡马，在坰之野。薄言駉者，有骓有駓[9]，有骍有骐[10]，以车伾伾[11]。思无期[12]，思马斯才[13]！

駉駉牡马，在坰之野。薄言駉者，有驒有骆[14]，有駵有雒[15]，以车绎绎[16]。思无斁[17]，思马斯作[18]！

駉駉牡马，在坰之野。薄言駉者，有骃有騢[19]，有驔有鱼[20]，以车祛祛[21]。思无邪[22]，思马斯徂[23]！

【注释】

[1] 駉駉（jiōng）：马肥壮的样子。《说文》引作“驍驍”，云：“马肥盛也。”牡马：雄性马。古一车驾四马，称“四牡”，《诗经》多见。《小雅·六月》“四牡修广，其大有颙”，《毛传》：“修，长。广，大也。颙，大

① 姚小鸥：《〈鲁颂·駉〉篇与周礼的关系及其文化意义》，《文学遗产》2002年第6期。

貌。”与本篇可相参照。

［2］坰（jiōng）：远郊之地。

［3］薄言：发语词，《诗经》多见。《周南·芣苢》“采采芣苢，薄言采之”，《毛传》：“薄，辞也。”

［4］驈（yù）：纯黑唯大腿内侧白毛的马。皇：毛色黄而发白的马。《毛传》：“骊马白跨曰驈，黄白曰皇。”

［5］骊（lí）：通体深黑色的马。黄：毛色黄而发赤的马。《毛传》：“纯黑曰骊，黄骍曰黄。”

［6］彭彭：威仪盛饰的样子。《太平御览·兽部五》引：“彭彭，有容也。”

［7］思：句首助词，含祈望、希冀义。全篇“思”字同。无疆：无止境。

［8］斯：句中助词，犹言“其”。臧：善。

［9］骓（zhuī）：色青白而夹杂异毛的马。駓（pī）：色黄白而夹杂异毛的马。《毛传》：“苍白杂毛曰骓，黄白杂毛曰駓。”

［10］骍（xīng）：毛色赤而微黄的马。骐（qí）：毛色青黑如苍艾的马。《毛传》：“赤黄曰骍，苍綦曰骐。”

［11］伾伾（pī）：有力的样子。《毛传》：“有力也。”

［12］无期：犹“无疆”。

［13］才：有材力。

［14］驒（tuó）：毛色青黑而浅深不一有如鳞纹的马。骆（luò）：白马而黑鬃者。《毛传》：“青骊驎曰驒，白马黑鬣曰骆。”

［15］骝（liú）：赤马而黑鬃者。雒（luò）：黑马而白鬃者。《毛传》：“赤身黑鬣曰骝，黑身白鬣曰雒。”

［16］绎绎：奔驰迅疾的样子。《毛传》："绎绎，善走也。"

［17］斁（dù）：败。无斁，犹言无害。与《清庙》"无斁（射）"字不同。

［18］作：《毛传》"始也"，谓始使驾车。

［19］骃（yīn）：浅黑色发白而夹杂异毛的马。騢（xiá）：彤白色而夹杂异毛的马。《毛传》："阴白杂毛曰骃，彤白杂毛曰騢。"

［20］驔（diàn）：胫有白色长豪的马。鱼：两眼毛色白的马。《毛传》："豪骭白曰驔，二目白曰鱼。"

［21］袪袪（qū）：强健的样子。

［22］邪：不正。

［23］徂：行，谓驾车行远。

一二、“既和且平”——《商颂·那》篇与商人的精神世界

猗与那与，置我鞉鼓。奏鼓简简，衎我烈祖。汤孙奏假，绥我思成。

鞉鼓渊渊，嘒嘒管声。既和且平，依我磬声。於赫汤孙，穆穆厥声。

庸鼓有斁，万舞有奕。我有嘉客，亦不夷怿。

自古在昔，先民有作。温恭朝夕，执事有恪。顾予烝尝，汤孙之将。

——《商颂·那》

（一）引子

李泽厚先生《美的历程》第二章“青铜饕餮”第一小节如是描述殷商时代的饕餮纹饰：

各式各样的饕餮纹样及以它为主体的整个青铜器其他纹饰和造型，特征都在突出这种指向一种无限深渊的原始力量，突出在这种神秘威吓面前的畏怖、恐惧、残酷和凶狠。你看那些著名的商鼎和周初鼎，你看

> 那个兽（人?）面大钺，你看那满身布满了雷纹，你看那与饕餮纠缠在一起的夔龙夔凤，你看那各种变异了的、并不存在于现实世界的各种动物形象，例如那神秘的夜的使者——鸱枭，你看那可怖的人面鼎……它们远不再是仰韶彩陶纹饰中的那些生动活泼愉快写实的形象了，也不同于尽管神秘毕竟抽象的陶器的几何纹样了。它们完全是变形了的、风格化了的、幻想的、可怖的动物形象。它们呈现给你的感受是一种神秘的威力和狞厉的美。它们之所以具有威吓神秘的力量，不在于这些怪异动物形象本身有如何的威力，而在于以这些怪异形象为象征符号，指向了某种似乎是超世间的权威神力的观念；它们之所以美，不在于这些形象如何具有装饰风味等等（如时下某些美术史所认为），而在于以这些怪异形象的雄健线条，深沉凸出的铸造刻饰，恰到好处地体现了一种无限的、原始的、还不能用概念语言来表达的原始宗教的情感、观念和理想，配上那沉着、坚实、稳定的器物造型，极为成功地反映了“有虔秉钺，如火烈烈”（《诗·商颂·长发》）那进入文明时代所必经的血与火的野蛮年代。①

在上面这一段长长的引文当中，我们反复看到“畏怖”“恐惧”“狞厉”“野蛮”等字眼。这些字眼的出现主要基于一种名为饕餮的在商周青铜器上屡屡出现的纹样（见图22、图23）。这描述使我们进入到一个全然可怖、狞厉与非理性的殷人的精神世界。这段文字的最后出现的诗句“有虔秉钺，如火烈烈”，来自《诗经·商颂》的《长发》篇。诗人的描绘似乎证实，那的确是一个可怖的、以狞厉为美的时代。

① 李泽厚：《美的历程》，天津：天津社会科学院出版社，2001，第53页。

图22 兽面纹铜钺，商代[①] 图23 令方彝，西周[②]

然而，如果我们翻开《诗经》的《商颂》，读到它的第一篇《那》，将会惊奇地发现，这里所呈现的，是完全不同的精神世界，如开头已经引用到的，篇中陈列着的是堂皇的鼓与钟，所入诸双耳的，乃是“渊渊”的鼓声、“嘒嘒”的管声，以及清越的磬声。至于各色乐器齐奏，最终达成的乃是“既和且平”的乐的世界。这一切，与可怖和狞厉似乎相距太远。

虽然如此，有一个流行的意见，那就是，《商颂》并非商人所作，而是春秋时代的作品。如学界通行的《诗》学史著作《诗经学史》在总结了各家说法之后，说道：“至此，《商颂》不是商诗而是宋诗，已成定论。”[③] 台湾学者所撰的蒙学作品《新译三字经》对“曰国风，曰雅颂，号四诗，当讽咏”注释说：“‘鲁颂’和‘商颂’都作于春秋时代。”[④]而春秋，正是学人艳称的人道觉醒的时代。然而，所谓《商颂》作于春秋果然是事实吗？

---

① 图片来源：中国国家博物馆官方网站 http://www.chnmuseum.cn/zp/zpml/201812/t20181218_25988.shtml。

② 图片来源：《金文通鉴》。图22和图23都见于《美的历程》。

③ 洪湛侯：《诗经学史》，北京：中华书局，2002，第35页。

④ 黄沛荣：《新译三字经》，台北：三民书局，2015，第75页。

（二）作年的论争

《商颂》系商人所作乃是先秦旧说。明确的证据见于《国语·鲁语下》：

> 齐闾丘来盟，子服景伯戒宰人曰："陷而入于恭。"闵马父笑。景伯问之。对曰："笑吾子之大也。昔正考父校商之名颂十二篇于周太师，以《那》为首，其辑之乱曰：'自古在昔，先民有作，温恭朝夕，执事有恪。'先圣王之传恭，犹不敢专，称曰'自古'，古曰'在昔'，昔曰'先民'。今吾子之戒吏人曰'陷而入于恭'，其满之甚也。周恭王能庇昭、穆之阙而为'恭'，楚恭王能知其过而为'恭'。今吾子之教官僚曰'陷而后恭'，道将何为？"①

齐大夫闾丘来盟，据韦昭注在鲁哀公八年。子服景伯、闵马父，俱鲁大夫。闵马父笑子服景伯之骄大而引《商颂·那》篇之语告诫之，则其所说不能无据。如杨公骥先生在《商颂考》中所指出：

> 由闵马父的话中可以看出："以《那》为首"的《商颂》是"商之名颂"，是经过长时流传从而为人所习知的商代著名的颂歌；这些"商之名颂"是"先圣王之传恭"的制作，是先代圣王制作的垂训诗；这些由"先圣王"制作的著名的《商颂》，曾在周幽王、周平王（公元前八世纪）时，由殷商后裔宋大夫正考父请周司乐大师考校过一遍。由此可知，《诗经》中的《商颂》是殷商遗留下来的诗歌。②

杨公骥先生说道："这是关于《商颂》的最早的可靠的文献记载。在秦以

① 徐元诰：《国语集解（修订本）》，北京：中华书局，2005，第205－206页。

② 杨公骥：《〈商颂〉考》，载《杨公骥文集》，长春：东北师范大学出版社，1958，第365页。

前，没有人怀疑《商颂》是殷商的作品，也没有与《鲁语》记载相抵触的说法和提法。”①

异议始于汉人。司马迁《史记·宋世家》：“（宋）襄公之时，修仁行义，欲为盟主，其大夫正考父美之，故追道契、汤、高宗，殷所以兴，作《商颂》。”扬雄《法言》说：“正考父尝晞尹吉甫矣，公子奚斯晞正考父矣。”薛汉《韩诗薛君章句》：“正考父，孔子之先也，作《商颂》十二篇。”上述三说皆以《商颂》为正考父所作。依《宋世家》，则为春秋中期宋襄公（公元前650—637年在位）时作品。晚清以后今文学派大张，学者翻出汉人旧案，如魏源、皮锡瑞等，皆力主《商颂》作于春秋时代。

所谓《商颂》作于春秋时代，本《史记·宋世家》，然仔细考察，《宋世家》既谓《商颂》为颂美春秋宋国国君襄公而作，又谓其诗出于正考父之手。如杨公骥先生指出，正考父与襄公并非同时之人。正考父佐宋戴、武、宣三代，事见《左传·昭公七年》。戴公周宣王二十九年（公元前799年）至平王五年（公元前766年）在位；宋襄乃戴公五世孙，前650年即位。计戴公之卒至襄公之立，其间相距115年。“显然，即使正考父是在戴公最后一年任大夫，但下距襄公之立也有116年。一个人能当116年大夫，最后还从事文学创作，显然是不可能的。”故此所谓《商颂》作于春秋说失去了基本文献依据。《史记·宋世家》关于此事的说法自相矛盾，难以依据。由《宋世家》衍生的种种说法亦多难凭信。

王国维氏《说商颂》一文主张《商颂》作于西周中叶，所举诸证据中，除“景山”地名一条仅涉《殷武》篇之外，其他诸条皆兼指《商颂》诸篇。王氏说：

自其文辞观之，则殷虚卜辞所纪祭礼与制度文物，于《商颂》中无

① 杨公骥：《〈商颂〉考》，载《杨公骥文集》，长春：东北师范大学出版社，1958，第366页。

一可寻；其所见之人、地名与殷时之称不类，而反与周时之称相类；所用之成语，并不与周初类而与宗周中叶以后相类，此尤不可不察也。卜辞称国都曰商不曰殷，而《颂》则是殷商错出；卜辞称汤曰大乙不曰汤，而《颂》则曰汤曰烈祖曰武王，此称名之异也。

上述诸条，《商颂考》亦皆一一回应。王氏说“自其文辞观之，则殷虚卜辞所纪祭礼与制度文化，于《商颂》中无一可寻”，《商颂考》指出：“《商颂》是诗歌，并不是记载祭礼与制度文物的‘礼书’，因此在《商颂》中寻不出卜辞所记的祭礼与制度文物是不足为怪的。”王氏说“卜辞称国都曰商不曰殷，而《颂》则是殷商错出”，《商颂考》指出：“商与殷原是地名（皆见于卜辞）”。

20世纪80年代以来，陆续有学者撰文主张《商颂》乃商人作品。对于王国维《说商颂》所提出的诸条证据又有了更多的有针对性的回应。[①] 如王氏说“卜辞称汤曰大乙不曰汤，而《颂》则曰汤曰烈祖曰武王”。事实是：卜辞既称汤为“大乙”，又称其为“唐（即汤）”，又称其为“成”。陈梦家先生综述卜辞相关材料说：“可知大乙、成、唐并是一人，即汤。大乙是庙号而唐是私名，成则可能是生称的美名，成唐犹云成汤。”[②]

引发更多讨论的是王氏提出的《商颂》成语及制度文物之见于卜辞与否的问题。以《那》篇为例，篇中所言乐器“庸”“鼗”及乐舞“万舞”之名皆见于卜辞，裘锡圭先生在《甲骨文中的几种乐器名称》一文中曾作专门讨论。[③] 李纯一先生《庸名探讨》讨论了卜辞中的“庸”。李纯一先生列举如下八例卜辞[④]：

---

① 陈桐生：《〈诗经·商颂〉研究的百年巨变》，《文史知识》1999年第3期。

② 陈梦家：《殷虚卜辞综述》，北京：中华书局，1988，第412页。

③ 裘锡圭：《甲骨文中的几种乐器名称》，《中华文史论丛》1980年第2辑。

④ 李纯一：《庸名探讨》，载《困知选录》，上海：上海音乐学院出版社，2004。为便排版，部分文字使用通行字。

(1) 万叀①美奏；又（有）正。

叀庸奏，又（有）正。

于盂庭奏。

于新室奏。　　　　（《合集》31922）

(2) 旧庸大京必。丁

奠其奏庸叀②。　　　　（《小屯南地甲骨》4343）

(3) 王乍（作）用（庸）奏。　　　　（《合集》3256）

(4) 其置庸壴（鼓）于既卯。　　　　（《合集》30693）

(5) 其置用（庸）于丁。　　　　（《殷粹契编》474）

(6) ☐出贞，其置新用（庸）☐　　　　（《合集》25901）

(7) ☐雨，庸无（舞）☐③　　　　（《合集》12839）

(8) □戊卜贞，庸，不雨。　　　　（《殷虚书契后编》1·4·2）

李纯一先生指出，这八例卜辞中的“庸”，除第（7）、（8）两例用于求雨外，其余六例都用于祭祀。并特别指出其中有些语汇可与《商颂·那》篇相互印证。根据李纯一先生所说，可以列表如下：

表9 “庸”在《商颂·那》与《卜辞》用法对照

《商颂·那》	卜辞	备注
置我鞉鼓	(4) 置庸鼓 (5) 置庸 (6) 置新庸	殷鼓有足，可置； 殷庸柄末粗根细而中空，也可插置在座或架上

① “叀”，卜辞字形多作，学者多读“惠”，谓相当于“惟”。

② “奠”下原注“当系‘酉’之讹”。按：此条卜辞《小屯南地甲骨》原著录释写为：“奠其奏庸，叀旧庸大京武丁。”

③ 《合集》12839的这例卜辞的释读有分歧。如裘锡圭先生释作“庸舞”，并解释说：“‘庸舞’疑是一边奏大钟一边跳舞的意思。”《合集》释文的撰写者释作“…无…雨庸…”。

续上表

《商颂·那》	卜辞	备注
奏鼓简简	(2) 奏庸 (1) 庸奏	“庸奏”当系“奏庸”之倒语
庸鼓有斁	(4) 庸壴(鼓)	“庸鼓”并提，二者全同
万舞有奕	(1) 万叀美奏 叀庸奏	“万舞有奕”之“万舞”与 “奏庸”之“万”相关

《商颂·那》“奏鼓”，卜辞有“奏庸”（见上引），又有“奏舞”“奏示”，姚小鸥先生引孟世凯说指出，“‘奏’本是商人奉献给祖先神明的特有祭祀种类”。“《诗经》中除《商颂》言‘奏鼓’外，其余皆曰‘击鼓’‘伐鼓’”。如《邶风·击鼓》“击鼓其镗”，《陈风·宛丘》“坎其击鼓”，《小雅·鼓钟》“鼓钟伐鼛”。“可见‘奏鼓’是商人独有成语，与卜辞‘奏庸’相类”。[①]“‘击鼓’、‘伐鼓’可用于兵事、娱乐等各方面，‘奏鼓’只用于祭祀。”《那》篇又有“奏假”，“假”，旧注或训“大”，或训“升”，马瑞辰谓“致祭于神”，[②] 与“奏”的用于祭祀相契合，似较旧解为胜。凡此足证王氏所谓卜辞中之制度文物及所用成语在《商颂》中一无所见之说不能成立。[③] 我们无意于否认文献流传过程中的各种可能的复杂变动，但目前讨论所看到的事实，乃是前人质疑“商之名颂”这一先秦古传之说的根据皆嫌不足，本着无罪推定的原则，我们以为根据《那》篇讨论商人的精神世界，并无不妥。下文引到的考古学材料也将证明这一点。

① 按：《逸周书·世俘》亦有“奏庸”之语。《世俘》乃周初文献，故承继商人语汇。

② 马瑞辰：《毛诗传笺通释》，北京：中华书局，1989，第 1158－1159 页。

③ 本节关于《商颂》作年的讨论请参看姚小鸥：《诗经三颂与先秦礼乐文化的演变》，北京：商务印书馆，2019，第 18 页。

（三）磬及其他

诗篇关于磬声的描写引人注意。按“既和且平，依我磬声”，《毛传》：

> 平，正平也。依，倚也。磬，声之清者也，以象万物之成。周尚臭，殷尚声。

“磬”是全体乐奏“既和且平”的实现前提之一，在礼典中具重要地位。《礼记·乐记》“大乐与天地同和”，在“尚声”的殷商时代，“乐”无疑是切入当时思想世界的重要视角。乐器及其所显示乐理的精密程度皆昭示着思想的高度。

传说“无句作磬”（郑玄注《礼记·明堂位》引《世本》），无句古人以为尧舜时人。考古学材料印证了这一点。目前所见新石器时代晚期石磬已有数十例[①]。到商代，不独有单独使用的“特磬”，而且出现了成组使用的“编磬”。其中作为迄今所知唯一保存完整的三枚商代刻铭编磬，所谓“永启”“永余”“夭余”磬，尤其引人注目。

据著名音乐史家李纯一先生介绍，[②] 这三枚刻铭编磬用黑色沉积岩磨制而成，型式相同。其中二石周边不很规整，倨句约 130°，各有一个管钻悬孔，二石在倨句正下方，一石在倨句下方偏鼓部处。三石在一面接近鼓上边和悬孔处皆刻铭二字。三枚编磬悬起时倾斜度为 45°左右。发音清越。李纯一先生认为当是一种三声调式组合，并制谱如图 24 所示[③]：

① 高蕾：《中国早期石磬述论》，硕士学位论文，中国艺术研究院，2002。

②③ 李纯一：《中国上古出土乐器综论》，北京：文物出版社，1996，第 43－44 页。

图24　三声调式组合图

研究者指出：

> 三磬的音高分别为#A5 +30、C6、#D6 +47，邻音分别具有大二度、小三度的音程关系，它具有演奏 Sol、La、Do 和 Re、Mi、Sol 这两种调式的乐曲或其骨干音的能力。这表明它确是一种旋律乐器。[①]

上述结论显示商人对于乐理的掌握程度。这与《那》篇所呈现出的音乐世界可以互为印证。不仅如此，磬铭本身也显示出诗篇所言及的某种“和”“平”境界。

这三枚刻铭编磬系于省吾先生旧藏，著录于《双剑誃古器物图录》卷下。三磬俱有铭文，于省吾先生将之释为“永启”“永余”与“夭余”。三磬铭文拓片如图25所示：[②]

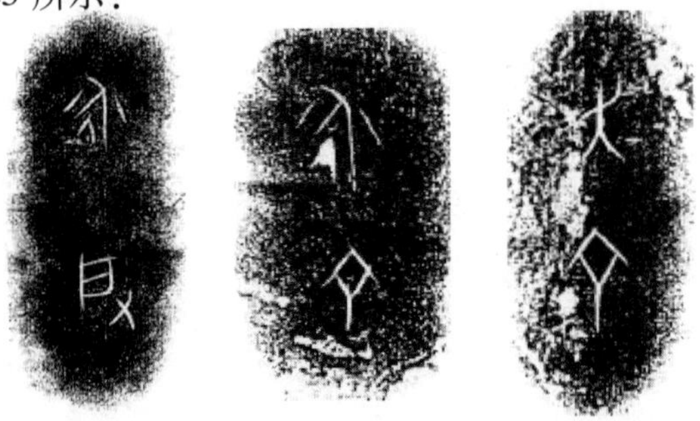

图25　三磬铭文拓片图

① 方建军：《地下音乐文本的读解》，上海：上海音乐学院出版社，2006，第118页。
② 于省吾：《双剑誃古器物图录》，北京：中华书局，2009，第139－144页。

至于磬铭的意义，如著名音乐史家李纯一先生在1958年出版的《中国古代音乐史稿》（第一分册）一书中所说，“还得不到确切的解释”①。

1978年常任侠先生发表《古磬》一文，尝试对磬铭做出解释。他说：

> “永”，后代作“詠”或“咏”，即歌唱，如“歌永言，声依詠，律和声”。“夭”即舞人侧首而舞的姿态，加上口为吴，可以引人娱悦为娱。“夭”字到后来变为轻盈款摆的形容词，用以形容少女的艳丽或花枝的美好，其初皆本于舞蹈的姿态。在编磬上出现“永”和“夭”字，决不是偶然的。②

常任侠先生认为“永”即后代“歌咏”之“咏”，是“歌唱”的意思；“夭”是“舞人侧首而舞的姿态”。文章没有讨论到“启”“余”二字，也未涉及组成语词的“永启”“永余”的意义。就对“永”“夭”二字的解释来说，常任侠先生所释合乎训诂，其释磬铭的意涵与歌舞场景相联，合于人们对于乐舞的想象。因此之故，这一解释思路影响广泛。

1988年出版的由中国艺术研究院音乐研究所编、刘东升先生执笔的《中国音乐史图鉴》（以下简称《图鉴》）一书遵照常任侠先生的上述思路，对磬铭做了解读。书中说：

> 有学者解释，铭文中的“永”字，即咏叹的“咏”，是歌唱之意。“启”字，《说文解字》、《玉篇》作“开发”解。“余”字，《说文解字》谓：“语之舒也”，是“徐”字、“舒”字的初文。“夭”字是舞者侧首而舞的姿态。磬上铭文“永启”是歌唱开始时的节奏；“永余”是

① 李纯一：《中国古代音乐史稿》第一分册，北京：音乐出版社，1958，第24页。
② 常任侠：《古磬》，《文物》1978年第7期。

> 歌唱徐缓时的节奏；“夭余”是舞蹈舒缓时的节奏，表现以磬伴奏、轻歌曼舞的情景。①

上引所谓“有学者解释”的“有学者”，当即常任侠先生。《图鉴》读“永”为“咏”，解释为“歌唱”，以“夭”为舞者的姿态，均与常先生《古磬》文相合。对“启”字与“余”字的训释，则是新增的。《图鉴》认为磬铭表现的是“以磬伴奏、轻歌曼舞的情景”，与《古磬》一文的思路也相一致。

以古文字研究为背景的陈双新先生在2003年出版的《两周青铜乐器铭辞研究》（以下简称《铭辞研究》）一书中对磬铭也提出了自己的解读。书中认为：

> 第一个“永”义为长，如“歌永言”，“启”指开端，“永启”就是乐曲演奏开始时节奏舒缓，徐徐奏来。第二个“永”同“咏”，为动词歌咏或名词乐曲；“余”，《说文》曰：“语之舒也”，即舒缓平和的声调就叫“余”，又即《说文》“玉，石之美者……其声舒扬”之“舒”。“永余”是指音乐的和美自如。……“夭”象人举手投足倾首舞蹈之状，因此“夭余”就是指在舒缓的音乐中款款起舞。②

陈双新先生对磬铭的具体解释与《图鉴》有所区别，如释“永启”之“永”为“长”而非“歌咏”。但在将磬铭的意义与乐舞表演相对应这一解释思路上，则与上举诸家之说完全相同。

首先需要指出，从古文字学的角度看，上举三枚编磬目前可以准确释读

---

① 中国艺术研究院音乐研究所：《中国音乐史图鉴》，北京：人民音乐出版社，1988，第16页。该书修订版于2008年由人民音乐出版社出版。修订版对磬铭的解释与初版相同（见人民音乐出版社2008年版，第20页）。

② 陈双新：《两周青铜乐器铭辞研究》，保定：河北大学出版社，2003，第188页。

的，仍然只有“永启”磬一枚，因此下面主要针对该磬铭进行讨论。

按“永启”连言，传世及出土文献各有其例，皆系祈福之语，无一指“歌唱”或“乐曲”之开端或节奏者。

传世文献的一例见于《考工记·栗氏》。《栗氏》记制作“量”器之流程并其铭文。铭曰：

> 时文思索，允臻其极，嘉量既成，以观四国，永启厥后，兹器维则。[①]

出土文献的一例乃著名的鲁方彝盖。该方彝盖1981年出土于陕西省岐山县流龙咀村西，[②] 著录于《殷周金文集成》9896号。铭记器主鲁因贸易获利，为纪念父亲乙公而铸作宝器。铭云：

> 惟八年十又二月初吉丁亥，齐生鲁肇贾休多赢。惟朕文考乙公永启余鲁[③]。用作朕文考乙公宝尊彝。鲁其万年子子孙孙永宝用。

两相比较，不难发现，盖铭之“永启余鲁”与量铭之“永启厥后”，构词类同，语意相似。盖铭“启”字的意义，李学勤先生引《说文》训为“教”。文章说：

> “启”，《说文》：“教也。”金文常言祖考广启其孙子，杨树达同志以为与“佑”义同，训为助，和教也是相近的。[④]

---

① 《周礼注疏》，载阮元刻《十三经注疏》，北京：中华书局，1980，第917页。

② 祁建业：《岐山县博物馆近几年来征集的商周青铜器》，《考古与文物》1984年第5期。

③ “鲁”字据《殷周金文集成》释文上属。为便排版，释文使用通行字。

④ 李学勤：《鲁方彝与西周商贾》，《史学月刊》1985年第1期。

量铭“永启厥后，兹器维则”，郑玄注：

永，长也。厥，其也。兹，此也。又长启道其子孙，使法则此器长用之。

郑注“启道”之“道”，是“导”的假借字。孙诒让《周礼正义》说：“《广雅·释诂》云：‘启，开也。’《国语·楚语》云：‘道，开也。’故郑训启为道。”①从方位上说，引导者必居被引导者之前，犹如在前方开辟道路，故可训“开”。

上引李学勤先生指出“金文常言祖考广启其孙子”。“广启”同样是祈福之语。陈英杰先生《西周金文作器用途铭辞研究》曾就之做专门研究。据陈著移录相关铭文如下（为便排版，尽量使用通行字）：

番生簋盖（《集成》4326）：不显皇祖考穆穆克慎厥德，严在上，广启厥孙子于下。

㾓钟（《集成》246）：融妥厚多福，广启㾓身。

叔向父禹簋（《集成》4242）：降余多福、緐釐，广启禹身。

通录钟（《集成》64）：余通录，康娱、屯右，广启朕身。

陈英杰先生指出“‘广启’强调‘启’之程度和范围，‘永启’强调‘启’的时间的永久性”②，并将二者列入“福祉类铭辞”，指出了铭文的内涵。

据《栗氏》量铭“以观四国”云云，知器主身份为人君。量器的性质，孙诒让的疏文有详细解说。孙疏云：“方矩云嘉量，即《夏书》所谓和钧

① 孙诒让：《周礼正义》，北京：中华书局，1987，第3283页。
② 陈英杰：《西周金文作器用途铭辞研究》，北京：线装书局，2008，第478页。

也。此器兼律度量衡，方尺深尺则度也，实一鬴一则量也，重一钧则衡也，声中黄钟之宫则律也。内方外圜，则方圜幂积、少广旁要之理，该而具也。”[①] 由此可知，《栗氏》所载量器乃是法度的标准。“永启厥后，兹器维则”，言子孙据此临观四方，可平治天下。

方彝盖铭“惟朕文考乙公永启余鲁”，乃器主祈祷先父亡灵佑助。器主“齐生鲁”，李学勤先生根据金文人名称谓体例指出系出齐国公室，鲁之“文考乙公”即《史记·齐世家》乙公得。李先生并且指出，鲁之从事贸易，与文献所载齐国的商业传统相合。“鲁的经营商业，获得多利，正是禀承太公的遗教”，[②] 铭文所谓“永启”或亦与此相关。

在书稿撰写过程中，笔者得知“夭余”“永余”二磬的“夭”“余”二字，古文字学界尚存在不同意见。尽管如此，由于三磬铭文文例相类，用字上有交叉，其内涵亦应相近。

总之，磬铭“永启”系祈福之语，与歌咏无关。所谓“永启厥后”，子子孙孙，无替引之，这样对于未来的憧憬，与诗人所设想的“既和且平”的乐的境界，某种程度上正是相吻合的吧。

（四）并非结语

如果说，《那》篇“既和且平，依我磬声”的“和”“平”境界只是文献记载，尚不能充分消除前述饕餮纹样与兽面大钺带来的狞厉感觉，那么，请看看商代的同时代的其他铜器吧。可以杨振宁先生在他的著名演讲《科学

① 孙诒让：《周礼正义》，北京：中华书局，1987，第 3282 页。
② 李学勤：《鲁方彝与西周商贾》，《史学月刊》1985 年第 1 期。

之美与艺术之美》中所举商代《天子耶觚》为例，见图26。杨振宁先生称许该觚具有“抽象的美”。①如果我们承认“抽象的美”必须建立在对物理世界的深刻认识之上，就不会怀疑商代逻辑思维的程度。这与商人对于乐理的掌握，本质上是一样的。

图26　青铜觚（现存华盛顿弗利尔艺术博物馆）

无论是上举觚的形制呈现，还是《那》篇“既和且平”表现出的音乐理想，从中都可以看出商人对“和”“平”境界的追求。这一理想和追求，为周人所继承。应当说，对于“平和”境界的向往是人类所共通的。在今尼日利亚西南部由约鲁巴人创造的伊费文化中，其头像雕刻艺术面部表情呈现出“柔和、优雅与宁静”。学者分析说：“约鲁巴有句俗语‘品质即美’，是指平和温柔的品格是人类精神的理想形态，而这种品质是构成美的主要部分，是对人本质属性的完美表达。”②

要特别指出的是，本文绝不是要否认饕餮与兽面大钺的狞厉存在。《商颂》之中，亦不乏暴力与血的现实，如前引《长发》“如火烈烈，则莫我敢遏”。毋宁这样问：与狞厉同时存在的，是否还有其他？或者说，狞厉与平和，如何同时并存？如所周知，看似矛盾然而并存不悖的景观，绝不仅仅存于殷商一代而已。

① 杨振宁：《科学之美与艺术之美》，《光明日报》2017年2月12日第7版。讲座2015年4月于中国美术馆举行。http://epaper.gmw.cn/gmrb/html/2017-02/12/nbs.D110000gmrb_07.htm

② 蒋春生：《伊费——“非洲版蒙娜丽莎”的故乡》，《光明日报》2018年4月11日第13版《国际文化》专栏。

附：《那》篇全文及其注释

猗与那与[1]，置我鞉鼓[2]。奏鼓简简[3]，衎我烈祖[4]。汤孙奏假[5]，绥我思成[6]。

鞉鼓渊渊[7]，嘒嘒管声[8]。既和且平[9]，依我磬声[10]。於赫汤孙[11]，穆穆厥声[12]。

庸鼓有斁[13]，万舞有奕[14]。我有嘉客[15]，亦不夷怿[16]。

自古在昔，先民有作。温恭朝夕[17]，执事有恪[18]。顾予烝尝[19]，汤孙之将[20]。

【注释】

[1] 猗（ē）、那（nuó）：通作“婀娜”“猗傩”（见《桧风·隰有苌楚》）。草木之美盛曰“猗傩”，乐声之美盛曰“猗那”。与：叹美声，通作“欤”。

[2] 置：陈设（朱熹《诗集传》“置，陈也”）。鞉（táo）鼓：鼓的一种，其声深邃，故下文说“鞉鼓渊渊”。

[3] 奏：进。奏鼓：犹言击鼓，殷人用“奏”字。简简：象声词，形容鼓声宏大。

[4] 衎（kàn）：乐。烈祖：先祖有功烈者。

[5] 汤孙：商汤的子孙，这里指主祭者。奏：进。假：通“格”，意为“至”。马瑞辰：“凡神人来至曰假，祭者上致乎神亦曰假。”奏假，指招请神灵。

[6] 绥：赐予。思：语助词，含祈请义。成：谓完满的境界。“成”是古人常用的概念，如孟子称孔子为“集大成”。“思成”卜辞常见。

[7] 渊渊：象声词，形容鼓声深邃。

[8] 嘒嘒（huì）：笙等管乐器的声音。

［9］既和且平：指鞉鼓、管、钟、磬等各种乐器合奏，声音和谐，且声调高低适中。

［10］磬：一种打击乐器，石或玉制成。古时奏乐以击鼓始，以击磬终，所谓“金声玉振”。

［11］於（wū）：叹美词。赫：显赫的样子。

［12］穆穆：乐声和谐的样子（饶宗颐说）。声：声名。

［13］庸：典籍多作“镛”，大钟。有斁（yì）：音乐盛美的样子。有，词头，无实义。

［14］万舞：古代一种用于礼典的大型舞蹈。表演时，舞者手执干戚等兵器和雉鸡尾羽而舞。有奕：即奕奕，盛大的样子。

［15］嘉客：指助祭者。

［16］不（pī）：通“丕”，语助词，含大的意思。夷：愉快。怿（yì）：喜悦。

［17］朝夕：犹“夙夜”，黾勉从事之意。

［18］恪（kè）：恭敬谨慎的样子。

［19］顾：回头看，引申指顾念。予：我。烝（zhēng）、尝：俱为祭名。或谓冬祭为烝，秋祭为尝。

［20］将：进献。

结　语

对于《诗经》的一番匆匆巡礼，到此就结束了。我们试图通过对这十二篇诗的解读，以个案的形式向读者展示我们的阅读旨趣与思考路线，以及这部伟大作品对于当今时代的启示。读者容易看出，我们的解读是以伦理和思想为归依的，在具体方法上则采用了清代学者所推崇的音韵训诂，所谓“以小学入经学”的考据手段，并将之与近代以来勃兴的考古学、古文字学等学科的最新发现及研究成果相结合，以期最大限度接近诗人本意，揭示诗篇真相。

国风部分，我们分析了《关雎》篇的“芼”字及其所涉礼制，试图阐明其内在文化意蕴，由此得知古人对于该篇的重视与推崇并非偶然；我们借助汉人的观念世界了解到《麟之趾》“信兽”说所以产生的缘由；我们比照并且梳理《蟋蟀》诗的不同版本，努力将之置于恰当的文本演变线索之中；我们研究《七月》的“田畯”与女子的婚嫁，试图展示古人的生活图景及先民的岁时劳作。

关于雅诗，我们考察了《鹿鸣》“嘉宾”的可能身份，以及《蓼莪》“瓶”“罍”譬喻的最终意图，以展示古代的君臣伦理及宗族观念。我们指出《文王》的“无念”并非勿念，《抑》篇的“小子”绝非周王，以显明古今诗说的得失利弊。古人说“雅者，政也”，政治与伦理，仍是研读二“雅”诗篇的有效视角。

关于颂诗，则着重探讨了其中的观念世界，如《周颂·敬之》之于周人的敬畏慎独，《周颂·小毖》之于王者的求助与呼告，以及《鲁颂·駉》篇之于鲁人的祈请和梦想，《商颂·那》篇所显示的商人对于理性与中和的信仰。至于研究的方法，仍然是训诂与实证的；所使用的材料，同样包括甲骨、金文，以及简牍。

以上对于十二篇诗的解读及其结论，与流行的意见多有不同，某些甚至大异其趣。相关结论自然是可以进一步考虑的。事实上，《诗经》三百零五篇，几乎每一篇都有程度不等的疑难与迷雾。关于《诗经》的文本世界，还有大量的工作要做。我们希望，这部历经数千载流传至今的伟大经典，能够展示她真正的美丽与光华，为更多的人所喜爱。